육조단경

육조단경六祖壇經

초판 1쇄 발행일 2013년 4월 24일
      2쇄 발행일 2015년 2월 12일
2판 1쇄 발행일 2021년 8월 18일

지은이 김태완

펴낸이 김윤
펴낸곳 침묵의 향기
출판등록 2000년 8월 30일, 제1-2836호
주소 10401 경기도 고양시 일산동구 무궁화로 8-28,
     삼성메르헨하우스 913호
전화 031) 905-9425
팩스 031) 629-5429
전자우편 chimmukbooks@naver.com
블로그 http://blog.naver.com/chimmukbooks

ISBN 978-89-89590-34-7 03220

* 책값은 뒤표지에 있습니다.

육조단경

김태완 역주

법해(法海) 집(集)
덕이(德異) 찬(撰)

침묵의 향기

머리말

인종 스님이 혜능 대사에게 물었다.

"황매산의 오조홍인 대사께서는 법을 부촉하실 때 어떻게 가르쳐 주십니까?"

혜능 대사께서 말씀하셨다.

"가르쳐 주시는 것은 없습니다. 다만 견성(見性)을 말할 뿐이고, 선정(禪定)과 해탈(解脫)은 말하지 않습니다."

인종 스님이 물었다.

"왜 선정과 해탈을 말하지 않습니까?"

혜능 대사께서 말씀하셨다.

"이법(二法)이기 때문에 불법(佛法)이 아닙니다. 불법은 불이법(不二法)입니다."

육조혜능은 수행과 해탈을 말하지 않는다.

다만 불이법(不二法)을 말할 뿐이다.

한 마디 말을 듣고서 곧장 불이중도(不二中道)에 들어가면 그뿐이다.

이것이 육조혜능의 돈오선(頓悟禪)이다.

육조혜능의 선(禪)은 좌선(坐禪)도 아니고, 관심(觀心)도 아니고, 선정(禪定)도 아니고, 삼매(三昧)도 아니다.

좌선·관심·선정·삼매는 이법(二法)의 경계일 뿐, 불이법(不二法)인 중도가 아니다.

육조혜능의 선(禪)은 다만 불이중도일 뿐이다.

물론 불이중도라는 말도 방편의 말이다.

방편이 아닌 진실은 무엇인가?

점심을 먹고 나니 배가 부르다.

이것이 왜 진실인지 모르겠는가?

그렇다면 육조단경을 잘 읽어 보라.

::일러두기

1. 육조혜능(六祖慧能)과 육조단경(六祖壇經)

　육조혜능(六祖慧能; 638-713)은 중국 선종(禪宗)의 제6조로서 조사선(祖師禪)이라는 새로운 선불교(禪佛敎)를 개창하였다. 중국 남해(南海) 신흥(新興; 광동성 조경부 신흥현) 사람으로서, 속성은 노(盧) 씨이다. 어려서 아버지를 여의고, 땔나무를 해서 팔아 어머니를 봉양하였다. 어느 날 장터에서 『금강경』 읽는 것을 듣고 문득 깨닫고는 출가할 발심을 하였다. 어머니의 허락을 얻어 당나라 함형(咸亨) 연간(670-674)에 소양(韶陽)으로 갔다가 무진장(無盡藏) 비구니가 『열반경』 읽는 것을 듣고서 그 뜻을 알아차리고 해설하였으며, 뒤에 선종 제5조 홍인(弘忍)을 찾아가 제6조로 인정받았다. 676년 남방으로 내려가 15년여를 숨어 지내다가, 마침내 조계(曹溪) 보림사(寶林寺)에서 대법(大法)을 선양하였다. 당(唐) 선천(先天) 2년(713년) 8월에 76세를 일기로 입적하였다. 시호는 대감(大鑑)이다.
　혜능은 보리달마(菩提達摩)에 의하여 중국에 전해졌다고 하는 조사선(祖師禪)의 실질적 창시자요, 정립자이다. 혜능의 조사선은 이후 중국을 비롯하여 우리나라와 일본, 베트남 등의 불교에서 지금까지도 지배적인 위치를 차지하고 있다.

육조혜능의 행적과 가르침을 기록한 『육조단경(六祖壇經)』은 중국 조사선(祖師禪)의 출현을 알리는 중요한 책이며, 또한 조사선의 핵심적인 내용을 잘 담고 있는 책이기도 하다. 육조단경은 돈황본(敦煌本)이 현존하는 가장 오래된 판본이지만, 문장에 오자(誤字)가 많고 내용이 많이 빠져 부실하다. 반면에 덕이본은 문장에 오류가 없고 내용이 풍부하게 갖추어져 있어서 육조혜능의 가르침을 잘 전하고 있다.

2. 본 『육조단경』의 내용 소개

여기 번역한 육조단경의 내용을 간략히 요약하면 다음과 같다.[1]

① 말을 듣고서 문득 깨닫는다.
② 다만 불이중도(不二中道)인 법성(法性)을 말할 뿐이다.

---

[1] 자세한 내용은 『육조단경』의 본문에 있으나, 주제별로 요약한 글을 보려면 김태완이 쓴 『간화선 창시자의 선』(상권)(침묵의 향기)이나 『조사선의 실천과 사상』(장경각)을 참조하기 바란다.

③불법(佛法)을 가리키는 것은 불이중도로 이끄는 것이다.

④분별을 가로막아 생각이 갈 곳이 없게 만드는 것이 불이중도로 이끄는 것이다.

⑤언제나 어디서나 불이중도에 있는 것이 견성성불(見性成佛)이다.

⑥마음이 곧 부처이다.

⑦마음의 본성인 불이중도에 들어가는 것이 깨달음이다.

⑧단지 문득 깨달을 뿐, 점진적 수행은 없다.

⑨좌선이나 선정이나 간심(看心)에 의지하지 않는다.

⑩마음을 비우고 고요히 앉는 것은 잘못된 공부이다.

⑪장좌불와(長坐不臥)는 바른 공부가 아니다.

3. 본 『육조단경』의 판본 소개

①여기 번역한 『육조단경(六祖壇經)』은 1883년 해인사에서 판각하여 간행한 『육조법보단경(六祖法寶壇經)』이다.

②이 『육조법보단경』은 본래 1290년 중국 휴휴암(休休庵)에서 몽산덕이(蒙山德異)가 간행한 덕이본(德異本) 단경(壇經)이다.

③덕이본 단경은 1298년 고려에 들어와 1300년에 고려의 만항(萬恒)이 간행하였고, 또 1316년 중국의 보국추곡(報國秋谷)이 중간(重刊)한 덕이본 단경이 다시 고려에 들어왔다. 이후 고려와 조

선에서 덕이본 단경은 1370년, 1479년, 1496년, 1558년, 1574년, 1703년, 1832년, 1869년, 1883년 등 10회 이상 간행되었다.[2)]

④덕이본 단경은 1207년에 보조지눌이 서문을 쓴 『법보기단경(法寶記壇經)』이나 1256년 회당안기(晦堂安其)가 발문을 쓴 『법보기단경』과는 다른 판본이다.

4. 본 『육조단경』의 번역·주석과 해설 소개

①본 덕이본 『육조법보단경』의 번역은 무심선원의 수요일 정기 법회에서 112시간에 걸쳐 행해진 육조단경 법회에 맞추어 2010년 6월부터 2012년 12월까지 무심선원장 김태완이 번역하고 주석한 것이다.

②본 『육조법보단경』 전체에 대한 김태완 무심선원장의 해설법문 112시간 분량을 무심선원에서 구입하여 들을 수 있다.

③본 번역에서는 육조단경 본문뿐 아니라, 서문과 발문도 모두 번역하여 소개하였다.

④주석은 내용을 이해하는 데 필요한 용어의 주석뿐만 아니라, 번역에 관련된 어학적(語學的) 주석도 가능한 상세히 달았다.

---

2) 우리나라에서 『육조단경』이 간행된 역사에 관해서는 박상국(朴相國)이 쓴 「육조단경(六祖壇經)의 간행(刊行)과 유통(流通)」(김지견(金知見) 편(編) 『육조단경의 세계』 민족사, pp.159-194)을 참조하기 바람.

⑤원문의 목차에 따라 전체를 10개의 장으로 나누었고, 각 장마다 번역문을 앞에, 원문을 뒤에 배치하였다. 또 원문은 표점(標點)을 하여 읽기 쉽도록 도왔다.

| 목차 |

머리말　　　　　　　　　　　　　　　　5
일러두기　　　　　　　　　　　　　　　7

덕이의 서문　　　　　　　　　　　　　15
법해의 서문　　　　　　　　　　　　　21
1. 법을 깨닫고 옷을 전해 받음　　　　　31
2. 공덕과 정토를 해석함　　　　　　　　90
3. 정과 혜는 하나의 바탕이다　　　　　105
4. 좌선을 가르치다　　　　　　　　　　114
5. 향과 참회를 전하다　　　　　　　　118
6. 제자들과의 인연　　　　　　　　　　136
　(1) 무진장 비구니　　　　　　　　　136
　(2) 법해 비구　　　　　　　　　　　137
　(3) 법달 비구　　　　　　　　　　　139
　(4) 지통 비구　　　　　　　　　　　149
　(5) 지상 비구　　　　　　　　　　　153

(6) 지도 비구	157
(7) 행사 선사	163
(8) 회양 선사	164
(9) 현각 선사	166
(10) 지황 비구	170
(11) 어떤 승려	173
(12) 샘물	174
(13) 방변 비구	175
(14) 와륜 선사	177
7. 남쪽의 돈교와 북쪽의 점교	188
(1) 남돈북점	188
(2) 지성 비구	189
(3) 지철 비구	196
(4) 신회 비구	201
(5) 언하자견	204
8. 당 황실에서 조서를 보내 법을 묻다	210
9. 법문을 상대하여 보이다	218
10. 부촉하여 유통케 하다	226
부록 1	251
부록 2: 육조혜능의 돈교법문	293

덕이의 서문

고균비구古筠比丘 덕이德異 찬撰

현묘한 도(道)는 텅 비고 그윽하여 생각하거나 말할 수 없다. 말을 잊고 뜻을 얻어야 하니 결국 깨달아 밝혀야만 한다. 그러므로 세존(世尊)께서는 다자탑(多子塔) 앞에서 자리를 나누어 앉으셨으며, 영산(靈山)의 법회(法會)에서 꽃을 드셨던 것이고, 마치 불을 옮기듯이 마음에서 마음으로 도장을 찍어 인도에서 28대를 이어왔다. 보리달마(菩提達磨) 스님에 이르자 이 땅 중국으로 건너와, 마음을 곧바로 가리켜서 자성(自性)을 보아 깨달음에 이르게 하였다. 혜가(慧可) 대사가 먼저 말끝에 깨달아서 마지막에 세 번 절하고 골수를 얻어,[3] 의발(衣鉢)을 얻고 조사(祖師)의 자리를 이어받

---

3) (달마는) 인도로 돌아가려 할 때 문인(門人)들에게 말했다. "때가 되었다. 너희들은 각자 얻은 바를 말해 보라." 그때 문인 도부(道副)가 답하여 말했다. "저의 소견(所見)으로는, 문자(文字)에 집착하지도 않고 문자를 여의지도 않는 것이 도의 쓰

아 바른 종지(宗旨)를 열었다.

3대를 전하여 황매(黃梅)의 홍인(弘忍) 대사에 이르렀는데, 그 문인(門人) 700인 가운데 오직 방앗간의 거사(居士)인 혜능(慧能)만이 게송(偈頌) 한 수로써 의발을 전해 받아 6대 조사가 되었다. 남쪽 지방에 숨어서 10여 년을 지내다가 어느 날 아침 바람과 깃발이 움직이는 것이 아니라는 말을 기연(機緣)으로 하여 인종(印宗) 법사(法師)의 바른 눈을 열어 주었다. 거사는 이 일로 말미암아 머리를 깎고 설법단(說法壇)에 오르니, 구나발타라 스님의 예언이 실현된 것이다. 동산법문(東山法門)을 열어 펼치니 위사군(韋史君)이 법해(法海) 스님에게 명하여 그 말을 기록하게 하였는데, 그 기록을 일러 법보단경(法寶壇經)이라 한다.

혜능 대사는 오양(五羊=廣州)[4]에서 설법을 시작하였으나 마침

임입니다." 달마가 말했다. "너는 나의 피부를 얻었다." 니총지(尼總持)가 말했다. "저의 지금 아는 바는, 아난(阿難)이 아촉불국(阿閦佛國)을 봄에 한 번 보고는 두 번 다시 보지 않는 것과 같습니다." 달마가 말했다. "너는 나의 살을 얻었다." 도육(道育)이 말했다. "사대(四大)는 본래 공(空)하고 오음(五陰)은 있는 것이 아니므로, 저의 견처(見處)에는 얻을 만한 일법(一法)도 없습니다." 달마가 말했다. "너는 나의 뼈를 얻었다." 마지막으로 혜가(慧可)가 일어나 절한 뒤에 제자리에 그대로 서 있었다. 달마가 말했다. "너는 나의 골수(骨髓)를 얻었다."(欲西返天竺, 乃命門人曰:"時將至矣. 汝等盍各言所得乎." 時門人道副對曰: "如我所見, 不執文字, 不離文字, 而爲道用." 師曰:"汝得吾皮." 尼總持曰:"我今所解, 如慶喜觀阿閦佛國, 一見更不再見." 師曰:"汝得吾肉." 道育曰:"四大本空, 五陰非有, 而我見處, 無一法可得." 師曰:"汝得吾骨." 最後慧可禮拜後, 依位而立. 師曰:"汝得吾髓.")(『경덕전등록(景德傳燈錄)』제3권)

4) 원문의 始於五年은 始於五羊의 잘못이다. 오양(五羊)은 광주(廣州)의 별명이다.

내 조계(曹溪)에 이르러 37년간 법(法)을 설하여 진리의 감로수(甘露水)로써 적시니, 범부를 벗어나 성인(聖人)이 된 자가 그 수를 헤아릴 수 없었다. 부처가 전한 마음의 근본을 깨달아 행위와 이해가 일치하여 대선지식(大善知識)이 된 자는 그 이름이 『전등록(傳燈錄)』에 기재되어 있다. 그 가운데 오직 남악(南嶽) 스님과 청원(青原) 스님만이 시봉하기를 가장 오래하여 붙잡을 것 없는 것[5)]을 모두 얻었다. 그리하여 문하에 마조(馬祖) 스님과 석두(石頭) 스님을 배출하니, 기틀과 지혜에 두루 밝아 현묘한 가풍(家風)을 크게 떨쳤다.

이윽고 임제(臨濟)·위앙(潙仰)·조동(曹洞)·운문(雲門)·법안(法眼) 등 오가(五家)의 문중(門中)에서 여러 스님들이 우뚝 솟아 오니, 그 도(道)와 덕(德)은 남달랐으며 문중의 가풍은 험준하여서, 영리한 납자(衲子)들을 깨우치고 이끌어 분발하여 뜻을 세워 하나의 선문(禪門)을 힘차게 열어젖히고 깊이 들어가게 하였다. 오가(五家)가 그 근원은 같으나 전해 내려오는 동안 여러 가지로 개발되어 규모가 넓어졌지만, 오가의 강요(綱要)를 찾아서 밝혀 보면 모두가 『단경(壇經)』에서 나왔다.

『단경』은 말은 간략하나 뜻은 풍부하며, 이치가 분명히 밝혀져

인종(印宗)의 절은 광주(廣州)에 있다.
5) 무파비(無巴鼻) : =몰파비(沒巴鼻). 파비(巴鼻)는 파비(把鼻), 파비(把臂)라고도 하는데 파(巴)는 파(把)로서 '잡는다'는 뜻이므로, 파비(巴鼻)는 붙잡을 곳, 의지할 근거(根據) 등을 의미한다. 본래 소를 부릴 때 코를 붙잡고서 끌고가는 것에서 유래하는 말이라 한다. 몰파비(沒巴鼻), 무파비(無巴鼻), 몰가파(沒可把)는 붙잡을 만한 것이 없음을 뜻한다.

있고 사실이 잘 갖추어져 있다. 또 모든 부처님의 셀 수 없는 법문(法門)을 모두 갖추었으며, 하나하나의 법문에는 셀 수 없는 현묘한 뜻이 갖추어져 있고, 하나하나의 현묘한 뜻에는 모든 부처님의 셀 수 없는 묘한 이치가 발휘되어 있으니, 미륵보살의 누각 속이요, 보현보살의 털구멍 속이다. 잘 들어오는 자는 곧 선재동자(善才童子)와 같아서 한 순간 사이에 공덕을 두루 갖추니, 곧 보현보살과도 같고 모든 부처님과도 같다.

애석하게도 『단경』은 후인들이 그 내용을 간추린 것이 너무 심하여 육조(六祖) 스님의 모든 뜻을 드러내지 못하고 있었다. 나는 어릴 때에 일찍이 『단경』의 고본(古本)을 본 적이 있는데, 그 뒤 두루 찾기를 30여 년 동안이나 하였다. 근래에 통(通) 스님께서 전문(全文)을 찾아냄에, 드디어 오중(吳中)[6]의 휴휴선암(休休禪庵)에서 간행하여 모든 뛰어난 공부인들과 더불어 함께 얻어 이용하게 되었다. 바라건대 이 책을 펴 보고 눈을 들어 곧바로 크고 원만한 깨달음의 바다로 들어가 부처와 조사의 혜명(慧命)을 끝없이 이어 간다면, 이것이 바로 내가 뜻한 바 원(願)이 이루어지는 것이다.

지원(至元) 27년 경인세(庚寅歲; 1290년)[7] 음력 2월 어느 날 쓰다.

---

6) 오중(吳中) : 춘추시대(春秋時代) 오(吳)나라 땅. 지금의 강소성(江蘇省) 오현(吳縣) 일대.
7) 지원(至元)은 원(元)의 제1대 임금인 세조(世祖; 1260년-1294년 재위) 홀필렬(忽必烈)의 연호. 지원 27년 경인세(庚寅歲)는 서기 1290년이다. 이때는 고려(高麗) 충렬왕(忠烈王) 16년이다.

六祖法寶壇經序
古筠比丘德異撰

妙道虛玄, 不可思議. 忘言得旨, 端可悟明. 故世尊分座於多子塔前, 拈花於靈山會上, 似火與火, 以心印心, 西傳四七. 至菩提達磨, 東來此土, 直指人心, 見性成佛. 有可大師者, 首於言下悟入, 末上三拜得髓, 受衣紹祖, 開闡正宗. 三傳而至黃梅, 會中高僧七百, 惟負舂居士, 一偈傳衣, 爲六代祖. 南遯十餘年, 一旦以非風幡動之機, 觸開印宗正眼. 居士由是, 祝髮登壇, 應跋陀羅懸記. 開東山法門, 韋史君命海禪者, 錄其語, 目之曰法寶壇經. 大師始於五年, 終至曹溪, 說法三十七年, 沾甘露味, 入聖超凡者, 莫記其數. 悟佛心宗, 行解相應, 爲大知識者, 名載傳燈. 惟南嶽靑原, 執侍最久, 盡得無巴鼻. 故出馬祖石頭, 機智圓明, 玄風大振. 乃有臨濟潙仰曹洞雲門法眼諸公, 巍然而出, 道德超群, 門庭嶮峻, 啓迪英靈衲子, 奮志衝開, 一門深入. 五派同源, 歷遍爐錘, 規模廣大, 原其五家綱要, 盡出壇經. 夫壇經者, 言簡義豊, 理明事備. 具足諸佛無量法門, 一一法門, 具足無量妙義, 一一妙義, 發揮諸佛無量妙理, 卽彌勒樓閣中, 卽普賢毛孔中. 善入者, 卽同善財, 於一念間, 圓滿功德, 與普賢等, 與諸佛等. 惜乎壇經, 爲後人節略太多, 不見六祖大全之旨. 德異幼年, 嘗見古本, 自後遍求, 三十餘載. 近得通上人尋到全文, 遂刊于吳中休休禪庵, 與諸勝士, 同一受用. 惟願開卷擧目, 直入大圓覺海, 續佛祖慧命無窮, 斯余志願滿矣. 至元, 二十七年, 庚寅歲, 仲春日, 叙.

법해의 서문

문인門人 법해法海 집集
약서略序

대사의 이름은 혜능이다. 부친은 노(盧) 씨로서 이름은 행도이며, 모친은 이(李) 씨인데 당(唐)나라 정관(貞觀) 12년 무술세(戊戌歲; 638년) 2월 8일 자시(子時)에 대사를 낳았다. 그때 미세한 빛줄기가 공중으로 솟아오르고 이상한 향기가 방 안에 가득했다. 새벽 무렵이 되자 두 명의 이상한 승려가 찾아와 대사의 부친에게 말하기를, "지난 밤에 태어난 아기는 특별히 이름을 붙이되, 앞글자는 혜(惠)로 하고 뒷글자는 능(能)으로 하는 것이 좋겠습니다."라고 하였다. 부친이 "왜 이름을 혜능이라 합니까?"라고 묻자, 그 승려가 말했다. "혜(惠)란 법(法)의 은혜를 중생에게 베푸는 것이며, 능(能)이란 불사(佛事)를 잘 짓는다는 것입니다." 말을 마치고 두 승려는 밖으로 나갔는데 어디로 갔는지 알 수가 없었다. 대사는 젖을 빨지 않았는데, 밤이 되자 신인(神人)이 나타나 감로수(甘露水)를 주었다.

성장하여 나이 24살에 경전 읽는 소리를 듣고 도를 깨닫자, 황매(黃梅)로 오조홍인(五祖弘忍)을 찾아가 인가를 구하였다. 오조(五祖)는 대사를 법기(法器)로 여겨 의발(衣鉢)과 법을 부촉하여 조사(祖師)의 지위를 잇게 하였다. 그때가 용삭(龍朔) 원년(元年) 신유세(辛酉歲; 661년)였다. 남쪽으로 돌아가 16년을 숨어서 지내다가 의봉(儀鳳) 원년(元年) 병자(丙子; 676년) 정월 8일에 인종(印宗) 법사(法師)를 만났는데, 인종은 대사의 종지(宗旨)를 깨달아 계합하였다.

이달 15일에 널리 사부대중을 모아서 대사의 머리를 깎았다. 2월 8일에 여러 뛰어난 스님들을 모아 대사에게 구족계(具足戒)를 주었는데, 서경(西京)의 지광(智光) 율사(律師)가 수계사(授戒師), 소주(蘇州)의 혜정(慧靜) 율사가 갈마사(羯磨師), 형주(荊州)의 통응(通應) 율사가 교수사(敎授師), 중천축(中天竺)의 기다라(耆多羅) 율사가 설계사(說戒師), 서국(西國)의 밀다(密多) 삼장(三藏)이 증계사(證戒師)였다. 그 계단(戒壇)은 바로 송조(宋朝)에 구나발타라(求那跋陀羅) 삼장(三藏)이 창건한 것이었는데, 구나발타라 삼장은 비(碑)를 세워서 "뒤에 육신보살(肉身菩薩)이 여기에서 계를 줄 것이다."라고 써 놓았다.

또 양(梁)나라 천감(天監) 원년(元年; 502년)에 지약(智藥) 삼장이 인도로부터 배를 타고 중국으로 왔는데, 인도에서 보리수 한 그루를 가져와 이 계단 옆에 심고서 예언하기를, "170년 뒤에 육신보살이 이 나무 아래에서 최상승(最上乘)의 법문(法門)을 열어 펼쳐서 수많은 중생을 제도하고 부처님의 마음도장〔心印〕을 진실로 전하는 법주(法主)가 될 것이다."라고 하였다. 대사가 여기에 이르러 머리를 깎고서 계를 받고, 사부대중에게 홀로 전해진 선종(禪宗)의 법지(法旨)를 열어 보이니 옛날의 예언과 딱 맞게 된 것이다.

(원주(原註) : 양(梁)나라 천감 원년 임오세(壬午歲)에서 당(唐)나라 의봉 원년 병자세까지를 헤아려 보면 175년이 된다.)

다음 해 봄에 대사는 대중과 작별하고 보림(寶林)으로 돌아갔는데, 전송하는 사부대중이 인종을 비롯해 1,000여 명이나 되었다. 바로 조계(曹溪)에 당도하니 형주의 통응 율사가 학인 수백 인과 함께 대사에게 의지하여 머물렀다. 대사가 조계의 보림에 당도하여 보니 절집이 협소하여 대중을 수용하기에 부족하였다. 그것을 넓히고자 하여 드디어 마을 사람인 진아선(陳亞仙)을 찾아가, "노승이 단월(檀越: dāna-pati, 시주(施主). 보시하는 사람)에게 좌구(坐具: 절을 하거나 앉을 때 쓰는 도구, 즉 돗자리나 방석) 펼칠 땅을 얻으려 하는데, 되겠습니까?"라고 말하니, 진아선이 "스님의 좌구는 얼마나 넓습니까?" 하고 물었다. 대사가 좌구를 꺼내어 보여 주니 진아선이 그렇게 하라고 허락하였다. 대사는 좌구를 한 번 펼쳐서 조계의 사방을 모두 덮었는데, 사천왕(四天王)이 몸을 나타내어 사방을 진압하고 앉았다. 지금 절 경내에 있는 천왕령(天王嶺)은 이로 인하여 이름 붙여진 것이다. 진아선이 말했다.

"스님의 법력이 광대함을 알겠습니다. 다만 저의 고조(高祖)의

분묘가 이 땅에 있습니다. 뒷날 탑을 세울 때 다행히 그대로 남아 있길 바랍니다. 나머지는 모두 내드릴 테니 보배로운 절이 되기를 바랍니다. 그런데 이 땅은 살아 있는 용(龍)과 흰 코끼리가 나오는 지맥(地脈)이어서 하늘을 평정할 수는 있어도 땅을 평정할 수는 없을 것입니다."

뒤에 절을 건축할 때에는 항상 이 말에 의지하였다. 대사는 경내를 다니며 산수(山水)가 수려한 곳에서는 번번이 멈추어 쉬곤 했는데, 이리하여 마침내 13개소의 공한처(空閑處)가 이루어졌다. 오늘날 화과원(花果院)이라는 이름이 절문에 적혀 있는 것은 이 때문이다.

보림도량(寶林道場) 또한 앞서 인도의 지약(智藥) 삼장이 남해(南海)로부터 와서 조계(曹溪)의 입구를 지날 때 물을 떠서 마셔 보고는 그 향기가 아름다움을 이상하게 여겨 따르는 무리에게, "이 물은 인도의 물과 다르지 않다. 골짜기 상류에는 필시 공한처(空閑處)로 삼을 만한 좋은 땅이 있을 것이다."라고 말하고는, 흐름을 따라 올라가서 사방으로 산과 물이 서로 둘러싸고 봉우리가 빼어남을 보고 감탄하여, "완연히 인도의 보림산(寶林山)과 같구나!"라 하였다. 그러고는 조후촌(曹侯村)에 사는 사람들에게 말하기를, "이 산에는 절을 지을 만합니다. 175년 뒤에는 무상(無上)의 법보(法寶)가 여기에서 교화를 펼칠 것이고, 도(道)를 얻은 자가 수풀과 같을 것이므로 이름은 보림(寶林)이라 해야 합니다."라 하였다. 그때 소주(韶州) 목사(牧使) 후경중(侯敬中)이 그 말을 듣고 임금님께

표(表)를 올렸다. 임금님은 그 청을 받아들여 보림(寶林)이라는 편액(扁額)을 내렸다. 드디어 절을 지어서 양(梁) 천감(天監) 3년(504년)에 낙성(落成)하였다.

대웅전 앞에 연못이 하나 있었는데 그곳에서 용이 늘 출몰하여 숲의 나무를 뒤흔들곤 하였다. 하루는 그 몸을 매우 크게 나타내니 물결이 용솟음치고 안개가 자욱하게 끼어서 대중이 모두 두려워하였다. 대사가 그 용을 꾸짖어 말했다.

"너는 몸을 크게만 할 수 있을 뿐 작게 할 줄은 모르는구나. 만약 신룡(神龍)이라면 자유롭게 변화할 수 있어서, 작아졌다 커질 수도 있고 커졌다 작아질 수도 있을 것이다."

이에 그 용이 문득 사라지더니 잠시 후 다시 작은 몸으로 나타나서 연못 위로 뛰어올랐다. 대사가 발우를 꺼내어 들고 시험하여 말했다.

"너는 또 나의 발우 속으로는 감히 들어오지 못할 것이다."

용이 이에 헤엄쳐 앞으로 다가오자 대사는 발우로써 용을 움키어 발우 속에 담으니, 용은 움직일 수가 없었다. 대사가 발우를 가지고 불당(佛堂)으로 올라가 용에게 법을 설해 주니, 용이 드디어 몸을 벗고 가 버렸다.[8] 용의 몸은 길이가 7촌(寸)으로서 머리·꼬

---

8) 용(龍)을 조복한 이야기는 불교의 설화로서 많은 곳에서 등장하지만, 그 원조는 구나발타라(求那跋陀羅)가 번역한 『과거현재인과경(過去現在因果經)』 제4권에 등장하는 이야기다. 여기에는 석가모니가 가섭 3형제가 살고 있는 곳으로 가서 불을 뿜는 독룡(毒龍)을 항복시켜서 발우에 담아 두는 이야기가 나온다. 우리나라의 경

리·뿔·발 등이 모두 갖추어진 채로 절문에 남겨져 전한다. 대사는 그 후 흙과 돌을 가지고 그 연못을 메웠는데, 지금 대웅전의 앞 좌측 철탑(鐵塔)이 진압하고 있는 곳이 바로 그 연못의 자리다.

(원주(原註) : 용의 시체는 기묘(己卯)년에 절이 병화(兵火)를 입었을 때 소실되어 지금은 행방을 알 수가 없다. 대사가 방아를 찧을 때 허리에 매달았던 돌에 '용삭원년노거사지(龍朔元年盧居士誌)'라는 8글자를 새겼는데, 이 돌은 지금 황매(黃梅)의 동선사(東禪寺)에 남아 있다. 또 당(唐)의 왕유(王維) 승상이 신회(神會) 대사의 부탁으로 육조(六祖)의 조사기(祖師記)를 작성했는데 그곳에 이르기를, "대사는 일꾼들과 섞여 벗하여 16년을 지낸 뒤에 인종(印宗) 법사가 경(經)을 강의하는 곳에 나아갔는데, 이를 계기로 머리를 깎았다."고 하였다. 또 유종원(柳宗元) 자사(刺史)는 조사(祖師)의 시호비(諡號碑)를 지었는데 그곳에 이르기를, "대사는 의발을 받고는 남해(南海)에서 16년을 숨어서 지낸 뒤, 교화를 행할 때가 되었다고 생각되자 조계(曹溪)에 머물며 사람들의 스승이 되었다."고 하였다. 또 장상영(張商英) 승상이 오조기(五祖記)를 지었는데 그곳에 이르기를, "오조(五祖)가 황매현(黃梅縣)의 동선원(東禪院)에서 교화를 펼친 것은 대개 그 어머니를 봉양토록 하기 위해서이다. 용삭 원년(661년)에 옷과 법을 육조(六祖)에게 부촉하고 나서 대중을 흩어 버리고 동산(東山)으로 들어가 암자를 만들어 살았다. 거사(居士)인 빙무(憑茂)가 대사께 산을 보시

우에는 양산의 통도사를 창건한 신라의 자장율사가 연못에 사는 독룡을 항복시키고 그 자리를 매워 금강계단(金剛戒壇)을 쌓았다는 설화가 대표적이다.

하여 도량(道場)으로 삼게 하였다."고 하였다. 이로써 생각해 본다면, 대사가 황매에 이르러 오조의 의법(衣法)을 전수받은 것이 실제로 용삭 원년 신유세(辛酉歲; 661년)이고, 의봉(儀鳳) 병자세(丙子歲; 676년)까지 16년이 지난 뒤 법성사(法性寺)에 이르러 머리를 깎은 것이다. 다른 판본에서 혹 대사가 함형중(咸亨中; 670-674년)에 황매에 이르렀다고 하고 있는 것은 잘못된 것이다.)

六祖大師法寶壇經
門人 法海 集
略序

　　大師名惠能. 父盧氏 諱行瑫, 母李氏 誕師於唐貞觀十二年戊戌歲二月八日子時. 時毫光騰空 異香滿室. 黎明有二異僧造謁 謂師之父曰: "夜來生兒 專爲安名 可上惠下能也." 父曰: "何名惠能?" 僧曰: "惠者 以法惠施衆生, 能者 能作佛事." 言畢而出 不知所之. 師不飮乳, 遇夜神人灌以甘露. 旣長年二十有四 聞經悟道 往黃梅求印可. 五祖器之 付衣法令嗣祖位. 時龍朔元年辛酉歲也. 南歸隱遯一十六年, 至儀鳳元年丙子正月八日 會印宗法師 宗悟契師旨. 是月十五日 普會四衆 爲師薙髮. 二月八日 集諸名德 授具足戒, 西京智光律師 爲授戒師, 蘇州慧靜律師 爲羯磨, 荊州通應律師 爲敎授, 中天耆多羅律師 爲說戒, 西國密多三藏 爲證戒. 其戒壇 乃宋朝求那跋陀羅三藏 創建 立碑曰, 後當有肉身菩薩 於此授戒. 又梁天監元年 智藥三藏 自西竺國 航海而來 將彼土菩提樹一株 植此壇畔 亦預誌曰, 後一百七十年 有肉身菩薩 於此樹下 開演上乘 度無量衆 眞傳佛心印之法主也. 師至是 祝髮受戒, 及與四衆 開示單傳之法旨 一如昔讖.

(以梁天監元年壬午歲 考至唐儀鳳元年丙子 是得一百七十五年)

次年春 師辭衆歸寶林, 印宗與緇白送者千餘人. 直至曹溪 時荊州通應律師 與學人數百人 依師而住. 師至曹溪寶林 覩堂宇湫隘 不足容衆. 欲廣之 遂謁里人陳亞仙曰, 老僧 欲就檀越 求坐具地得 不. 仙曰, 和尚坐具 幾許闊. 祖出坐具示之, 亞仙惟然. 祖以坐具一展 盡罩曹溪四境, 四天王現身坐鎭四方. 今寺境有天王嶺 因茲而名. 仙曰, 知和尚法力廣大. 但吾高祖墳墓 竝在此地 他日造塔 幸望存留. 餘願盡捨 永爲寶坊. 然此地 乃生龍白象來脈 只可平天 不可平地. 寺後營建 一依其言. 師遊境內 山水勝處輒憩止, 遂成蘭若一十三所. 今日花果院 隷籍寺門茲. 寶林道場 亦先是西國智藥三藏 自南海經曹溪口 掬水而飮 香美異之 謂其徒曰, 此水 與西天之水 無別 溪源上 必有勝地 堪爲蘭若. 隨流至源上 四顧山水回環 峯巒奇秀 嘆曰, 宛如西天寶林山也. 乃謂曹侯村居民曰, 可於此山 建一梵刹. 一百七十年後 當有無上法寶 於此演化, 得道者如林 宜號寶林. 時韶州牧侯敬中 以其言具表聞奏, 上可其請 賜寶林爲額. 遂成梵宮 落成於梁天監三年. 寺殿前有潭一所 龍常出沒其間 觸撓林木. 一日現形甚巨 波浪洶湧 雲霧陰翳 徒衆皆懼. 師叱之曰, 你只能現大身 不能現小身. 若爲神龍 當能變化 以小現大以大現小也. 其龍忽沒 俄頃復現小身 躍出潭面. 師展鉢試之曰, 你且不敢入 老僧鉢盂裏. 龍乃遊揚至前 師以鉢舀之 龍不能動. 師持鉢上堂 與龍說法 龍遂蛻骨而去. 其骨長可七寸 首尾角足皆具 留傳寺門. 師後以土石 堙其潭, 今殿前左側 有鐵塔鎭處是也.

(龍骨至己卯 寺罹兵火因失 未知所之. 師墜腰石 鑴龍朔元年盧居士誌

八字, 此石今存黃梅東禪. 又唐王維右丞 爲神會大師 作祖師記云, 師混勞侶 積十六載 會印宗講經 因爲削髮. 又柳宗元刺史 作祖師諡號碑云, 師受信具 遁隱南海上十六年 度其可行 乃居曹溪爲人師. 又張商英丞相作五祖記云, 五祖演化 於黃梅縣之東禪院 蓋其使於將母. 龍朔元年 以衣法付六祖已 散衆入東山結庵, 有居人憑茂 以山施師爲道場焉. 以此考之 則師至黃梅傳受五祖衣法 實龍朔元年辛酉歲. 至儀鳳丙子 得一十六年 師方至法性祝髮. 他本或作 師咸亨中至黃梅者非.)

1. 법을 깨닫고 옷을 전해 받음

그때 대사께서 보림사(寶林寺)⁹⁾에 도착하였는데, 소주(韶州)의 위거(韋璩) 자사(刺史)가 관료들과 함께 산으로 들어와, 대사에게 대범사(大梵寺)¹⁰⁾의 강당에서 대중에게 마하반야바라밀법(摩訶般若波羅密法)¹¹⁾을 말씀해 줄 것을 부탁하였다. 대사가 법좌(法座)에 오르자 자사와 관료 30여 인, 유학(儒學)하는 선비 30여 인, 사부대중(四部大衆) 1,000여 인이 동시에 절을 올리고, 법요(法要) 듣기를 원하였다.

대사께서 말씀하셨다.

"도반들이여,¹²⁾ 모두 마음을 깨끗이 하여 마하반야바라밀(摩訶

---

9) 보림(寶林) : 보림사(寶林寺). 보림사는 광동성(廣東省) 소관시(韶關市; 옛 소주(韶州)) 남쪽 20여km에 있는 곡강구(曲江區; 옛 곡강현(曲江縣)) 조계산(曹溪山)에 있는 절인 남화선사(南華禪寺)의 원래 이름. 504년 창건. 뒤에 홍천사(興泉寺)라고도 하였다가, 송대(宋代)에 남화선사(南華禪寺)라고 개칭하여 오늘날에 이른다. 남화선사의 산문(山門) 현판은 조계(曹溪)이다.
10) 대범사(大梵寺) : 광동성(廣東省) 소관시(韶關市; 옛 소주(韶州))에 있는 사찰인 대감선사(大鑑禪寺)의 원래 이름. 660년에 세워져서 현재에도 있음. 육조혜능이 말년에 소주 자사 위거(韋璩)의 요청을 받고 설법한 장소. 그 설법 내용이 『육조단경』의 앞부분에 해당한다. 뒤에 대범사(大梵寺)에서 행해진 육조의 설법을 기념하여 대범사를 대감선사(大鑑禪寺)로 개칭하였다.
11) 마하반야바라밀(摩訶般若波羅蜜) : 대지도(大智度)·대혜도(大慧度)라 번역되며, 모든 법이 다 공(空)이라는 가르침.
12) 선지식(善知識) : 범어 kalyāṇamitra의 번역. 바른 도리를 가르치는 자를 선지식(善知識)·선우(善友)라 한다. 여기에서 혜능이 대중들을 선지식이라고 부르는 것은

般若波羅蜜)을 생각하십시오."

대사께서 잠시 묵묵히 있다가 다시 말씀하셨다.

"도반들이여, 깨달음인 자성은 본래 깨끗하니, 단지 이 마음을 쓰기만 하면 곧장 깨달음을 이룹니다.[13]

도반들이여, 이제 저[14]의 지내 온 내력과 법을 얻은 사정을 들어 보십시오. 저의 선친은 본관(本貫)이 범양(范陽)인데, 좌천되어 영남(嶺南)으로 들어와 신주(新州)의 백성이 되었습니다. 이 몸은 불행하여, 아버지가 일찍 돌아가시고 어머니 홀로 남았습니다. 뒤에 남해(南海)로 왔는데, 가난하고 어려운 살림에 제가 시장에서 땔나무를 팔아서 살았습니다.

어느 때 한 손님이 나무를 사고는 여관까지 가져다 달라 하였습니다. 여관에서 손님이 나무를 가져가고, 저는 돈을 받아 문밖으로 나오다가 한 손님이 경(經) 읽는 것을 보았습니다. 저는 '마땅히 머묾 없이 그 마음을 내어야 한다'라는 경문(經文)을 한 번 듣자 곧 마음이 열려 깨달았습니다. 그리하여 그 손님에게 물었습니다.

'무슨 경을 읽습니까?'

그 손님이 말했습니다.

'금강경(金剛經)이다.'

바른 법을 공부하는 도반(道伴), 도우(道友)라는 뜻이다.
13) 직료성불(直了成佛) : 직료(直了)는 곧장 깨닫는다는 말. 성불(成佛)은 깨닫는다는 말. 곧장 깨달아 부처가 되다. 곧장 깨닫다.
14) 혜능(惠能) : 혜능(慧能)이라고도 함. 육조혜능(六祖慧能).

제가 다시 물었습니다.

'어디에서 오셨기에 이런 경전을 가지고 있습니까?'

그 손님이 말했습니다.

'나는 기주(蘄州) 황매현(黃梅縣)의 동선사(東禪寺)에서 왔다. 그 절은 오조홍인(五祖弘忍) 대사가 계셔서 교화를 하시는데, 문인(門人)이 천 명이 넘는다. 나는 그곳에 가서 인사를 드리고, 이 경을 받았다. 대사께선 늘 승속(僧俗)의 대중에게 권하기를, 금강경만 지니면 곧 스스로 본성을 보아 곧장 깨닫게 된다고 하셨다.'

제가 그 말을 듣고 나자 오래된 인연이 있어서인지, 한 손님이 은(銀) 열 냥을 저에게 주면서 노모의 옷과 양식에 충당케 하고는, 곧 황매(黃梅)를 찾아가 오조(五祖)께 인사하라고 하였습니다. 저는 노모를 편안히 모신 뒤 바로 작별을 하였습니다.

한 달도 지나지 않아 저는 황매에 도착하였습니다. 오조(五祖)께 인사를 올리자 오조께서 저에게 물었습니다.

'그대는 어느 지방 사람이고, 무슨 물건을 구하려 하는가?'

제가 답했습니다.

'제자는 영남(嶺南) 신주(新州)의 백성입니다. 먼 곳에서 와 스님께 절을 올리는 것은, 오직 부처 되기를 바랄 뿐이고 다른 물건을 구하는 것이 아닙니다.'

오조께서 말씀하셨습니다.

'그대가 영남 사람이라면 오랑캐인데, 어떻게 부처가 될 수 있겠는가?'

제가 말했습니다.

'사람에게는 남쪽 사람과 북쪽 사람이 있지만, 불성(佛性)에는 본래 남쪽과 북쪽이 없습니다. 오랑캐의 몸과 스님의 몸이 같지 않지만, 불성에 무슨 차별이 있겠습니까?'

오조께서는 다시 저와 함께 말씀을 나누고자 하셨지만 대중이 모두 곁에 있음을 보시고는, 곧 저에게 대중을 따라서 일을 하라고 시키셨습니다. 제가 말했습니다.

'혜능이 스님께 여쭙습니다. 저의 마음은 늘 지혜를 내어 자성(自性)에서 벗어나지 않으니, 이것이 바로 복전(福田)[15]입니다. 스님께서는 무슨 일을 하라고 시키십니까?'

오조께서 말씀하셨습니다.

'이 오랑캐는 근성(根性)이 매우 날카롭구나! 너는 더 이상 말하지 말고 헛간으로 가거라.'

제가 물러나 뒷마당에 이르니, 한 행자가 있다가 저를 땔나무를 쪼개고 디딜방아를 밟는 곳으로 보냈습니다.

8개월쯤 지났을 때, 오조께서 하루는 저를 찾아와 말씀하셨습니다.

'나는 너의 견해가 쓸 만하다고 여겼지만, 나쁜 사람이 너를 해칠까 두려웠기 때문에 너와 함께 더 이상 말하지 않았다. 너는 알

---

15) 복전(福田) : 복의 씨앗을 뿌린 밭. 여래나 비구 등 공양을 받을 만한 안목이 있는 이에게 공양하면 복이 되는 것이, 마치 농부가 밭에 씨를 뿌려 다음에 수확하는 것과 같으므로 복전이라 한다.

고 있느냐?'

제가 말했습니다.

'저도 스님의 뜻을 알았기 때문에, 감히 스님이 계신 집 앞에도 가지 않음으로써 사람들이 알지 못하게 하였습니다.'

오조께서 하루는 모든 문인을 불러 모으셨습니다.

'내가 그대들에게 말하겠다. 세간의 사람들에게 삶과 죽음의 일은 크다. 그대들은 하루 종일 다만 복전(福田)을 구하고, 삶과 죽음의 괴로운 바다로부터 벗어나는 것을 구하지는 않는구나. 만약 자성(自性)에 어두우면, 복으로 어떻게 구원할 수 있겠는가? 그대들은 각자 돌아가서 스스로 지혜를 보고 자기 본래 마음의 반야(般若)인 자성을 붙잡아, 각자 하나의 게(偈)를 지어 나에게 보여 보아라. 만약 큰 뜻을 깨달았다면, 그에게 옷과 법을 주어 제6대 조사(祖師)로 삼을 것이다. 급히 서두르고, 더디게 하지 마라. 생각으로 헤아리면 쓸모가 없다. 자성을 보는 사람은 말을 듣자마자[16] 보아야 한다. 만약 이와 같다면, 칼을 휘두르며 적진으로 돌진하더라도 역시 자성을 볼 것이다.'

(원주(原註) : 옛스님께서 말씀하셨다. "비유하자면 칼을 휘두르며 적진으로 돌진하면서 어떻게 될지를 묻지 않는 것과 같다. 이 비유는 법을 얻은 사람은 낌새를 알아차리고 곧 행동하지,[17] 말에 머물러 있지 않다는 것

---

16) 언하(言下) : 말하는 사이에. 바로 그 자리에서. 즉시. 말을 들으며. 말을 듣고서.
17) 견기이작(見機而作) : =견기이작(見幾而作). 기미를 느끼고 바로 조처를 취하다.

이다.")¹⁸⁾

대중이 분부를 받고 물러나 번갈아 서로 말했습니다.
'우리들 여러 사람은 마음을 깨끗이 하여 애써 게를 지을 필요가 없다. 게를 지어 스님께 보인들 무슨 이익이 있겠는가? 신수(神秀)¹⁹⁾ 상

낌새를 알아차리고 곧 행동하다.
18) 이 주석은 단도직입(單刀直入)에 대한 설명이므로, 여기의 윤도상진역득견지(輪刀上陣亦得見之)의 주석으로는 적합하지 않다. "자성을 보는 사람은 말을 듣자마자 보아야 한다. 만약 이와 같다면, 칼을 휘두르며 적진으로 돌진하더라도 역시 자성을 볼 것이다."는 말은, 말을 듣고서 문득 깨닫는 사람은 어떤 상황에서도 그 깨달음을 잃지 않는다는 말이다. 이것은 돈오(頓悟)를 설명하는 말이다. 불교와 선(禪)에서의 깨달음은 꾸준한 수행을 통하여 점차 깨달아 들어가는 것이 아니고, 말 한 마디 듣고 문득 깨닫는 돈오(頓悟)이다. 깨우침을 주는 말을 듣고서 문득 자기의 본래부터 완전한 본성을 보게 되면, 지금까지 중생의 일상생활인 줄로 알고 살아온 일상생활 그대로가 곧 자기의 본성이고, 따로 자기의 본성이랄 것이 없다. 그러므로 수행을 통하여 버리고 얻을 것은 없는 것이다. 애초부터 언제나 본성의 자리에 있었으면서 자기가 만든 어리석은 망상에 가로막혀서 본성을 보지 못했을 뿐이다. 마조가 "도는 닦을 필요가 없고, 다만 오염되지 않으면 된다."고 말한 것이 바로 이것을 가리킨다. 올바르게 깨닫기만 하면 모든 세계가 곧 깨달음의 자리이니 안과 밖이 없어서 깨달음에서 벗어나지 않는다. 깨달음과 일상생활이 둘이 아닌 것이다.
19) 대통신수(大通神秀) : ?-706. 중국 당나라 스님. 북종선(北宗禪)의 개조(開祖). 속성은 이 씨. 개봉(開封) 사람. 50세에 기주(蘄州) 쌍봉(雙峰) 동산사에서 5조 홍인선사(弘忍禪師)를 뵙고 제자가 됨. 홍인이 죽은 뒤에 강릉 당양산에 있으면서 측천무후의 귀의를 받고, 궁중의 내도량(內道場)에 가서 우대를 받았으며, 또 중종 황제의 존경을 받음. 신룡 2년에 죽음. 시호는 대통선사(大通禪師). 동문(同門)의 혜능(慧能)이 5조의 법사(法嗣)가 되어 스승의 명으로 남방에 가서 도법을 널리 편 이래 혜능이 전한 것을 남종(南宗)이라 하고, 신수가 전한 것을 북종(北宗)이라 함.

좌가 지금 교수사(敎授師)²⁰⁾이니 반드시 그가 (의발을) 얻을 것이다. 우리들이 함부로 게송을 지어 봐야 헛되이 마음만 쓰는 짓이다.'

사람들이 이 말을 듣고는 모두 마음을 놓고서 함께 말했습니다.

'우리들은 이후에 신수 상좌에게 의지할텐데, 왜 번거롭게 게를 짓겠는가?'

신수 대사는 생각했습니다.

'모두들 게를 보이지 않는 것은, 내가 그들의 교수사이기 때문이다. 나는 게를 지어 스님께 보여 드려야 한다. 만약 게를 보여 드리지 않는다면, 스님께서 어떻게 내 마음속의 견해가 깊은지 얕은지 아시겠는가? 내가 게를 보여 드리는 뜻이 법을 구하는 것이라면 좋다. 그러나 조사의 지위를 구하는 것이라면 나쁘니, 도리어 범부의 마음과 같으면서 성인의 지위를 빼앗는 것과 어떻게 다르겠는가? 만약 게를 보여 드리지 않는다면, 끝내 법을 얻지 못할 것이니, 어렵고 어렵구나!'

오조 스님의 집 앞에는 사람이 걸어 다니는 복도가 3간(間) 정도 있었는데, 스님은 공봉(供奉)²¹⁾ 노진(盧珍)에게 그곳에 능가경변상도(楞

---

20) 교수사(敎授師) : =교수아사리(敎授阿闍梨). 계(戒) 받는 이를 인도하여 수계하는 계단(戒壇)에 대한 여러 가지 작법(作法)과 규모를 가르쳐 주는 스님.
21) 공봉(供奉) : ①승직(僧職)으로 황제의 고문을 담당하는 승려. 황제로부터 자색(紫色) 가사(袈裟)를 하사 받는다. ②불·보살에게 시봉(侍奉)하는 것. ③중국 당나라 때에 한 가지 재주로써 궁전에서 황제를 보좌하던 벼슬 이름.

1. 법을 깨닫고 옷을 전해 받음

伽經變相圖)²²⁾와 오조혈맥도(五祖血脈圖)²³⁾를 그리도록 하여 후손들에게 전해 주려고 하였습니다. 신수 대사는 게를 짓고서 여러 번 오조께 드리려고 오조의 방 앞에까지 갔으나, 정신이 아득하고 불안하면서²⁴⁾ 온몸에 땀이 흘러내려 보여 드릴 수 없었습니다. 그렇게 4일을 지나면서 13번이나 드리려 했으나 결국 드리지 못했습니다.

이에 신수 대사는 생각했습니다.

'복도에다 써 붙이는 게 낫겠다. 그것을 스님께서 보시고 만약 좋다고 말씀하시면, 나는 나아가 절을 올리고 내가 지은 것이라고 말해야겠다. 만약 부족하다고 말씀하시면, 헛되이 산 속에서 몇 년 동안 사람들의 절을 받으면서 무슨 도를 닦았던 것일까?'

이날 밤 삼경(三更)에 다른 사람이 알지 못하도록 스스로 등불을 들고서, 남쪽 복도 벽 사이에 게를 써서 마음속의 소견을 드러

---

22) 변상도(變相圖) : 불교에 관한 여러 가지 내용을 시각적으로 조형화한 그림. 변상도는 불교의 교리에 입각하여 표현되는 종교화이다. 즉 진리의 내용을 변화시켜 나타낸 것이므로 변상도라 하며, 또 이는 도상적 성격(圖相的性格)을 지니므로 변상도라고 한다. 대체로 변상도는 석가모니의 전생을 묘사한 본생도(本生圖), 현생(現生)의 전기를 담은 불전도(佛傳圖), 정토(淨土)의 장엄도(莊嚴圖)가 중심이 된다. 따라서 변상도는 이들과 관련된 조각이나 회화 등의 조형체를 포괄하는 명칭이기도 하다.
23) 혈맥도(血脈圖) : 조사(祖師)들의 사자상승(師資相承)의 계보를 기록한 그림. 역대의 조사들이 스승과 제자로 법을 계승하여 내려온 계보를 계통적으로 그린 그림. 오조혈맥도(五祖血脈圖)란 초조달마(初祖達摩)에서 오조홍인(五祖弘忍)까지의 계보를 그린 그림.
24) 황홀(恍惚) : 얼떨떨하고 불안하다. 흐리멍덩하고 불안하다. 아득하고 불안하다.

냈습니다. 게는 이러합니다.

'몸은 깨달음의 나무요,
마음은 밝은 거울[25]과 같다.
늘[26] 부지런히 털고 닦아서
먼지[27]가 붙지 않도록 하라.'

신수 대사는 게를 쓰고서 곧 방으로 돌아갔는데, 아무도 알지 못했습니다. 신수 대사는 다시 생각했습니다.

'오조께서 내일 게를 보고 기뻐하시면, 나는 법과 인연이 있는 것이다. 만약 부족하다고 말씀하시면, 본래 내가 어리석고 오래된 업(業)의 장애가 무거워 법을 얻을 수 없는 것이다. 성인(聖人)의 뜻은 헤아리기 어렵구나!'

방 안에서 이리저리 생각하면서 앉았다 누웠다 안절부절못하며 오경(五更)에 이르렀습니다. 오조께서는 신수 대사가 아직 깨달음의 문에 들어가지 못했고 자성(自性)을 보지 못했음을 이미 알고 계셨습니다.

날이 밝자 오조(五祖)께서 노공봉(盧供奉)을 불러들여, 복도의 남쪽 벽에 그림을 그리게 하려 하시다가 문득 그 게송을 보시고는

---

25) 경대(鏡臺) : 거울이 붙은 대(臺)라는 뜻이지만, 곧 거울을 가리킨다.
26) 시시(時時) : 언제나. 늘.
27) 진애(塵埃) : 티끌. 먼지. 티끌먼지. 티끌먼지는 곧 망상번뇌(妄想煩惱)를 가리킨다.

1. 법을 깨닫고 옷을 전해 받음　39

공봉에게 사례하고서 말씀하셨습니다.

'그림을 그릴 필요가 없겠습니다. 멀리서 오셨는데 죄송하게 되었습니다. 금강경(金剛經)에서 "무릇 모습이 있는 것은 모두 허망한 것이다."[28]라고 했습니다. 다만 이 게송을 남겨 두어 사람들에게 읽고 기억하도록 할 것입니다. 이 게송에 의지해 수행하면 악도(惡道)[29]에 떨어지는 것을 면할 것입니다. 이 게송에 의지해 수행하면

---

28) 『금강경(金剛經)』에 등장하는 사구게(四句偈) 가운데 하나. 여기의 상(相)은 '모습, 형상'이라는 뜻인 lakṣaṇa를 번역한 것이지만, 분별된 개념이라는 뜻의 saṃjñā와 뜻에서는 차이가 없다고 할 수 있다. 이 부분에 대한 각 판본의 내용은 다음과 같다 :
〈구마라집〉 무릇 모습은 전부 허망하다. 만약 모든 모습이 모습 아님을 보면, 곧 여래를 보는 것이다.(凡所有相皆是虛妄. 若見諸相非相則見如來.)
〈보리류지〉 무릇 모습으로 있는 것은 전부 헛된 말이다. 만약 모든 모습이 모습 아님을 본다면, 헛된 말이 아니다. 이와 같이 모든 모습이 모습이 아니라면, 여래를 본다.(凡所有相, 皆是妄語. 若見諸相非相, 則非妄語. 如是諸相非相, 則見如來.)
〈진제〉 무릇 모습으로 있는 것은 전부 허망하다. 모습으로 있는 것이 아니면 진실하다. 모습에 모습이 없다면, 반드시 여래를 볼 것이다. 이와 같이 말할 뿐이다.(凡所有相, 皆是虛妄. 無所有相, 卽是眞實. 由相無相, 應見如來. 如是說已.)
〈현장〉 모습이 갖추어지면 전부 허망하다. 모습이 갖추어지지 않으면 전혀 허망하지 않다. 이와 같이 모습이 모습이 아니라면, 여래를 볼 것이다. 이 말을 할 뿐이다.(乃至諸相具足, 皆是虛妄. 乃至非相具足, 皆非虛妄. 如是以相非相, 應觀如來. 說是語已.)
〈의정〉 뛰어난 모습으로 있는 것은 모두 허망하다. 만약 뛰어난 모습이 없다면, 허망하지 않다. 이 까닭에 마땅히 뛰어난 모습은 모습이 없다는 것으로써 여래를 보아야 한다.(所有勝相, 皆是虛妄. 若無勝相, 卽非虛妄. 是故應以勝相無相, 觀於如來.)
29) 악도(惡道) : 악취(惡趣)와 같음. 나쁜 일을 지은 탓으로 장차 태어날 곳. 업을 지어 윤회하는 길. 지옥・아수라・축생・아귀・인간・천상 등 여섯 가지 윤회의

큰 이익이 있을 것입니다. 문인들로 하여금 향을 피워 예경하게 하고, 모두 이 게를 읽도록 하면 자성을 볼 수 있을 것입니다.'

문인들은 게를 읽으며 모두가 찬탄하였습니다.

'좋구나!'

오조께서 삼경(三更)에 신수 대사를 불러 조사당(祖師堂)으로 오도록 하여 물었습니다.

'이 게송은 네가 지었느냐?'

신수 대사가 말했습니다.

'사실은 제가 지은 것입니다. 감히 망령되이 조사의 지위를 구하지는 않습니다. 바라건대 스님께서 자비를 내려 저에게 조그마한 지혜라도 있는지 보아 주십시오.'

오조께서 말씀하셨습니다.

'네가 지은 이 게송은 아직 본성을 보지 못했다.

다만 문밖에 이르렀을 뿐, 아직 문안에 들어오지는 못했다.

이와 같은 견해로써 위없는 깨달음을 찾는다면 분명코 얻을 수 없다. 위없는 깨달음을 얻으려면 모름지기 말을 듣고서 자기의 본래 마음을 알고 자기의 본성을 보아야 한다.

(자기의 본래 마음과 본성은) 생겨나지도 않고 사라지지도 않으며, 모든 시간 속에서 순간순간 스스로 드러나, 삼라만상에 가로막힘이 없다.

길. 지옥·아귀·축생을 특히 삼악도(三惡道)라 하여 악도 중에서도 가장 나쁜 길이라고 한다.

하나가 참되면 모든 것이 참되니, 온갖 경계가 스스로 여여(如如)하고, 여여한 마음이 곧 진실이다.

만약 이와 같이 본다면, 곧 위없는 깨달음의 자성(自性)이다.

너는 지금 돌아가서 하루 이틀 더 생각해서, 다시 게를 하나 더 지어 와서 나에게 보여라. 너의 게송이 만약 문에 들어왔다면, 너에게 옷과 법을 주겠다.'

신수 대사는 절을 올리고 나가서, 다시 며칠이 지났으나 게를 짓지 못했습니다. (신수 대사의) 마음속이 아득하고 정신과 생각이 불안하여 마치 꿈속에서 생활하는 것처럼 즐겁지가 못했습니다.

다시 이틀 뒤에 어떤 동자 한 사람이 방앗간을 지나가며 그 게를 소리 높여 외웠습니다. 저는 그 게를 한 번 듣자, 이 게는 본성을 보지 못했음을 곧 알았습니다. 비록 아직 오조 스님께 가르침을 받지는 못했지만, 벌써 큰 뜻은 알고 있었습니다. 이윽고 동자에게 물었습니다.

'외우는 것은 무슨 게(偈)입니까?'

동자가 말했습니다.

'너 이 오랑캐는 알지 못하는구나. 대사께서 말씀하시기를 "세속 사람에게는 삶과 죽음의 일이 크다."고 하시고는, 옷과 법을 전해 주고자 하여, 문인들로 하여금 게를 지어 와서 보이도록 하셨다. 만약 큰 뜻을 깨달았다면, 옷과 법을 전해 주어 제육조(第六祖)로 삼을 참이셨다. 신수 상좌가 복도의 남쪽 벽 위에 무상게(無相偈)를 쓰셨는데, 대사께서는 사람들에게 모두 이 게송을 읽도록

하셨다. 이 게송에 의지해서 수행하면 악도(惡道)에 떨어짐을 면할 수 있다.'

제가 말했습니다.

'저도 이 게를 읽고서 내생(來生)의 인연을 맺어 불지(佛地)[30]에 함께 태어나고자 합니다. 스님,[31] 저는 여기서 방아를 밟은 지 8개월 여가 되었는데, 아직 조사 스님이 계신 집 앞에 가 보지 못했습니다. 바라건대 스님이 저를 데리고 게 앞에 가서 절하도록 해 주십시오.'

동자는 게송 앞으로 데리고 가서 절하도록 해 주었습니다. 제가 말했습니다.

'저는 글자를 알지 못하니, 스님께서 좀 읽어 주십시오.'

그때 강주(江州)에서 별가(別駕) 벼슬을 하던, 성은 장(張)이요, 이름은 일용(日用)이라는 사람이 곧 큰 소리로 읽었습니다. 저는 듣고 나서 속에서 나오는 대로[32] 말하였습니다.

'저도 하나의 게가 있으니, 별가께서 좀 적어 주십시오.'

별가가 말했습니다.

'오랑캐, 너도 게를 짓는다고? 그 일이 희한하구나.'

---

30) 불지(佛地): 불과(佛果)·불위(佛位)·불경계(佛境界)라고도 함. 부처님의 지위(地位), 깨달음의 지위(地位). 번뇌장(煩惱藏)·소지장(所知障)에서 해방된 계위(階位). 보살의 궁극의 계위(階位).
31) 상인(上人) : 스님. 지혜와 덕을 겸비한 승려를 높여 부르는 말.
32) 인자(因自) : 자신에게 의지하다. 자신으로 말미암다. 속에서 우러나오는 대로 하다.

1. 법을 깨닫고 옷을 전해 받음

저는 별가를 깨우쳐 말했습니다.

'위없는 깨달음을 배우려 한다면, 초학이라도 깔보면 안 됩니다. 가장 낮은 사람에게 가장 높은 지혜가 있을 수 있고, 가장 높은 사람에게도 무의미한 지혜가 있을 수 있습니다. 만약 사람을 깔본다면, 헤아릴 수도 없고 끝도 없는 죄가 있습니다.'

별가가 말했습니다.

'너는 게를 읊기만 하라. 내가 너를 위해 쓰겠다. 네가 만약 법을 얻으면, 먼저 나를 제도(濟度)해야 한다. 내 이 말을 잊지 마라.'

저는 게를 말했습니다.

'깨달음에는 본래 나무가 없고
밝은 거울도 대(臺)가 아니다.
본래 한 물건도 없는데
어느 곳에 먼지가 붙겠는가?'

(원주(原註) : 이는 황매산의 조사 게(偈)에 의거하여 바로잡은 것이다. 야(惹)자는 어떤 경우에 유(有)라고 되어 있는데, 이는 잘못된 것이다.)

이 게송을 쓰고 나자 대중이 모두 놀랐습니다. '모두들 감탄하고 의아해하며[33] 서로 말했습니다.

---

33) 차아(嗟訝) : 감탄하다. 의아해하다.

'기이(奇異)하구나! 역시 사람을 모습으로 판단하면 안 되겠구나. 우리가 얼마나 오랫동안 저 육신보살(肉身菩薩)³⁴⁾을 부려먹었던가!'

오조께서 대중이 놀라고 괴이하게 여기는 것을 보시고서, 사람들이 저에게 해를 끼칠까 봐 두려워하시며 이윽고 신발을 가지고 게를 문질러 지우며 말씀하셨습니다.

'이 게도 아직 자성을 보진 못했다.'

그리하여 대중의 의심이 사라졌습니다.

다음 날 오조께서 몰래 방앗간에 오셔서, 제가 허리에 돌을 매달고 쌀 찧는 것을 보시고는 말씀하셨습니다.

'도(道)를 구하는 사람이 법(法)을 위하여 몸을 잊는 것이 마땅히 이와 같아야 한다!'

그리고 저에게 질문하셨습니다.

'쌀이 익었느냐?'

제가 말했습니다.

'쌀이 익은 지는 오래되었습니다만, 아직 체로 치지는 못했습니다.'

오조께서는 지팡이로 방아를 세 번 내리치고 가셨는데, 저는 곧 조사의 뜻을 알아차렸습니다. 삼경을 알리는 북이 울리자 저는 오조가 계신 방에 들어갔습니다. 오조께선 가사(袈裟)를 가지고 방문을 막아 사람들이 보지 못하게 하셨습니다. 그러고는 금강경을 말씀해 주셨는데, '마땅히 머묾 없이 그 마음을 내야 한다.'라는 구

---

34) 육신보살(肉身菩薩) : 육체를 가진 보살. 선지식(善知識)을 아름답게 부르는 말.

절에 이르자 저는 그 말씀에서 크게 깨달았는데, 온갖 법이 모두 자성(自性)에서 벗어나지 않았습니다.

그리하여 오조께 여쭈었습니다.

'자성이 본래[35] 깨끗함을 어찌 기대했겠습니까?

자성이 본래 생멸(生滅)하지 않음을 어찌 기대했겠습니까?

자성이 본래 모자람 없이 완전함을 어찌 기대했겠습니까?

자성이 본래 흔들리지 않음을 어찌 기대했겠습니까?

자성이 만법(萬法)을 만들어 낼 수 있음을 어찌 기대했겠습니까?'

오조께서는 제가 본성(本性)을 깨달았음을 아시고서 곧 저에게 대장부(大丈夫)요, 천인사(天人師)[36]인 부처(佛)라고 하셨습니다. 삼경(三更)에 법을 받으니 사람들이 아무도 알지 못했는데, 오조께선 곧 돈교(頓敎)와 의발(衣鉢)을 전해 주시고는 말씀하셨습니다.

'너는 제육대(第六代) 조사(祖師)가 되었다. 스스로 그 진리를 잘 유지하여[37] 널리 중생을 구원하고, 장래에 퍼뜨려서 단절시키지 않도록 하여라. 내 게송을 들어라.

중생이 찾아와 깨달음의 씨앗을 뿌리니

---

35) 본자(本自) : 본래. 원래. 자(自)는 어조사.
36) 천인사(天人師) : 여래십호(如來十號)의 하나. 부처님은 천(天)과 인(人)의 스승이라는 뜻.
37) 호념(護念) : 모든 불·보살·하늘·귀신들이 선행을 닦는 중생이나 수행자에 대하여 온갖 마장을 제하고 옹호하며, 깊이 기억하여 버리지 않는 것.

씨앗 뿌린 곳[38]에서 깨달은 자[39]가 다시 나온다.
중생심[40]이 없으면 깨달음의 씨앗도 없고
불성(佛性)이 없으면 깨달음이 나오지도 않는다.'

오조께서 다시 말씀하셨습니다.
'옛날에 달마 대사께서 처음 이 땅(중국)에 오시자 사람들이 아직 그를 믿지 않았다. 그 까닭에 이 옷을 전하여 믿음의 바탕으로 삼아 대대로 이어 가도록 하셨다.
법이라면 마음에서 마음으로 전하여 모두가 스스로 깨닫고 스스로 알도록 하셨다.
옛날부터 부처와 부처가 오로지 본바탕만을 전하셨고, 조사와 조사가 비밀리에 본래 마음을 전해 주셨다.
옷은 싸움의 실마리가 되니, 너에게서 멈추고 더이상 전하지 마라. 만약 이 옷을 전한다면, 목숨이 늘어진 실과 같을 것이다.
너는 빨리 가거라. 사람들이 너를 해칠까 봐 두렵다.'
제가 말했습니다.
'어느 곳으로 가야 합니까?'
오조께서 말씀하셨습니다.

---

38) 인지(因地) : 성불(成佛)하기 위해 수행하는 지위. 이에 비하여 부처님의 지위는 과지(果地)·과상(果上)이라 함.
39) 불과(佛果) : 수행이 원인이 되어 도달하는 결과인 깨달은 자, 즉 부처님의 지위.
40) 정식(情識) : 미망심(迷妄心), 중생심, 분별심.

'회(懷)⁴¹⁾를 만나면 멈추고, 회(會)를 만나면 숨어라.'

저는 삼경에 의발을 받고서 말했습니다.

'저는 본래 남중국(南中國) 사람으로 오래 살아서 이곳의 산길은 알지 못합니다. 어떻게 강어귀로 나갈 수 있습니까?'

오조께서 말씀하셨습니다.

'너는 걱정할 필요가 없다. 내가 너를 전송하겠다.'

오조께서 전송해 주셔서 구강역(九江驛) 가에 곧장 이르니 한 척의 배가 있었습니다. 오조께서 저에게 배에 오르라고 하시고는 직접 노를 붙잡고서 손수 저으셨습니다. 제가 말했습니다.

'스님께서는 앉으십시오. 제가 노를 저어야 합니다.'

오조께서 말씀하셨습니다.

'내가 너를 건네주어야 한다.'

제가 말했습니다.

'어리석을 때는 스승께서 건네주어야 하지만, 이미 깨달았으니 스스로 건너야 합니다. 건넌다(度)는 말은 비록 하나이나, 그 쓰이는 곳은 다릅니다.

저는 변방에서 태어나고 자라서 말이 표준어는 아니지만 스승님의 도움으로 법을 받았습니다.

지금 이미 깨달음을 얻었으니, 다만 스스로의 본성으로 스스로 건너야 합니다.'

---

41) 회(懷)와 회(會)는 지명(地名)이다.

오조께서 말씀하셨습니다.

'그렇다, 그렇다. 이후에 불법(佛法)이 너로 말미암아 크게 행해질 것이다.

네가 떠나고 3년 뒤에 나는 세상을 떠날 것이다. 이제 잘 가거라. 열심히 남쪽을 향하여 가되, 성급하게 입을 열어선 안 된다. 불법이 일어나기란 어려운 것이다.'

저는 오조께 작별 인사를 드리고 길을 떠나 남쪽으로 가서, 두 달 사이에 대유령(大庾嶺)에 도착했습니다.

(원주(原註) : 오조는 돌아와서 여러 날을 법당에 오르지 않았는데, 대중이 의심하여 오조를 찾아가 물었다. "병이나 근심이 있으십니까?" 오조가 말했다. "병은 없지만, 옷과 법은 이미 남쪽으로 갔다." 대중이 물었다. "누가 전해 받았습니까?" 오조가 말했다. "능력 있는 자가 얻었다." 이에 대중이 알아차렸다.)[42]

저의 뒤를 수백 명이 쫓아오며 옷과 발우를 빼앗고자 하였습니다. 그 가운데 한 스님은 속성이 진(陳)이요, 이름이 혜명(惠明)이었는데, 스님이 되기 전에 사품장군(四品將軍)이었습니다. 그는 성질과 행동이 거칠고 성급했지만, 지극한 뜻으로 찾아서 무리들에 앞서서 뒤쫓아와 저를 따라잡았습니다. 저는 옷과 발우를 바위 위

---

42) 작은 글씨로 씌어진 주석(註釋).

에 내던지고는 말했습니다.

'이 옷은 믿음을 표시하는 것인데, 힘으로써 다툴 수 있겠느냐?'

저는 우거진 숲 속에 숨었습니다.

혜명이 도착하여 옷과 발우를 집어들었지만 그것들은 움직이지 않았습니다. 이에 혜명은 저를 불러서 말했습니다.

'행자여, 행자여! 나는 법을 위하여 온 것이지, 옷을 위하여 온 것이 아닙니다.'

이윽고 제가 숨은 곳에서 나와 평평한 바위 위에 앉으니, 혜명이 절을 하고서 말했습니다.

'행자께선 나를 위하여 법을 말씀해 주십시오.'

제가 말했습니다.

'당신이 법을 위하여 왔다면, 마땅히 모든 인연을 쉬어 버리고 하나의 생각도 일으키지 마십시오. 제가 그대를 위하여 말하겠습니다.'

잠시 침묵한 후에 혜명에게 말했습니다.

'선(善)도 생각하지 말고, 악(惡)도 생각하지 마십시오. 바로 이러한 때에 어느 것이 혜명 상좌(上座)의 본래면목입니까?'

혜명은 말을 듣고서 크게 깨달았습니다. 혜명이 다시 물었습니다.

'위로부터 내려오는 비밀스러운 말과 비밀스러운 뜻 밖에, 다시 비밀스러운 뜻이 있습니까?'

제가 말했습니다.

'당신에게 말해 줄 수 있다면 비밀스러운 것이 아닙니다. 당신

이 만약 돌이켜 비추어 본다면, 비밀은 당신에게 있습니다.'

혜명이 말했습니다.

'저는 비록 황매에 있었지만, 사실은 자기의 본래면목을 깨닫지 못했습니다. 이제 가리켜 주심을 받으니, 마치 사람이 물을 마시고 그 물의 차가움과 따스함을 스스로 아는 것과 같습니다. 이제 행자께서 저의 스승이십니다.'

제가 말했습니다.

'당신이 그렇다면 나와 당신은 함께 황매를 스승으로 삼는 것입니다. 스스로 잘 보호하여 지니십시오.'

혜명이 다시 물었습니다.

'저는 이후에 어느 곳으로 가야 합니까?'

제가 말했습니다.

'원(袁) 땅을 만나면 멈추고, 몽(蒙) 땅을 만나면 머무십시오.'

혜명이 인사를 하고 떠났습니다.

(원주(原註) : 혜명은 돌아가 고개 아래에 이르러 혜능을 쫓아오는 무리에게 말했다. "산을 올라갔지만 결국 종적을 찾지 못하였으니, 다른 길로 찾아보자." 쫓아오던 무리들이 모두 그렇게 여겼다. 혜명(惠明)은 뒤에 이름을 도명(道明)으로 바꿨는데, 이는 스승의 앞 글자를 피한 것이다.)[43]

---

43) 작은 글씨로 씌어진 주석(註釋).

저는 뒤에 조계(曹溪)⁴⁴⁾에 이르렀다가, 다시 악인들에게 추격을 당하여 사회현(四會縣)으로 피난하였습니다. 사냥꾼의 무리 속에서 대강 15년 정도를 지냈는데, 때로 기회가 있을 때마다 사냥꾼들에게 자유로이⁴⁵⁾ 법(法)을 말했습니다. 사냥꾼들은 늘 저에게 그물을 지키도록 하였는데, 매번 살아 있는 짐승이 걸린 것을 볼 때마다 모두 풀어 주었습니다. 매번 식사 때가 되면 나물을 고기 굽는 냄비에 붙여서 익혀 먹었습니다. 혹 누가 묻기라도 하면 바꾸어 말했습니다.

'고기 곁의 채소를 먹을 뿐입니다.'

하루는 생각했습니다.

'이제는 마땅히 법을 펼칠 때다. 끝까지 숨어 살 수는 없다.'

드디어 나아가서 광주(廣州)의 법성사(法性寺)에 이르렀는데, 마침 인종(印宗) 법사(法師)가 열반경(涅槃經)을 강의하고 있었습니다. 그때 바람이 불어서 깃발이 움직였는데, 한 스님은 '바람이 움직인다.'고 하고, 또 한 스님은 '깃발이 움직인다.'고 하여 논의가 끝이 없었습니다. 제가 나서서 말했습니다.

'바람이 움직이는 것도 아니고, 깃발이 움직이는 것도 아닙니

---

44) 조계(曹溪) : 육조혜능(六祖慧能)의 별호(別號). 원래 중국 광동성(廣東省) 소주부의 동남쪽 30리 쌍봉산(雙峰山) 아래 있는 땅이름. 667년 조숙량(曹叔良)으로부터 이 땅을 희사(喜捨)받아 보림사(寶林寺)를 짓고 선풍(禪風)을 크게 떨쳤다. 입적한 뒤에 전신(全身)을 이곳에 묻었으므로 육조의 별호가 되었다.

45) 수의(隨宜) : 마음대로. 좋을 대로. 자유로이.

다. 스님들 마음이 움직입니다.'

이에 모든 대중이 놀랐습니다.

인종이 저를 상석(上席)으로 이끌어 깊은 뜻을 밝히라고 따져 물었습니다. 저의 말이 간략하고 이치에 합당하며 배운 지식에서 말미암지 않음을 알고는 인종이 말했습니다.

'행자님은 틀림없이 보통 사람이 아닙니다. 황매(黃梅)의 의발(衣鉢)과 불법(佛法)이 남쪽으로 왔다는 소문을 오래 전에 들었는데, 행자님이 그분 아닙니까?'

제가 말했습니다.

'송구스럽게도 그렇습니다.'

인종이 이에 제자의 예(禮)를 갖추어 요청했습니다.

'전해 온 의발을 꺼내어 대중에게 보여 주십시오.'

인종(仁宗)이 다시 물었습니다.

'황매산의 오조(五祖)께서는 법을 부탁하실 때 어떻게 가르쳐 주십니까?'

제가 말했습니다.

'가르쳐 주시는 것은 없습니다. 다만 견성(見性)을 말할 뿐이고, 선정(禪定)과 해탈(解脫)은 말하지 않습니다.'

인종이 물었습니다.

'왜 선정과 해탈을 말하지 않습니까?'

제가 말했습니다.

'이법(二法)이기 때문에 불법(佛法)이 아닙니다. 불법은 둘 아닌 법입니다."

인종 법사가 또 물었습니다.

'불법이 둘 아닌 법이란 어떤 것입니까?'

제가 말했습니다.

'법사께서 열반경을 강설하시면서 밝게 불성(佛性)을 보시는 것이 곧 불법이 둘 아닌 법입니다. 예를 들면 열반경에서 고귀덕왕보살(高貴德王菩薩)이 부처님께 여쭈었습니다.[46]

"사중금(四重禁)[47]을 범한 자와 오역죄(五逆罪)[48]를 지은 자와 일

---

46) 이 대화는 『대반열반경(大般涅槃經)』 제20권 「고귀덕왕보살품(高貴德王菩薩品) 2」에 나오는 내용을 정리하여 인용한 것이다.

47) 사중금(四重禁) : 구족하게는 사중금계(四重禁戒). 줄여서 사중(四重). 4바라이를 말함. 이 계를 범하면 다시 비구 되는 것을 엄금한 계율이므로 중금이라 이름. 이것을 범하면 사중죄(四重罪)라 하고, 그 행위의 성질상 중죄이기 때문에 성중계(性重戒)라 함. 4바라이는 승니(僧尼)로서 지켜야 하는 계율 가운데 가장 중대한 것 네 가지. 이 계를 범하면 승려의 자격을 잃는다. ①대음계(大婬戒)는 부정행계(不淨行戒)·비범행계(非梵行戒)·부정행학처(不淨行學處)라고도 하니, 온갖 음란한 행위를 금제(禁制)한 것. ②대도계(大盜戒)는 불여취계(不與取戒)·투도계(偸盜戒)·취학처(取學處)라고도 하니, 온갖 소유주(所有主)가 있는 줄 알면서 훔치는 것을 금제한 것. 물(物)로는 3보물(寶物)·인물(人物)·비축물(非畜物)을 말함. ③대살계(大殺戒)는 살인계(殺人戒)·단인명학처(斷人命學處)라고도 하니, 스님들이 제 손으로나 남을 시켜서 죽이는 것을 금제한 것. ④대망어계(大妄語戒)는 망설과인법계(妄說過人法戒)·망어자득상인법학처(妄語自得上人法學處)라고도 하니, 이양(利養)을 얻기 위하여 스스로 성인이라 하며, 성법(聖法)을 얻었노라고 속이는 것을 금제한 것.

48) 오역죄(五逆罪) : 오역(五逆), 5무간업(無間業)이라고도 함. 불교에 대한 5종의 역적중죄. (1) 소승의 5역= ①살부(殺父). ②살모(殺母). ③살아라한(殺阿羅漢).

천제(一闡提)⁴⁹⁾ 등은 마땅히 선근(善根)⁵⁰⁾인 불성(佛性)이 끊어진 자입니까?"

부처님께서 말씀하셨습니다.

"선근에는 둘이 있다. 하나는 항상(恒常)함이고, 하나는 무상(無常)함이다. 그러나 불성은 항상하지도 않고 무상하지도 않으니, 이 까닭에 불성은 끊어짐이 없다."

이것을 일컬어 둘이 아니라고 합니다.

하나는 선(善)하고, 하나는 선(善)하지 않습니다.

그러나 불성은 선하지도 않고 선하지 않지도 않으니, 이것을 일컬어 둘이 아니라고 합니다.

(寺)를 파괴하고 경상(經像)을 불사르고, 3보의 재물을 훔침. ②삼승법(三乘法)을 비방하고 성교(聖敎)를 가볍고 천하게 여김. ③스님들을 욕하고 부려먹음. ④소승의 5역죄를 범함. ⑤인과(因果)의 도리를 믿지 않고, 악구(惡口)·사음(邪淫) 등의 10불선업(不善業)을 짓는 것.

49) 일천제(一闡提) : icchantika 또는 일천저가(一闡底柯)·일천제가(一闡提伽)·일전가(一顚迦), 줄여서 천제(闡提)라고 하며, 단선근(斷善根)·신불구족(信不具足)이라 번역. 성불(成佛)할 성품이 없는 이를 뜻함. ①단선천제(斷善闡提). 본성이 성불할 수 없다는 것. 『유식론』의 무성유정(無性有情)과 같음. ②대비천제(大悲闡提). 보살을 가리킴. 보살이 대비심을 일으켜 일체 중생을 모두 다 제도하기 위하여 예토(穢土)에 일부러 태어나서 활동하므로 성불할 기회를 얻지 못하는 것.

50) 선근(善根) : 깨달음을 가져오는 좋은 원인. ①좋은 결과를 가져올 좋은 원인이란 뜻. 선행(善行)을 나무의 뿌리에 비유한 것. 착한 행업의 공덕인 선근을 심으면 반드시 선과(善果)를 맺는다 함. ②온갖 선을 내는 근본이란 뜻. 무탐(無貪)·무진(無瞋)·무치(無癡)를 3선근이라 일컬음과 같은 것.

오온(五蘊)⁵¹⁾과 십팔계(十八界)⁵²⁾를 범부는 둘로 보지만, 지혜로운 자는 그 자성(自性)에 둘이 없음을 밝게 압니다.

둘이 없는 자성(自性)이 곧 불성(佛性)입니다.'

인종은 제 말을 듣고서 기뻐하며 합장하고서 말했습니다.

'제가 경을 강설하는 것은 마치 기와 조각이나 돌부스러기와 같고, 당신께서 뜻을 논하는 것은 진짜 금과 같습니다.'

이에 저의 머리를 깎아서 스승으로 모시길 원했고, 저는 드디어 보리수(菩提樹) 아래에서 동산법문(東山法門)⁵³⁾을 열었습니다.

---

51) 오온(五蘊) : 5취온(取蘊)·5음(陰)·5중(衆)·5취(聚)라고도 함. 온(蘊)은 모아 쌓은 것. 곧 화합하여 모인 것. 무릇 생멸하고 변화하는 것을 종류대로 모아서 5종으로 구별. 경험세계를 5가지로 분류한 것. ①색온(色蘊); 스스로 변화하고 또 다른 것을 장애하는 지수화풍(地水火風)의 사대(四大). ②수온(受蘊); 고(苦)·락(樂)·불고불락(不苦不樂)을 느끼는 마음의 작용. ③상온(想蘊); 외계(外界)의 사물을 마음속에 받아들이고, 그것을 생각해 보는 마음의 작용. ④행온(行蘊); 의지에 따라 실행하는 것. ⑤식온(識蘊); 의식(意識)하고 분별하는 것.

52) 십팔계(十八界) : 십팔계란 우리가 경험하는 세계를 설명하기 위하여 만든 이름. 지각 기관인 안이비설신의(眼耳鼻舌身意)의 육근(六根), 각 지각 기관의 지각 대상인 색성향미촉법(色聲香味觸法)의 육경(六境), 각각의 지각 기관과 지각 대상의 접촉에 의하여 생기는 안식(眼識)·이식(耳識)·비식(鼻識)·설식(舌識)·신식(身識)·의식(意識)의 육식(六識)으로 구성되어 있다. 보통 육근이라는 지각 기관과 육경이라는 지각 대상의 접촉에 의하여 육식이 생긴다고 하지만, 사실은 반대로 육식이라는 지각 작용이 있으므로 육근과 육경이라는 경계가 나타난다고 해야 타당하다. 즉, 육식이라는 지각 작용이 바탕이 되어 육근과 육경이라는 경계가 만들어진다.

53) 동산법문(東山法門) : 호북성(湖北省) 기주(蘄州) 동산(東山)에 머물렀던 사조(四祖) 도신(道信)과 오조(五祖) 홍인(弘忍)의 선법(禪法).

저는 동산(東山)에서 법을 얻고 갖은 고생을 다했는데, 생명이 늘어진 실처럼 매우 위태로웠습니다.

오늘 사군(史君)⁵⁴⁾과 관료들과 사부대중(四部大衆)들과 더불어 이 한 번의 법회(法會)를 하게 된 것은 헤아릴 수 없이 오래된 인연이 아닐 수 없습니다.

또한 과거생에 모든 부처님께 공양을 올리고 함께 선근(善根)을 심었으니, 비로소 위와 같은 돈교(頓敎)를 듣고 법을 얻을 수 있는 원인입니다.

가르침은 앞선 성인(聖人)⁵⁵⁾께서 전해 준 것이지, 저 자신의 지혜가 아닙니다.

앞선 성인의 가르침을 듣고자 한다면 각자 마음을 깨끗이 하여 들으십시오.

각자 의심이 없어지면, 앞선 성인과 다름이 없을 것입니다."

혜능 대사께서 다시 대중들에게 말씀하셨다.

"도반들이여, 깨달음의 지혜는 세상 사람들이 본래 갖추고 있는 것이지만, 다만 마음이 어리석기 때문에 스스로 깨닫지 못하는 것

---

54) 사군(史君) : 사군(使君)과 같음. 원님. 태수(太守). 옛날 주(州), 군(郡)의 장관을 통칭하던 말.
55) 선성(先聖) : 멀리는 석가모니(釋迦牟尼)에서 가까이는 오조홍인(五祖弘忍)까지의 불조(佛祖)를 가리킨다.

입니다.

　모름지기 대선지식의 지시(指示)와 가르침에 의지하여 본성을 보아야 합니다.

　어리석은 사람과 지혜로운 사람의 불성(佛性)에는 본래 차별이 없지만, 단지 어리석음과 깨달음이 같지 않기 때문에 어리석은 자가 있고 지혜로운 자가 있음을 알아야 합니다.

　제가 이제 마하반야바라밀법(摩訶般若波羅密法)을 말하여 그대들이 각자 지혜를 얻도록 하겠습니다.

　정성스러운 마음으로 잘 들으십시오. 제가 그대들에게 말하겠습니다.

　도반들이여, 세상 사람들은 온종일 입으로는 반야(般若)를 외우면서도 자기의 본성(本性)인 반야(般若)는 알지 못하니 마치 입으로 밥을 말하면서 배는 부르지 않는 것과도 같습니다.

　입으로 공(空)을 말하기만 하고 영원토록 본성을 보지 못한다면, 마침내 이익이 없습니다.

　도반들이여, 마하반야바라밀(摩訶般若波羅密)은 범어(梵語)인데, 이 땅에서는 대지혜도피안(大智慧到彼岸)이라고 합니다.

　이것은 모름지기 마음으로 행하는 것이지, 입으로 외우는 것이 아닙니다.

　입으로 외우면서 마음으로 행하지 않으면, 허깨비와 같고 이슬이나 번개와 같습니다.

　입으로 외우고 마음으로도 행하면, 마음과 입이 서로 맞아떨어집니다.

본성이 부처이고, 본성을 떠나서 다른 부처는 없습니다.

무엇을 일러 마하(摩訶)라고 할까요?

마하(摩訶)는 크다는 뜻입니다.

마음의 크기는 광대하여 마치 허공과 같으니, 가장자리가 없고, 또한 네모나거나 둥글거나 크거나 작지도 않고, 푸르거나 누렇거나 붉거나 희지도 않고, 위아래도 없고, 길고 짧음도 없고, 성냄도 없고, 기쁨도 없고, 옳고 그름도 없고, 선하고 악함도 없고, 머리도 없고 꼬리도 없습니다.

모든 불국토(佛國土)[56]는 전부 허공과 같습니다.

세상 사람의 묘한 본성은 본래 텅 비어서 하나의 법도 얻을 수 없습니다.

자성(自性)이 진실로 텅 빈 것도 역시 이와 같습니다.

도반들이여, 내가 공(空)을 말하는 것을 듣고서 곧 공(空)에 집착해서는 안 됩니다.

무엇보다도 공에 집착하면 안 됩니다.

만약 마음을 비우고 고요히 앉아 있다면, 이것은 곧 무기공(無

---

56) 불국토(佛國土) : 불국(佛國), 불찰(佛刹), 불토(佛土)라고도 함. 부처님이 계시는 국토. 또는 부처님이 교화하는 국토. 정토(淨土)는 본래 불국토이지만 예토(穢土)도 역시 부처님이 교화하는 곳이므로 불국토라 함. 법계(法界)와 같은 의미. 온 세계 즉 우주를 가리킨다.

記空)⁵⁷⁾에 집착하는 것입니다.

도반들이여, 이 세계의 허공은 삼라만상을 품고 있습니다. 해·달·별·산·강·대지·초목·나쁜 사람·좋은 사람·나쁜 것·좋은 것·천당·지옥·큰 바다·큰 산 등이 모두 허공 속에 있습니다. 사람의 본성이 텅 빈 것 역시 이와 같습니다.

도반들이여, 자성이 모든 것을 품을 수 있는 것이 대(大)이니, 모든 것은 여러분의 자성 속에 있습니다.

만약 모든 사람의 좋음과 나쁨을 보더라도 어느 것도 취하지도 버리지도 않고 또한 물들지도 않는다면, 마음은 허공과 같으니 이것을 일러 대(大)라고 합니다.

그러므로 마하(摩訶)라고 합니다.

도반들이여, 어리석은 사람은 입으로 말하지만 지혜로운 사람은 마음으로 행합니다.

또 어떤 어리석은 사람은 마음을 비우고 고요히 앉아서 아무런 생각이 없는 것을 스스로 일러 크다고 말하지만, 이러한 무리들은 함께 말할 만하지 못하니, 삿된 견해를 가지고 있기 때문입니다.

도반들이여, 마음의 크기는 광대하여 우주 전체에 두루합니다.

작용하면 뚜렷하고 분명하니, 법계에 반응하여 작용하면 곧 모든 것을 압니다.

---

57) 무기공(無記空) : 무기(無記)란 '이해(理解)가 없다', '알 수 없어서 깜깜하다'는 뜻. 무기공(無記空)이란 분별의식이 비워져 나무토막이나 돌멩이처럼 깜깜한 마음 상태.

모든 것이 곧 하나이고 하나가 곧 모든 것이니, 오고 감에 자유롭고 마음바탕에 막힘이 없다면 반야(般若)입니다.

도반들이여, 모든 반야의 지혜는 전부 자성으로부터 생겨나며 밖에서 들어오는 것이 아닙니다.

마음을 쓰는[58] 것을 오해하여 참된 자성의 작용이라고 말하지 마십시오.

하나가 참되면 모든 것이 참됩니다.

마음은 매우 크기 때문에 작은 길로는 가지 못합니다.

입으로는 하루 종일 공(空)을 말하면서 마음속으로는 이 행(行)을 닦지 않아서는 안 됩니다.

이것은 마치 일반 백성이 스스로를 국왕이라고 부르는 것과 같아서, 결국 이루어질 수 없는 일이니, 나의 제자가 아닙니다.

도반들이여, 무엇을 일러 반야(般若)라고 할까요?

반야(般若)라는 것은 당(唐)나라 말로 지혜(智慧)입니다.

모든 곳과 모든 때에 순간순간 어리석지 아니하고 늘 지혜를 행한다면, 곧 반야행(般若行)입니다.

한 순간 어리석으면 반야가 끊어지고, 한 순간 지혜로우면 반야가 생깁니다.

세상 사람들은 어리석어서 반야를 보지 못합니다.

입으로는 반야를 말하지만, 마음속은 항상 어리석습니다.

---

58) 용의(用意) : ①마음을 쓰다. 신경을 쓰다. 걱정하다. ②의도적으로. 일부러.

늘 스스로 '나는 반야를 닦는다.'고 말하고 순간순간 공(空)을 말하지만, 참된 공은 알지 못합니다.

반야는 모습이 없으며, 지혜로운 마음이 곧 반야입니다.

이와 같이 이해한다면, 곧 반야의 지혜라고 일컫습니다.

무엇을 일러 바라밀(波羅密)이라고 할까요?

이것은 인도(印度)의 말로서, 당나라 말로는 도피안(到彼岸 : 저 언덕에 도달한다)이고, 그 뜻은 생멸(生滅)에서 벗어난다는 것입니다.

경계에 집착하면 생멸이 일어나니, 마치 물에 물결이 있는 것과 같은데, 이것을 일러 차안(此岸)이라고 합니다.

경계에서 벗어나면 생멸이 없으니, 마치 물이 늘 통하여 흐르는 것과 같은데, 이것을 일러 피안(彼岸)이라고 합니다.

그러므로 바라밀(波羅密)이라고 일컫습니다.

도반들이여, 어리석은 사람은 입으로 외우는데, 바로 외우는 그때에 허망함이 있고 잘못됨이 있습니다.

순간순간 행한다면, 이것을 일러 진성(眞性)이라고 합니다.

이 법을 깨닫는 것이 반야법(般若法)이고, 이 행(行)을 닦는 것이 반야행(般若行)입니다.

반야행을 닦지 않으면 범부이고, 한 순간 반야행을 닦으면 자기 자신이 부처와 같습니다.

도반들이여, 범부가 곧 부처이고, 번뇌가 곧 깨달음입니다.

앞 순간 어리석으면 범부이고, 뒷 순간 깨달으면 곧 부처입니다.

앞 순간 경계에 집착하면 번뇌이고, 뒷 순간 경계에서 벗어나면 깨달음입니다.

도반들이여, 마하반야바라밀(摩訶般若波羅密)은 가장 존귀하고 가장 높고 맨 첫 번째이며, 머무르지도 않고 가지도 않고 오지도 않는 것인데, 삼세(三世)의 모든 부처는 전부 마하반야바라밀 속에서 나왔습니다.

마땅히 대지혜(大智慧)를 사용하여 오온(五蘊)의 피곤한 번뇌[59]를 부수어야 합니다.

이와 같이 수행하면 반드시 불도(佛道)를 이루어, 탐진치(貪瞋癡) 삼독(三毒)을 바꾸어 계정혜(戒定慧) 삼학(三學)으로 만들 수 있습니다.

도반들이여, 나의 이 법문(法門)에서는 하나의 반야로부터 8만 4천 가지의 지혜가 나옵니다.

무슨 까닭일까요?

세상 사람에게 8만 4천 가지의 번뇌가 있기 때문입니다.

만약 번뇌가 없다면, 지혜가 늘 드러나 자성(自性)을 벗어나지 않습니다.

이 법을 깨달으면, 생각이 없고, 기억이 없고, 집착이 없고, 거

---

59) 번뇌진로(煩惱塵勞) : 피곤한 번뇌. 진로(塵勞)는 번뇌의 다른 이름. 두 가지 뜻이 있다. ①진(塵)은 육진(六塵), 노(勞)는 노권(勞倦). 객관세계인 6진의 경계를 따라 마음의 번뇌가 일어나서 피곤해지므로 번뇌를 진로라 함. ②진은 오심(汚心), 노는 근고(勤苦). 번뇌는 마음을 어지럽게 하여 우리로 하여금 괴롭고 애쓰게 하므로 진로라 함. 이것은 종밀(宗密)이 지은 『원각경소초』 제1권에 풀이되어 있다.

짓된 망상을 일으키지 않고, 자신의 참되고 여여한 자성을 사용합니다.

지혜로써 관조하여 모든 법에서 취하지도 않고 버리지도 않으면, 자성을 보아 깨닫는 길입니다.

도반들이여, 깊고 깊은 법계(法界)와 반야삼매(般若三昧)[60]에 들어가고자 한다면, 모름지기 반야행을 닦아야 합니다.

금강반야경(金剛般若經)을 지니고서 읽고 외우면, 자성(自性)을 볼 수 있습니다.

이 공덕은 헤아릴 수도 없고 끝도 없다고 경전에서 분명히 찬탄하고 있음을 다 언급할 수조차 없습니다.

이 법문(法門)은 최상승(最上乘)으로서, 큰 지혜를 가진 사람[大智人]을 위하여 말하며, 높은 근기의 사람을 위하여 말합니다.

작은 근기의 사람이나 지혜가 적은 사람은 들어도 마음에서 믿지 못합니다.

왜 그럴까요?

비유하면, 마치 큰 용이 이 땅[61]에 비를 내리면 모든 마을과 도

---

60) 반야삼매(般若三昧) : 반야(般若)는 지혜, 삼매(三昧)는 정(定). 지혜의 자리에 확고부동하게 자리 잡고 있는 것. 깨달음과 같은 말.

61) 염부제(閻浮提) : 산스크리트로는 Jambu-dvipa이다. 수미산 남쪽에 있는 대륙으로 4대주의 하나이다. 수미산(須彌山)을 중심으로 인간세계를 동서남북 네 주로 나누었을 때, 염부제는 남주이다. 인간세계는 여기에 속한다고 한다. 여기 16의 대국, 500의 중국, 10만의 소국이 있다고 하며 이곳에서 주민들이 누리는 즐거움은 동북의 두 주보다 떨어지지만 모든 부처가 출현하는 곳은 오직 이 남주

시가 전부 떠내려가는 것이 대추나무의 잎이 물결에 떠내려가는 것과 같지만, 만약 큰 바다에 비가 내린다면 불어나는 것도 줄어드는 것도 없는 것과 같습니다.

대승의 사람이나 최상승의 사람이 금강경을 말하는 것을 듣는다면, 마음이 열려서 깨달을[62] 것입니다.

그러므로 본성(本性)에는 원래 반야의 지혜가 갖추어져 있어서, 스스로 지혜로써 늘 비추어 보기 때문에 문자에 의지하지 않음을 알아야 합니다.

비유하자면, 빗물은 하늘에서 말미암는 것이 아니라, 원래 용(龍)이 일으켜서 모든 중생과 모든 초목과 유정(有情)과 무정(無情)을 모두 축축히 젖도록 하다가, 온갖 흐름이 다시 큰 바다로 들어가 합하여 하나가 되는 것과 같습니다.

중생의 본성에 갖추어진 반야의 지혜 역시 그와 같습니다.

도반들이여, 소근기의 사람들이 이 돈교(頓敎)를 듣는다면, 마치 초목의 뿌리가 작은 것이 큰비를 만나면 모두 쓰러져 자라지 못하는 것처럼, 근기가 작은 사람도 이와 같습니다.

원래 있는 반야의 지혜는 큰 지혜가 있는 사람과 전혀 다름이 없는데, 무엇 때문에 법을 듣고도 스스로 깨닫지 못할까요?

뿐이라고 한다. 북쪽은 넓고 남쪽은 좁은 지형으로 염부나무가 번성한 나라란 뜻이다. 원래는 인도를 가리키는 말이었는데, 후세에는 인간세계를 아울러 지칭하는 말이 되었다.

62) 오해(悟解) : 깨닫다. 대오(大悟)와 같음.

삿된 견해의 장애가 무겁고 번뇌의 뿌리가 깊은 까닭입니다.

마치 큰 구름이 태양을 뒤덮음에 바람이 불지 않으면 햇빛이 드러나지 않는 것과 같습니다.

반야의 지혜 역시 크고 작음이 없지만, 모든 중생 스스로의 마음이 어리석음과 깨달음으로 같지 않기 때문에, 어리석은 마음은 밖을 보고 수행하여 깨달음을 찾으나, 자성(自性)을 깨닫지 못한다면 근기가 작은 것입니다.

만약 돈교(頓敎)를 깨닫고 바깥으로 수행하는 것에 집착하지 않으며, 다만 자기 마음에서 늘 바른 견해를 일으키고 피곤한 번뇌에 늘 물들지 않을 수 있다면, 곧 자성을 보는 것입니다.

도반들이여, 안에도 밖에도 머물지 않고 오고 감에 자유로우면, 집착하는 마음을 제거하여 장애 없는 마음에 통달할 수 있습니다.

이러한 행을 닦을 수 있다면, 반야경(般若經)과 본래 다름이 없습니다.

도반들이여, 모든 경전과 모든 문자와, 대승과 소승의 12부 경전[63]이 전부 사람으로 말미암아 만들어지고, 지혜로운 자성으로

---

63) 십이부경(十二部經) : 석가모니의 교설을 그 성질과 형식에 따라 구분하여 12부로 분류하여 놓은 불교 경전. 십이분경(十二分經)·십이분교(十二分敎)라고도 한다. (1)수다라(修多羅): 계경(契經)·법본(法本)이라고 번역하는 산문체의 경전. (2)기야(祇夜): 중송(重頌), 응송(應頌) 등으로 번역하는, 산문체의 경문 뒤에 그 내용을 운문(韻文)으로 노래한 경전. (3)수기(授記): 경의 말뜻을 문답 형식으로 해석하고, 또 제자들의 다음 세상에서 날 곳을 예언한 것. (4)가타(伽陀): 풍송(諷頌)·고기송(孤起頌)이라 번역하는, 4언·5언·7언의 운문으로 구성된

말미암아 비로소 만들어질 수 있습니다.

만약 세상 사람이 없다면, 모든 만법(萬法)은 본래 있는 것이 아닙니다.

그러므로 만법은 본래 사람이 일으키는 것이고, 모든 경서(經書)는 사람이 말함으로 말미암아 있음을 알아야 합니다.

그 사람 속에 어리석음이 있고 지혜로움이 있기 때문에, 어리석음은 소인(小人)이 되고 지혜로움은 대인(大人)이 됩니다.

도반들이여, 깨닫지 못하면 부처가 중생이요, 한 순간 깨달을 때에는 중생이 곧 부처입니다.

그러므로 만법이 모두 자기의 마음에 있음을 알아야 합니다.

어찌하여 자기의 마음에서 진여본성(眞如本性)을 문득 보지 못할까요?

것. (5)우타나(優陀那): 무문자설(無問自說)이라 번역하는 것으로, 『아미타경(阿彌陀經)』등과 같이 남이 묻지 않는데도 석가모니가 스스로 이야기한 말. (6)니타나(尼陀那): 연기(緣起) · 인연(因緣)이라 번역되는, 경 중에서 석가를 만나 법을 들은 인연 등을 설한 것. (7)아파타나(阿波陀那): 비유(譬喩)라고 번역하며, 경전 중에서 비유로써 은밀한 교리를 명백하게 풀이한 부분. (8)이제왈다가(伊帝曰多伽): 본사(本事)라 번역하는 것으로, 석가나 제자들의 지난 세상에서의 인연을 말한 부분. (9)사타가(陀伽): 본생(本生)이라 번역하는 것으로, 석가 자신의 지난 생에서의 보살행(菩薩行)을 말한 부분. (10)비불략(毘佛略): 방광(方廣)이라 번역하는, 광대한 진리를 말한 부분. (11)아부타달마(阿浮陀達摩): 희유법(希有法)이라 번역하며, 석가가 보인 여러 가지 신통력(神通力)을 말한 부분. (12)우바제사(優波提舍): 논의(論議)라 번역하는, 교법(敎法)의 이치를 논하고 문답한 경문 등으로 되어 있다.

보살계경(菩薩戒經)에 이르기를 '내가 본래 타고난 자성은 깨끗하다.'[64]고 하였으니, 만약 자기 마음을 알아서 자성을 본다면 모두 불도를 이룰 것입니다.

유마경(維摩經)에서는 '곧장 활짝 열려서 본심을 되찾는다.'[65]고 하였습니다.

도반들이여, 나는 홍인화상(忍和尙)이 계신 곳에서 한 번 말을 듣고서 문득 깨달아 즉각 진여(眞如)인 본성(本性)을 보았습니다.

이리하여 이 교법(敎法)을 전해 주어, 도를 배우는 자로 하여금 문득 깨닫게 하여 각자 마음을 살펴보고 스스로 본성을 보도록 하는 것입니다.

스스로 깨닫지 못했다면, 모름지기 최상승법(最上乘法)을 이해하고 바른 길을 곧장 보여 주는 대선지식(大善知識)을 찾아가야 합니다.

이 선지식에게는 교화하고 이끌어[66] 본성을 볼 수 있게 하는 큰 인연이 있으니, 모든 선법(善法)[67]이 선지식으로 말미암아 발현될 수 있기 때문입니다.

---

64) 『보살계경(菩薩戒經)』은 곧 『보살계본(菩薩戒本)』과 같다고 알려져 있지만, 현존 『보살계본』에는 이런 구절이 없다. "본래자성청정(本來自性淸淨)"이란 구절은 『대반야경』을 비롯한 여러 경론(經論)에 등장하는 구절이다.
65) 『유마힐소설경(維摩詰所說經)』「제자품(弟子品) 제3」에 나오는 구절.
66) 화도(化導) : 교화유도(敎化誘導). 사람을 가르쳐 인도함.
67) 선법(善法) : ↔악법(惡法). 좋은 교법(敎法). 5계·10선·3학·6도 등 이치에 맞고, 자기를 이익케 하는 법.

삼세(三世)의 모든 부처와 십이부경(十二部經)이 사람의 본성 속에 본래 갖추어져 있으나, 스스로 깨닫지 못한다면 모름지기 선지식의 지시(指示)를 구하여야 비로소 볼 수 있습니다.

스스로 깨닫는다면, 밖에서 구할 필요가 없습니다.[68]

한결같이 '모름지기 저 선지식에게 요청하여야 해탈할 수 있기를 바랄 것이다.'라고 집착하면, 안 됩니다.[69]

왜 그럴까요?

자기 마음속에 지혜가 있어서 스스로 깨닫기 때문입니다.

만약 삿된 어리석음을 일으켜 허망한 생각으로 뒤집어진다면, 바깥의 선지식이 비록 가르쳐 준다 할지라도 구제할 수 없을 것입니다.

만약 바르고 참된 지혜를 일으켜 비추어 본다면, 한 찰나 사이에 허망한 생각이 모두 사라질 것입니다.

만약 자성(自性)을 알고서 한 번 깨달으면, 부처의 지위에 도달합니다.

도반들이여, 지혜로 비추어 보아 안팎으로 뚜렷하면[70] 자기의 본래 마음을 아는 것입니다.

---

68) 불가외구(不假外求) : 다른 데서 찾을 필요가 없다. 밖에서 구할 필요가 없다. 불가(不假)는 '-할 필요가 없다'는 뜻.
69) 무유시처(無有是處) : 이런 경우는 없다. 이런 경우는 없어야 한다. 이러면 안 된다. 있을 수 없는 일이다.
70) 명철(明徹) : 밝다. 분명하다. 뚜렷하다.

본래 마음을 알면, 마음은 본래 해탈입니다.

해탈을 얻으면, 반야삼매(般若三昧)요, 무념(無念)입니다.

무엇을 일러 무념이라고 할까요?

모든 법을 보고서 마음에 물들어 집착됨[71]이 없다면 이것이 무념이니, 마음이 작용하면 모든 곳에 두루하지만 역시 어디에도 집착하지 않습니다.

다만 본래 마음을 깨끗이 하여 6식(六識)으로 하여금 6문(六門)을 나가 6진(六塵) 속에 있더라도[72] 육진에 오염되지도 않고 뒤섞이지도 않아서 오고 감에 자유롭고 사용함에 막힘이 없으면, 이것이 곧 반야삼매요 자유로운 해탈이니, 이것을 일러 무념행(無念行)이라고 합니다.

만약 어떤 것도 생각하지 않고 생각을 끊어 버린다면, 이것은 곧 법(法)에 묶이는 것이며, 이것을 일러 변견(邊見)[73]이라 합니다.

도반들이여, 무념법을 깨달으면, 모든 법에 남김없이 통달합니다.

무념법을 깨달으면, 모든 부처의 경계를 봅니다.

무념법을 깨달으면, 부처의 지위에 도달합니다.

도반들이여, 후대에 나의 법을 얻은 자가 이 돈교법문(頓教法門)을 가지고 같이 보고 같이 행함에 이 돈교법문의 가르침을 받아

---

71) 염착(染著) : 물들어 집착하다. 마음이 대상에 물들어 벗어나지 못하는 것.
72) 십팔계(十八界)를 가리킨다. 각주 52 참조.
73) 변견(邊見) : 중도(中道)에 있지 못하고 어느 한쪽으로 치우친 견해. 유(有)·무(無), 단(斷)·상(常) 등의 변견이 있다.

지닐 것을 발원(發願)한다면, 부처님을 받들어 모시는 것과 같습니다. 그리하여 끝내 물러나지 않는다면 반드시 성인의 지위에 들어갈 것입니다.

그러나 법은 전해 주어야 하니, 예로부터 말없이 전하여 맡길 뿐,[74] 그 바른 법을 숨길 수는 없었습니다.

만약 같이 보고 같이 행하지 않고 다른 법 속에 있어서 바른 법을 전해 줄 수 없다면, 저 앞사람을 잃게 되어 결국 이익이 없을 것입니다.

어리석은 사람이 이해하지 못하고 이 법문을 비방하여 백 겁 천생 동안 불종성(佛種性)[75]을 끊어 버릴까 두렵습니다.

도반들이여, 나에게 하나의 무상송(無相頌)이 있으니 각자 반드시 외우십시오. 재가(在家)이거나 출가(出家)이거나 다만 이것에 의지하여 수행하십시오. 만약 스스로 수행하지 아니하고 오직 나의 말만을 기억한다면, 역시 이익이 없을 것입니다. 나의 게송을 들으십시오.

말도 통하고 마음도 통하니,[76]
마치 태양이 허공에 떠 있는 것 같다.[77]

---

74) 분부(分付) : ①맡기다. 당부하다. ②주다. 공급하다.
75) 불종성(佛種性) : 일체 중생에게 본래 갖추어 있는 부처 될 성품. 곧 불성(佛性).
76) 말도 막힘이 없고 마음도 막힘이 없으니, 말이 곧 마음이요, 마음이 곧 말이다.
77) 하늘과 태양은 둘이 아니어서, 태양의 밝음이 곧 하늘의 밝음이요, 하늘의 밝음

오직 견성법(見性法)만을 전하여,
세간에 나와 삿된 가르침을 부순다.[78]

법(法)에는 돈(頓)과 점(漸)이 없는데,[79]
어리석음과 깨달음에는 느림과 빠름이 있구나.[80]

단지 이 견성(見性)의 문 하나를,
어리석은 사람은 알지 못한다.[81]

말로 분별하면 수만 가지가 있지만,
도리(道理)에 합하면 하나로 돌아간다.[82]

    이 곧 태양의 밝음이다.
78) 견성법(見性法)은 곧 돈(頓)이며 불이법(不二法)이고, 세간의 삿된 가르침은 곧 점(漸)이며 이법(二法)이다.
79) 돈(頓)은 '즉각'이니 불이법(不二法)이며 무분별(無分別)이고, 점(漸)은 '차례차례'이니 이법(二法)이며 분별(分別)이다.
80) 어리석으면 점(漸)으로서 차례차례 나아가는 느림이고, 깨달으면 돈(頓)으로서 즉각인 빠름이다.
81) 분별하는 이법(二法)에 빠져 있는 어리석은 중생이 어찌 분별을 떠난 불이법(不二法)을 알리오?
82) 말은 뜻을 따라 분별하는 이법(二法)이요, 도리는 뜻이 없는 불이법(不二法)이다.

번뇌의 어두운 집 속에는
늘 지혜의 태양을 띄워야 한다.[83]

삿됨이 오면 번뇌도 오고,
바름이 오면 번뇌는 사라진다.[84]

삿됨과 바름을 모두 따르지 않으면,
깨끗하여 남김 없음에 이른다.[85]

깨달음이 본래 스스로의 본성이나,
마음을 일으키면 바로 허망하다.[86]

---

83) 분별망상(分別妄想)인 이법(二法)이 곧 분별도 망상도 없는 불이법(不二法)임을 밝혀야 한다.
84) 둘로 분별하면 망상(妄想)에 휘말리지만, 둘이 아니면 망상이 없다.
85) 이법(二法)과 불이법(不二法)이 따로 없으면, 어디에도 머묾이 없고 아무것에도 걸림이 없다.
86) 일으켜도 이 마음이요, 일으키지 않아도 이 마음이요, 사용해도 이 마음이요, 사용하지 않아도 이 마음이요, 움직여도 이 마음이요, 고요히 있어도 이 마음이요, 깨어 있어도 이 마음이요, 잠자고 있어도 이 마음이다.
87) 삼장(三障) : 깨달음을 가로막는 세 가지 장애. 여러 가지를 열거할 수 있음. (1) 번뇌장(煩惱障)·업장(業障)·보장(報障). (2)①피번뇌장(皮煩惱障). 일체 모든 법의 현상에 미(迷)하여 일어나는 탐(貪)·진(瞋) 등. 현상계에 대하여 일어나므로 피부에 비유. ②육번뇌장(肉煩惱障). 일체 법의 무상(無常)·무아(無我)인 진실한 도리를 알지 못하고, 항상(恒常)하고 아(我)가 있다고 하는 망견(妄見). 내분인 살에 비유. ③심번뇌장(心煩惱障). 온갖 번뇌의 근본인 무명 번뇌. 진심을 미하여 일

깨끗한 마음은 허망함 속에 있으니,
단지 바르기만 하면 세 가지 장애[87]가 없다.[88]

세간의 사람이 만약 도를 닦으면,
어떤 것도 전혀 방해되지 않는다.[89]

늘 스스로 자기의 허물을 보면,
도(道)와 서로 들어맞게 되리라.[90]

모든 것[91]에는 본래 도(道)가 있으니,
각자는 번뇌를 거리끼지 마라.[92]

어나므로 심장(心臟)에 비유.
88) 깨끗함과 허망함은 이름으로 분별될 뿐, 깨끗한 마음도 허망한 마음도 하나의 마음일 뿐이다. 하나의 마음일 뿐이면 언제 어디서나 모든 경계 위에서 둘이 없어서 어떤 장애도 없다. 어찌 세 가지 장애만 없겠는가?
89) 세간(世間)의 사람이 도(道)에 통하면, 세간도 없고 출세간(出世間)도 없어서 온갖 경계를 만나도 방해가 되지 않는다.
90) 모든 허물도 자기에게서 나오고, 모든 바름도 자기에게 있다. 만법(萬法)이 자신에게 있어서 만법과 자신이 다르지 않은데, 한 생각에 속으면 만법을 따라 허망하게 헤매게 된다.
91) 색류(色類) : 다양한 물체. 삼라만상. 모든 존재.
92) 번뇌망상(煩惱妄想)을 버리고 깨끗한 마음을 얻을 수는 없고, 번뇌망상을 취하여 깨끗한 마음을 얻을 수도 없다. 번뇌망상은 취할 수도 없고 버릴 수도 없으며, 깨끗한 마음도 취할 수도 없고 버릴 수도 없다.

도를 떠나 따로 도를 찾으면,
죽도록 도를 만나지 못할 것이다.[93]

바쁘게 뛰어다니며[94] 일생을 보내지만,
마침내[95] 도리어 스스로 한탄할 것이다.[96]

참된 도(道)를 만나고자 하는가?
행함이 바르면 곧 도(道)이다.[97]

스스로 만약 도를 향한 마음[98]이 없다면,
어둡게 행동하여 도를 만나지 못할 것이다.[99]

만약 참으로 도를 닦는 사람이라면,
세간의 허물을 보지 않을 것이다.[100]

---

93) 찾으면 도(道)가 없고, 찾지 않으면 모두가 도(道) 아님이 없다.
94) 파파(波波) : 바쁘게 뛰어다니다.(수고롭고 힘듦을 나타냄)
95) 도두(到頭) : 결국. 마침내
96) 분별하여 취하고 버리는 일로 시간을 보내는 자야말로 중생이다.
97) 모든 행동에서 언제나 분열 없이 하나가 된다면 곧 불이(不二)의 참된 도(道)이다.
98) 도심(道心) : 도(道)는 보리(菩提)를 번역한 말. 부처님의 정각(正覺), 곧 원만한 지혜를 말하며, 이 보리를 구하는 마음을 도심이라 함. 보리심(菩提心)과 같음.
99) 두드리는 자에게 문은 열리고, 원하는 자에게 기회는 주어진다.
100) 세간에 허물이 있는 것도 아니고, 출세간에 바른 법이 있는 것도 아니다. 세간

만약 타인의 잘못을 본다면,
자기의 잘못이 도리어 곁에 있을 것이다.[101]

타인은 잘못이고 나는 잘못이 아니라 하면,
나의 잘못이니 스스로에게 허물이 있다.[102]

다만 잘못된 마음을 스스로 벗어나기만 하면,
번뇌를 제거하여 없앨 것이다.[103]

싫어하고 좋아함에 마음을 두지 않으면,
두 다리 쭉 뻗고 누울 것이다.[104]

과 출세간을 나누는 것이 바로 허물이니, 허물은 오직 자신에게서 말미암을 뿐 세간에는 허물이 없다. 스스로 분별하여 세간을 버리고 출세간을 취하는 것이 바로 허물이다. 언제나 분별 없고 둘이 없으면 어디에 허물이 있겠는가?

101) 이미 나와 남을 나누어 보는 것이 자기의 첫 번째 허물이고, 옳고 그름을 나누는 것이 자기의 두 번째 허물이다. 스스로에게 허물이 없으면 만법에 허물이 없다.

102) 자기의 눈을 비벼서 자기의 눈에서 나타나는 헛꽃을 밖에 있는 것처럼 착각하니 어찌하랴?

103) 스스로를 비난하지도 말고, 스스로를 인정하지도 말라. 긍정도 없고 부정도 없는 곳에서 막힘 없이 명백하리라.

104) 싫어하거나 좋아하는 마음이 없고, 취하거나 버리는 마음이 없고, 무엇도 마음에 두지 않고, 어디에도 마음이 머물지 않으면, 모든 경우에 막힘이 없으리라. 가도 가지 않음이요, 와도 오지 않음이요, 말해도 말하지 않음이요, 생각해도 생각하지 않음이요, 행동해도 행동하지 않음이다.

타인을 교화하고자 한다면,[105]
자기에게 방편이 있어야 한다.[106]

그가 의심하지 못하도록 한다면,
바로 자기의 본성이 드러날 것이다.[107]

불법(佛法)은 세간에 있으니,
세간을 떠나지 않고 깨닫는다.[108]

세간을 떠나서 깨달음을 찾는다면,
마치 토끼의 뿔을 찾는 것과 같다.[109]

---

105) 욕의(欲擬) : =욕(欲). -하고자 하다.
106) 자신과 타인이 달리 없으면, 교화도 없고 방편도 없다. 이것이 참된 교화요, 참된 방편이다.
107) 한 생각 의심이 일어나면 멀쩡한 머리를 가지고 머리를 찾게 될 것이고, 의심을 일으켜 찾지 않으면 자신의 머리를 언제나 잃고 살아갈 것이다. 자기의 머리를 잃지도 말고, 찾지도 마라.
108) 불법(佛法)은 둘이 없으니, 언제나 있는 곳이 바로 불법이고, 보는 것이 바로 불법이고, 듣는 것이 바로 불법이고, 생각하는 것이 바로 불법이고, 느끼는 것이 바로 불법이고, 행동하는 것이 바로 불법이다. 그러나 불법이라는 이름을 붙이면 이미 참된 불법은 아니다.
109) 따로 찾지도 말고, 함께 있다고 여기지도 마라. 따로 있지도 않고 함께 있지도 않아야 비로소 참된 불법이 나타난다.

바로 보는 것을 일러 출세간이라 하고,
잘못 보는 것을 일러 세간이라 한다.[110]

잘못과 바름을 모두 물리치면,
깨달음의 본성이 또렷할 것이다.[111]

이 게송은 돈교(頓敎)이며,
또 큰 진리의 배라 부른다.[112]

어리석게 들으면 오랜 세월이 걸리겠지만,
깨달으면 찰나 사이일 뿐이다.[113]"

혜능 대사께서 다시 말씀하셨다.

"오늘 대범사(大梵寺)에서 이 돈교(頓敎)를 말하니, 법계의 중생들이 말을 듣고서 본성을 보아 깨닫기를 널리 바랍니다."

그때 위사군(韋史君)과 관료들과 승속(僧俗)의 무리들이 대사의

---

110) 견해가 있으면 삿되고, 견해가 없으면 바르다. 삿되면 분별하여 견해가 생기고, 바르면 분별을 떠나 견해가 사라진다.
111) 바른 견해도 삿된 견해도 모두 물리치면, 바름도 없고 삿됨도 없으니 어디에 허물이 있겠는가?
112) 둘 없음을 일러 돈교(頓敎)라 하니, 돈교 역시 돈교가 아니다.
113) 분별하는 생각으로 들으면 영원히 망상분별 속을 떠돌 것이고, 즉각 통하면 바로 이것일 뿐 얻을 것도 버릴 것도 없다.

말씀을 듣고 깨닫지 아니한 자가 없었고, 일시에 절을 올리면서 모두들 찬탄하였다.

"훌륭하십니다! 영남(嶺南)에 부처님께서 나타나실 줄 어찌 기대했겠습니까?"

悟法傳衣弟一

時大師至寶林, 韶州韋刺史(名璩), 與官僚入山, 請師於大梵寺講堂, 爲衆開緣, 說摩訶般若波羅密法. 師升座次, 刺史官僚三十餘人, 儒宗學士三十餘人, 僧尼道俗一千餘人, 同時作禮, 願聞法要. 大師告曰:"善知識, 總淨心, 念摩訶般若波羅密." 大師良久, 復告衆曰:"善知識, 菩提自性, 本來淸淨, 但用此心, 直了成佛. 善知識, 且聽惠能行由, 得法事意. 能嚴父, 本貫范陽, 左降流于嶺南, 作新州百姓. 此身不幸, 父又早亡, 老母孤遺. 後來南海, 艱辛貧乏, 於市賣柴. 時有一客買柴, 使令送至客店. 客收去, 能得錢, 却出門外, 見一客誦經. 能一聞經云:'應無所住而生其心.' 心卽開悟. 遂問客:'誦何經?' 客曰:'金剛經.' 復問:'從何所來, 持此經典?' 客云:'我從蘄州黃梅縣東禪寺來. 其寺是五祖忍大師在彼主化, 門人一千有餘. 我到彼中禮拜, 聽受此經. 大師常勸僧俗, 但持金剛經, 卽自見性, 直了成佛.' 能聞說, 宿昔有緣, 乃蒙一客, 取銀十兩與能, 令充老母衣糧, 敎便往黃梅, 禮拜五祖. 能安置母畢, 卽便辭親. 不經三十餘日, 便至黃梅. 禮拜五祖, 問能曰:'汝何方人, 欲求何物?' 能對曰:'弟子是嶺南新州百姓. 遠來禮師, 惟求作佛, 不求餘物.' 祖言:'汝是嶺南人, 又是獦獠, 若爲堪作佛?' 能曰:'人雖有南北, 佛性本無南北. 獦獠身與和尙不同, 佛性有何差別?' 祖更欲與語, 且見徒衆, 總在左右, 乃令隨衆作務. 子曰:'惠能啓和尙. 弟子自心, 常生智慧, 不離自性, 卽是福田. 未審和尙, 敎作何務?' 祖云:'這獦獠, 根性大利. 汝更勿言, 著槽廠去.' 能退至後院, 有一行者, 差能破柴踏碓. 經八餘月, 祖一日見能曰:'吾思汝之見可用, 恐有惡人害汝, 遂不與汝言. 知之否?' 能曰: '弟子亦知師意, 不敢行至堂前, 令人不覺.' 祖一日, 喚諸門人總來. '吾向汝說. 世人生死事大. 汝等終日只求福田, 不求出離生死苦海. 自性若迷, 福何可救? 汝等各去, 自看智慧, 取自本心般若之性, 各作一偈, 來呈吾看. 若悟大意, 付汝衣法, 爲第六代祖. 火急速去, 不得遲滯. 思量卽不中用. 見性之人, 言下須見. 若如此者, 輪刀上陣, 亦得見之.'

(古德云: "臂[114]如輪刀上陣, 不問如何若何. 此喻得底人, 見機而作, 不在言句也.")

衆得處分, 退而遞相謂曰: '我等衆人, 不須澄心, 用意作偈. 將呈和向, 有何所益? 神秀上座, 現爲敎授師, 必是他得. 我輩謾作偈頌, 枉用心力.' 諸人聞語, 總皆息心咸言: '我等已後, 依止秀師, 何煩作偈?' 神秀思惟: '諸人不呈偈者, 爲我與他爲敎授師. 我須作偈, 將呈和向. 若不呈偈, 和向如何知, 我心中見解深淺? 我呈偈意, 求法卽善. 覓祖卽惡, 却同凡心, 奪其聖位奚別? 若不呈偈, 終不得法, 大難大難!' 五祖堂前, 有步廊三間, 擬請供奉盧珍, 畫楞伽經變相, 及五祖血脈圖, 流傳供養. 神秀作偈成已, 數度欲呈, 行至堂前, 心中恍惚, 徧體汗流, 擬呈不得. 前後經四日, 一十三度, 呈偈不得. 秀乃思惟: '不如向廊下書著. 從他和向看見, 忽若道好, 卽出禮拜云:「是秀作.」若道不堪, 枉向山中數年, 受人禮拜, 更修何道?' 是夜三更, 不使人知, 自執燈, 書偈於南廊壁間, 呈心所見. 偈曰:

'身是菩提樹, 心如明鏡臺.

時時勤拂拭, 勿使惹塵埃.'

秀書偈了, 便却歸房, 人總不知. 秀復思惟: '五祖明日, 見偈歡喜, 卽我

---

114) 여기 비(臂)는 마땅히 비(譬)여야 한다. 비유하는 글이기 때문이다.

與法有緣. 若言不堪, 自是我迷, 宿業障重, 不合得法. 聖意難測!' 房中思想, 坐臥不安, 直至五更. 祖已知, 神秀入門未得, 不見自性. 天明祖喚盧供奉來, 向南廊壁間, 繪畫圖相, 忽見其偈, 報言供奉: '却不用畫. 勞尒遠來. 經云:「凡所有相, 皆是虛妄.」但留此偈, 與人誦持. 依此偈修, 免墮惡道. 依此偈修, 有大利益. 令門人, 炷香禮敬, 盡誦此偈, 卽得見性.' 門人誦偈皆歎: '善哉!' 祖三更喚秀入堂, 問曰: '偈是汝作否?' 秀言: '實是秀作. 不敢妄求祖位. 望和尙慈悲看, 弟子有少智慧不?' 祖曰: '汝作此偈, 未見本性. 只到門外, 未入門內. 如此見解, 覓無上菩提, 了不可得. 無上菩提, 須得言下, 識自本心, 見自本性. 不生不滅, 於一切時中, 念念自見, 萬法無滯. 一眞一切眞, 萬境自如如, 如如之心, 卽是眞實. 若如是見, 卽是無上菩提之自性也. 汝且去, 一兩日思惟, 更作一偈, 將來吾看. 汝偈, 若入得門, 付汝衣法.' 神秀作禮而出, 又經數日, 作偈不成. 心中恍惚, 神思不安, 猶如夢中, 行坐不樂. 復兩日, 有一童子, 於碓坊過, 唱誦其偈. 能一聞, 便知此偈, 未見本性. 雖未蒙敎授, 早識大意. 遂問童子曰: '誦者何偈?' 童子言: '尒這獦獠不知. 大師言:「世人生死事大.」欲得傳付衣法, 令門人作偈來看. 若悟大意, 卽付衣法, 爲第六祖. 神秀上座, 於南廊壁上, 書無相偈. 大師令人, 皆誦此偈. 依此偈修, 免墮惡道.' 能曰: '我亦要誦此, 結來生緣, 同生佛地. 上人, 我此踏碓, 八箇餘月, 未曾行到堂前. 望上人, 引至偈前禮拜.' 童子引至偈前作禮. 能曰: '能不識字, 請上人爲讀.' 時有江州別駕, 姓張名日用, 便高聲讀. 能聞已因自言: '亦有一偈, 望別駕爲書.' 別駕言: '獦獠, 汝亦作偈? 其事希有.' 能啓別駕言: '欲學無上菩提, 不得輕於初學. 下下人有上上智, 上上人有沒意智. 若輕人, 卽有無量無邊罪.' 別駕言: '汝但

誦偈. 吾爲汝書. 汝若得法, 先須度吾. 勿忘此言.' 能偈曰:

'菩提本無樹, 明鏡亦非臺.

本來無一物, 何處惹塵埃?'

(此依黃梅山祖偈正作. 惹字或作有非)

書此偈已, 徒衆總驚. 無不嗟訝, 各相謂言: '奇哉! 不得以貌取人. 何得多時, 使他肉身菩薩?' 祖見衆人驚怪, 恐人損害, 遂將鞋擦了偈云: '亦未見性.' 衆人疑息. 次日, 祖潛至碓坊, 見能腰石舂米, 語曰: '求道之人, 爲法忘軀, 當如是乎!' 卽問曰: '米熟也未?' 能曰: '未熟久矣, 猶欠篩在.' 祖以杖擊碓三下而去, 能卽會祖意. 三鼓入室. 祖以袈裟遮圍, 不令人見. 爲說『金剛經』, 至'應無所住而生其心.' 能言下大悟, 一切萬法, 不離自性. 遂啓祖言: '何期自性, 本自淸淨? 何期自性, 本不生滅? 何期自性, 本自具足? 何期自性, 本無動搖? 何期自性, 能生萬法?' 祖知悟本性, 卽名丈夫天人師佛. 三更受法, 人盡不知, 便傳頓教, 及衣鉢云: '汝爲第六代祖. 善自護念, 廣度有情, 流布將來, 無令斷絕. 聽吾偈.' 曰:

'有情來下種, 因地果還生.

無情旣無種, 無性亦無生.'

祖復曰: '昔達磨大師, 初來此土, 人未之信. 故傳此衣, 以爲信體, 代代相承. 法則以心傳心, 皆令自悟自解. 自古佛佛惟傳本體, 師師密付本心. 衣爲爭端, 止汝勿傳. 若傳此衣, 命如懸絲. 汝須速去. 恐人害汝.' 能曰: '向甚處去?' 祖云: '逢懷則止, 遇會則藏.' 惠能三更, 領得衣鉢云: '能本是南中人, 久不知此山路. 如何出得江口?' 五祖言: '汝不須憂. 吾自送汝.' 祖相送, 直至九江驛邊, 有一隻船子. 祖令惠能上船, 五祖把艣自搖. 惠能言:

'請和尙坐. 弟子合搖艣.' 五祖云: '合是吾渡汝.' 能云: '迷時師度, 悟了自度. 度名雖一, 用處不同. 惠能生在邊方, 語音不正, 蒙師付法, 今已得悟, 只合自性自度.' 祖云: '如是如是. 以後佛法, 由汝大行. 汝去三年, 吾方逝世. 汝今好去. 努力向南, 不宜速說, 佛法難起.' 能辭違祖已, 發足南行, 兩月中間, 至大庾嶺.

(五祖歸, 數日不上堂, 衆疑詣問曰: "和尙少病少惱否?" 曰: "病卽無, 衣法已南矣." 問: "誰人傳授?" 曰: "能者得之." 衆乃知焉.)

逐後數百人來, 欲奪衣鉢. 一僧俗姓陳, 名惠明, 先是四品將軍, 性行麤糙, 極意參尋, 爲衆人先, 趁及於能. 能擲下衣鉢於石上云: '此衣表信, 可力爭耶?' 能隱於草莽中. 惠明至, 提掇不動, 乃喚云: '行者, 行者! 我爲法來, 不爲衣來.' 能遂出, 坐盤石上, 惠明作禮云: '望行者爲我說法.' 能云: '汝旣爲法而來, 可屛息諸緣, 勿生一念. 吾爲汝說.' 良久謂明曰: '不思善, 不思惡. 正與麽時, 那箇是明上座本來面目?' 惠明言下大悟. 復問云: '上來密語密意外, 還更有密意否?' 能云: '與汝說者, 卽非密也. 汝若返照, 密在汝邊.' 明曰: '惠明, 雖在黃梅, 實未省自己面目. 今蒙指示, 如人飮水冷暖自知. 今行者, 卽惠明師也.' 能曰: '汝若如是, 吾與汝, 同師黃梅. 善自護持.' 明又問: '惠明今後, 向甚處去?' 能曰: '逢袁則止, 遇蒙則居.' 明禮辭.

(明回至嶺下, 謂趁衆曰: "向陟崔嵬, 竟無蹤跡, 當別道尋之." 趁衆咸以爲然. 惠明後改道明, 避師上字.)

能後至曹溪, 又被惡人尋逐, 乃於四會縣避難. 獵人隊中凡經一十五載, 時與獵人隨宜說法. 獵人常令守網 每見生命盡放之, 每至飯時以菜寄煮肉鍋. 或問則代曰: '但喫肉邊菜.' 一日思惟: '時當弘法, 不可終遯.' 遂出至廣州法性寺, 値印宗法師講涅槃經. 時有風吹幡動, 一僧云:'風動.'一僧云:'幡動.'議論不已. 能進曰:'不是風動, 不是幡動. 仁者心動.'一衆駭然. 印宗延至上席, 徵詰奧義. 見能言簡理當, 不由文字, 宗云:'行者定非常人. 久聞黃梅衣法南來, 莫是行者否?'能曰:'不敢.'宗於是, 執弟子禮告:'請傳來衣鉢, 出示大衆.'宗復問曰:'黃梅付囑, 如何指授'能曰:'指授卽無. 唯論見性, 不論禪定解脫.'宗曰:'何不論禪定解脫?'謂曰:'爲是二法, 不是佛法. 佛法是不二之法.'宗又問:'如何是佛法不二之法?'能曰:'法師講涅槃經, 明見佛性, 是佛法不二之法. 如涅槃經, 高貴德王菩薩, 白佛言:〈犯四重禁, 作五逆罪, 及一闡提等, 當斷善根佛性否?〉佛言:〈善根有二. 一者常, 二者無常. 佛性非常非無常, 是故不斷.〉名爲不二. 一者善, 二者不善. 佛性非善非不善, 是名不二. 蘊之與界, 凡夫見二, 智者了達其性無二. 無二之性 卽是佛性.'印宗聞說, 歡喜合掌言:'某甲講經, 猶如瓦礫. 仁者論義, 猶如眞金.'於是爲能剃髮, 願事爲師, 能遂於菩提樹下, 開東山法門. 能於東山得法, 辛苦受盡命似懸絲. 今日得與史君官僚僧尼道俗, 同此一會, 莫非累劫之因. 亦是過去生中, 供養諸佛, 同種善根, 方始得聞如上頓敎. 得法之因. 敎是先聖所傳, 不是惠能自智. 願聞先聖敎者, 各令淨心聞了. 各自除疑, 如先代聖人無別."師復告衆曰: "善知識, 菩提般若之智, 世人本自有之, 只緣心迷, 不能自悟. 須假大善知識示導見性. 當知愚人智人佛性, 本無差別, 只緣迷悟不同, 所以有愚有智. 吾今爲說摩訶般若波羅密法, 使汝等各得智慧. 志心諦聽. 吾爲汝說. 善知識, 世人終日口念般若, 不識自性般若, 猶如說食不飽. 口但說空, 萬劫不得見性, 終無有益. 善知識, 摩訶般若波羅密, 是梵語, 此言大智慧到彼岸. 此須心行, 不在口念. 口念心不行, 如幻如化, 如露如電. 口念心行, 卽心口相應. 本性是佛, 離性無別佛. 何名摩訶? 摩訶是大, 心量廣大, 猶如虛空, 無有邊畔, 亦無方圓大小, 亦非靑黃赤白, 亦無上下長短, 亦無嗔無喜, 無是無非, 無善無惡, 無有頭尾. 諸佛刹土, 盡同虛空. 世人妙性本空, 無有一法可得. 自性眞空 亦復如是. 善知識, 莫聞吾說空, 便卽著空. 第一莫著空. 若空心靜坐, 卽著無記空. 善知識, 世界虛空, 能含萬物色像. 日月星宿, 山河大地, 泉源溪澗, 草木叢林, 惡人善人, 惡法善法, 天堂地獄, 一切大海, 須彌諸山, 總在空中. 世人性空, 亦復如是. 善知識, 自性能含萬法, 是大, 萬法在諸人性中. 若見一切人, 惡之與善, 盡皆不取不捨, 亦不染著, 心如虛空, 名之爲大. 故曰摩訶. 善知識, 迷人口說, 智者心行. 又有迷人, 空心靜坐, 百無所思, 自稱爲大, 此一輩人, 不可與語, 爲邪見故. 善知識, 心量廣大, 遍周法界. 用卽了了分明, 應用便知一切. 一切卽一, 一卽一切, 去來自由, 心體無滯, 卽是般若. 善知識, 一切般若智, 皆從自性而生, 不從外入. 莫錯用意, 名爲眞性自用. 一眞一切眞. 心量大事, 不行小道. 口莫終日說空, 心中不修此行. 恰似凡人, 自稱國王, 終不可得, 非吾弟子. 善知識, 何名般若? 般若者, 唐言智慧也. 一切處所, 一切時中, 念念不愚, 常行智慧, 卽是般若行. 一念愚卽般若絶, 一念智卽般若生. 世人愚迷, 不見般若. 口說般若, 心中常愚. 常自言我修般若, 念念說空, 不識眞空. 般若無形相, 智慧心卽是. 若作如是解, 卽名般若智. 何名波羅密? 此西國語, 唐言到彼岸, 解義離生滅. 著境生滅起, 如水有波浪, 卽名爲此岸. 離境無生滅, 如水常通流, 卽名爲彼岸. 故號波羅密. 善知識, 迷人口念, 當念之時, 有妄有非. 念念若行, 是名眞性. 悟此法者, 是般若法, 修此行者, 是般若行. 不修卽凡, 一念修行, 自身等佛.

善知識, 凡夫卽佛, 煩惱卽菩提. 前念迷卽凡夫, 後念悟卽佛. 前念著境卽煩惱, 後念離境卽菩提. 善知識, 摩訶般若波羅密, 最尊最上最第一, 無住無往亦無來, 三世諸佛皆從中出. 當用大智慧, 打破五蘊煩惱塵勞. 如此修行, 定成佛道, 變三毒爲戒定慧. 善知識, 我此法門, 從一般若, 生八萬四千智慧. 何以故? 爲世人有八萬四千塵勞. 若無塵勞, 智慧常現, 不離自性. 悟此法者, 卽是無念無憶無著, 不起誑妄, 用自眞如性. 以智慧觀照, 於一切法, 不取不捨, 卽是見性成佛道. 善知識, 若欲入甚深法界, 及般若三昧者, 須修般若行. 持誦『金剛般若經』, 卽得見性. 當知此功德, 無量無邊, 經中分明讚歎, 莫能具說. 此法門, 是最上乘, 爲大智人說, 爲上根人說. 小根小智人聞, 心生不信. 何以故? 譬如大龍, 下雨於閻浮提, 城邑聚落, 悉皆漂流, 如漂棘葉, 若雨大海, 不增不減. 若大乘人, 若最上乘人, 聞說『金剛經』, 心開悟解. 故知本性自有般若之智, 自用智慧 常觀照故, 不假文字. 譬如雨水, 不從天有, 元是龍能興致, 令一切衆生, 一切草木, 有情無情, 悉皆蒙潤, 百川衆流, 却入大海, 合爲一體. 衆生本性, 般若之智, 亦復如是. 善知識, 小根之人, 聞此頓敎, 猶如草木, 根性小者, 若被大雨, 悉皆自倒, 不能增長, 小根之人, 亦復如是. 元有般若之智, 與大智人, 更無差別, 因何聞法, 不自開悟? 緣邪見障重, 煩惱根深. 猶如大雲, 覆盖於日, 不得風吹, 日光不現. 般若之智, 亦無大小, 爲一切衆生自心, 迷悟不同, 迷心外見, 修行覓佛, 未悟自性, 卽是小根. 若開悟頓敎, 不執外修, 但於自心, 常起正見, 煩惱塵勞, 常不能染, 卽是見性. 善知識, 內外不住, 去來自由, 能除執心, 通達無碍. 能修此行, 與『般若經』, 本無差別. 善知識, 一切修多羅, 及諸文字, 大小二乘, 十二部經, 皆因人置, 因智慧性, 方能建立. 若無世人, 一切萬法, 本自不有. 故知萬法, 本自人興, 一切經書, 因人說有. 緣其人中, 有愚有智, 愚爲小人, 智爲大人. 愚者問於智人, 智者與愚人說法, 愚人忽然悟解心開, 卽與智人無別. 善知識, 不悟卽佛是衆生, 一念悟時衆生是佛. 故知萬法盡在自心. 何不從自心中, 頓見眞如本性?『菩薩戒經』云:"我本元自性淸淨." 若識自心見性, 皆成佛道.『淨名經』云:"卽時豁然, 還得本心." 善知識, 我於忍和尙處, 一聞言下便悟, 頓見眞如本性. 是以, 將此敎法流行, 令學道者, 頓悟菩提, 各自觀心, 自見本性. 若自不悟, 須覓大善知識, 解最上乘法者, 直示正路. 是善知識, 有大因緣, 所謂化導, 令得見性, 一切善法, 因善知識, 能發起故. 三世諸佛, 十二部經, 在人性中, 本自具有, 不能自悟, 須求善知識指示, 方見. 若自悟者, 不假外求. 若一向執謂, 須要他善知識, 望得解脫者, 無有是處. 何以故? 自心內, 有智識自悟. 若起邪迷, 妄念顚倒, 外善知識, 雖有敎授, 救不可得. 若起正眞般若觀照, 一刹那間, 妄念俱滅. 若識自性一悟, 卽至佛地. 善知識, 智慧觀照, 內外明徹, 識自本心. 若識本心, 卽本解脫. 若得解脫, 卽是般若三昧, 卽是無念. 何名無念? 若見一切法, 心不染著, 是爲無念, 用卽徧一切處, 亦不著一切處. 但淨本心, 使六識, 出六門, 於六塵中, 無染無雜, 來去自由, 通用無滯, 卽是般若三昧. 自在解脫, 名無念行. 若百物不思, 當令念絶, 卽是法縛, 卽名邊見. 善知識, 悟無念法者, 萬法盡通. 悟無念法者, 見諸佛境界. 悟無念法者, 至佛地位. 善知識, 後代得吾法者, 將此頓敎法門, 於同見同行, 發願受持, 如事佛故, 終身而不退者, 定入聖位. 然須傳授, 從上以來, 默傳分付, 不得匿其正法. 若不同見同行, 在別法中, 不得傳付, 損彼前人, 究竟無益. 恐愚人不解, 謗此法門, 百劫千生, 斷佛種性. 善知識, 吾有一無相頌, 各須誦取.

在家出家, 但依此修. 若不自修, 惟記吾言, 亦無有益. 聽吾頌曰:

說通及心通, 如日處虛空.

唯傳見性法, 出世破邪宗.

法卽無頓漸, 迷悟有遲疾.

只此見性門, 愚人不可悉.

說卽雖萬般, 合理還歸一.

煩惱暗宅中, 常須生慧日.

邪來煩惱至, 正來煩惱除.

邪正俱不用, 淸淨至無餘.

菩提本自性, 起心卽是妄.

淨心在妄中, 但正無三障.

世人若修道, 一切盡不妨.

常自見己過, 與道卽相當.

色類自有道, 各不相妨惱.

離道別覓道, 終身不見道.

波波度一生, 到頭還自懊.

欲得見眞道, 行正卽是道.

自若無道心, 闇行不見道.

若眞修道人, 不見世間過.

若見他人非, 自非却是左.

他非我不非, 我非自有過.

但自却非心, 打除煩惱破.

憎愛不關心, 長伸兩脚臥.

欲擬化他人, 自須有方便.

勿令彼有疑, 卽是自性現.

佛法在世間, 不離世間覺.

離世覓菩提, 恰如求兎角.

正見名出世, 邪見是世間.

邪正盡打却, 菩提性宛然.

此頌是頓敎, 亦名大法船.

迷聞經累劫, 悟卽刹那間.

師復曰:"今於大梵寺, 說此頓敎, 普願法界衆生, 言下見性成佛."時韋史君與官僚道俗, 聞師所說, 無不省悟, 一時作禮皆嘆:"善哉! 何期嶺南有佛出世?"

2. 공덕과 정토를 해석함

다음날 자사인 위거가 혜능 대사를 위하여 큰 재(齋)를 베풀었다. 재가 끝나자 자사가 혜능 대사에게 청하여 자리에 오르게 하고, 관료와 선비와 더불어 엄숙한 모습으로 두 번 절하고 물었다.

"제가 스님의 말씀을 들어 보니 진실로 불가사의(不可思議)합니다. 그런데 지금 작은 의문이 있습니다. 스님께서는 큰 자비를 베푸셔서 특별히 설명해 주시기 바랍니다."

혜능 대사께서 말씀하셨다.

"의문이 있다면 물어보십시오. 제가 설명해 드리겠습니다."

위거가 물었다.

"스님께서 말씀하시는 것은 달마 대사의 종지(宗旨)가 아닙니까?"

혜능 대사께서 말씀하셨다.

"맞습니다."

위거가 말했다.

"제가 듣기로는 달마가 처음 양무제(梁武帝)[115]를 만났을 때 무

---

115) 양무제(梁武帝) : 중국 남조(南朝) 양(梁)나라의 초대 황제(재위 502-549). 성명 소연(蕭衍). 묘호 고조(高祖). 소연은 박학하고 문무에 재질이 있어, 남제(南齊)의 경릉(竟陵) 왕자량(王子良)의 집에서 심약(沈約)과 범운(范雲) 등 문인 귀족과 교유하여 팔우(八友)의 이름을 얻었다. 500년 옹주(雍州)의 군단장이던 소연은 남의 황제 동혼후(東昏侯)에 대한 타도군을 일으켜, 그 도읍인 건강(建康; 南京)을 함락시켜 남제를 멸망시키고 제위에 올라 국호를 양(梁)이라 불렀다.

제가 묻기를 '짐은 일생 동안 절을 짓고 스님들께 공양하고 보시하며 재를 베풀었는데 무슨 공덕(功德)이 있습니까?'라고 하자, 달마가 대답하기를, '진실로 아무런 공덕이 없습니다.'라고 하였습니다. 그런데 저는 이 이치를 알지 못하겠습니다. 스님께서 말씀해 주시기 바랍니다."

혜능 대사께서 말씀하셨다.

"진실로 아무런 공덕이 없습니다. 성인(聖人)의 말씀을 의심하지 마십시오. 무제(武帝)는 마음이 삿되어 바른 법을 알지 못한 것입니다. 절을 짓고 공양하고 보시하고 재를 지내는 것을 일러 복을 구한다고 합니다만, 복을 곧 공덕이라고 여겨서는 안 됩니다. 공덕은 법신(法身) 속에 있는 것이지, 복을 닦는 데에 있는 것이 아닙니다."

혜능 대사께서 다시 말씀하셨다.

"견성(見性)이 공(功)이고, 평등(平等)이 덕(德)입니다.

순간순간 막힘 없이 늘 본성의 진실하고 묘한 작용을 보는 것을 일러 공덕이라고 합니다.

무제의 치세는 50년에 이르는데, 그 전반은 정치에 정진했으나, 후반에는 그의 불교 신앙이 정치면에도 나타나, 불교 사상에서는 황금시대가 되었지만 정치는 파국의 징조를 보이기 시작했다. 548년에 일어난 후경(侯景)의 반란으로 병사하여 수도인 건강은 황야로 변했다. 양무제는 중국 역대 황제 가운데 가장 불교를 좋아했던 황제라고 한다. 양무제 때에 보리달마가 중국에 와서 무제를 만났으나 서로 말이 통하지 못했다고 한다. 양무제는 또 지공화상(誌公和尙)과 부대사(傅大士)라는 뛰어난 스님 및 거사와 불교의 인연을 맺고 있었다.

안으로 마음이 겸손하고 낮추는 것이 공이고, 밖으로 예를 행하는 것이 덕입니다.

자성이 만법을 만드는 것이 공이고, 마음바탕이 생각을 벗어나는 것이 덕입니다.

자성을 벗어나지 않는 것이 공이고, 인연에 응하여 작용하되 인연에 물들지 않는 것이 덕입니다.

만약 공덕의 법신을 찾아서 다만 이것에 의지하여 행한다면, 곧 참된 공덕입니다.

만약 공덕을 닦는 사람이라면, 마음이 경솔치 아니하고 늘 두루 공경(恭敬)을 행할 것입니다.

마음이 항상 남을 낮추어 보고 '나다 나다' 하는 생각이 끊어지지 않는다면 스스로 공이 없고, 스스로의 자성이 허망하고 진실하지 못하면 스스로 덕이 없는데, 이것은 스스로 자기 자신을 대단하게 여기고 다른 모든 것을 가볍게 여기기 때문입니다.

도반들이여, 순간순간 끊어짐 없음이 공이고, 생각[116]이 평등하고 곧은 것이 덕입니다.

스스로 자성(自性)을 닦는 것이 공이고, 스스로 자신(自身)을 닦는 것이 덕입니다.

도반들이여, 공덕은 모름지기 자성 속에서 보아야지, 보시(布施)나 공양(供養)으로 구할 바가 아닙니다.

---

116) 심행(心行) : ①심사(心思). 생각. ②심의(心意)의 작용.

이 때문에 복덕(福德)과 공덕(功德)은 다른 것입니다. 무제가 진리를 몰랐던 것이지 우리의 조사에게 허물이 있는 것이 아닙니다."

다시 위사군이 물었다.

"제가 항상 보건대 승속(僧俗)이 아미타불을 외면서 서방정토(西方淨土)에 태어나기를 원하고 있습니다. 청컨대 스님은 말씀해 주십시오. 그들이 그곳에 태어날 수 있는 것입니까? 의문을 해결해 주십시오."

혜능 대사께서 말씀하셨다.

"사군(使君)께서는 잘 들으십시오. 제가 설명해 드리겠습니다. 석가세존께서 사위성(舍衛城)에 계실 적에 서방정토를 말하여 교화하셨는데, 경전에서는 그곳이 멀지 않다[117]고 밝혔습니다.

모습을 가지고 말한다면, 거리가 십만 팔천 리[118]라는 것은 자

---

117) 『불설관무량수불경(佛說觀無量壽佛經)』에서 무량수불(無量壽佛) 즉 아미타불(阿彌陀佛)이 계시는 서방극락세계(西方極樂世界)를 말하면서, "아미타불은 여기에서 멀지 않다."(阿彌陀佛去此不遠)라고 하는 구절이 있다.

118) 거리가 십만 팔천 리라는 말은 출전을 알 수 없다. 『서방합론(西方合論)』 제8권에 다음의 글이 있다 : 『미타소초(彌陀疏鈔)』에 이르기를 "서방은 여기에서 십만억이 떨어진 땅이다. 『단경』에서 십만 팔천 리라고 한 것은 오천축(五天竺) 등을 극락(極樂)이라고 잘못 생각한 것이다."라고 하였으니, 이 말이 아마도 옳을 것이다. 육조(六祖)가 대장경을 보지 않고 사람들이 서방을 말하는 것을 듣고는 곧 오천축에 그것이 있다고 여긴 것이다.(『彌陀疏鈔』曰: "西方去此十萬億土, 『壇經』言十萬八千者, 是錯以五天竺等爲極樂也." 此語近是. 爲六祖未閱大藏, 聞人說西方, 卽以爲五天竺者有之.)

신 속의 십악팔사(十惡八邪)[119]이므로 곧 멀다고 말한 것입니다.

멀다고 말하는 것은 하근기에게 말하는 것이고, 가깝다고 말하는 것은 상근기에게 말하는 것입니다만, 사람에게는 두 종류의 근기가 있으나 진리에는 두 가지가 없습니다.

어리석음과 깨달음에 차이가 있으므로, 견해에도 느림과 빠름이 있습니다.

어리석은 사람은 염불하여 극락에 태어나기를 바라지만, 깨달은 사람은 스스로 그 마음을 깨끗하게 합니다.

그러므로 부처님이 말씀하셨습니다.

'그 마음이 깨끗함을 따르면, 곧 불국토가 깨끗하다.'[120]

사군이여, 동방(東方)의 사람이라도 마음이 깨끗하기만 하면 죄가 없고, 비록 서방 사람이라 하더라도 마음이 깨끗하지 못하면 역시 죄가 있는 것입니다.

동방의 사람이 죄를 지으면 염불하여 서방에 태어기를 바라지만, 서방의 사람이 죄를 지으면 염불하여 어느 나라에 태어나기를 바라겠습니까?

---

119) 십악팔사(十惡八邪) : 10악(惡)은 신삼구사의삼(身三口四意三)을 가리킴. 살생(殺生)·투도(偸盜)·사음(邪淫)을 신삼(身三), 망어(妄語)·기어(綺語)·악구(惡口)·양설(兩舌)을 구사(口四), 탐욕(貪欲)·진에(瞋恚)·사견(邪見)을 의삼(意三)이라 함. 팔사(八邪)는 모든 법의 진상(眞相)을 어기어 일어나는 생(生)·멸(滅)·거(去)·래(來)·일(一)·이(異)·단(斷)·상(常) 등 여덟 가지 미혹한 집착.

120) 『유마힐소설경(維摩詰所說經)』 「불국품(佛國品) 제1」에 나오는 구절.

범부는 어리석어서 자성(自性)을 깨닫지 못하여 자신 속의 극락 정토를 알지 못하고 동방으로 가기를 원하고 서방으로 가기를 원하지만, 깨달은 자는 어디에 있든 한가지입니다.

그러므로 부처님께서 말씀하셨습니다.

'어디에 머물든 늘 안락하다.'[121]

사군이여, 마음바탕에 불선(不善)이 없기만 하면, 서방이 여기서 멀지 않습니다.

만약 불선한 마음을 품는다면, 염불하여 왕생하는 것은 어렵습니다.

이제 도반들에게 권하노니, 먼저 마음의 십악(十惡)을 없애면 십만 리를 가고, 마음의 팔사(八邪)를 없애면 팔천 리를 지납니다.

순간순간 본성을 보아 늘[122] 똑바르면,[123] 서방에 도달하는 것이 마치 손가락 튕기는 것과 같을 것이니 곧장 아미타불을 볼 것입니다.

사군께서 단지 십선(十善)[124]을 행하기만 하면, 어찌 다시 서방

---

121) 『첨품묘법연화경(添品妙法蓮華經)』 제3권 「약초유품(藥草喩品) 제5」에 "머무는 곳마다 안락을 준다."(隨所住處施與安樂.)라는 구절이 있다.
122) 상행(常行) : ①통상. 보통. ②일상적으로. 일반적으로. ③늘. 항상. 매일. 평소.
123) 평직(平直) : ①공정(公正)하다. 공평(公平)하다. ②똑바르다. ③곧이곧대로. 꾸밈없이.
124) 십선(十善) : 십선행(十善行)·십선업(十善業)·십선업도(十善業道)라고도 한다. 열 가지의 선한 행위를 말하는데, 십악(十惡)의 반대말이다. 십악이란, 살생(殺生)·투도(偸盜)·사음(邪婬)·망어(妄語: 거짓말을 하는 것)·양설(兩舌)·악구(惡口)·기어(綺語: 재미있게 꾸며 만드는 말)·탐욕(貪慾)·진에(瞋恚: 화

에 가서 태어나기를 바랄 필요가 있겠습니까?

십악(十惡)의 마음을 끊지 않는다면, 어찌 부처님이 달려와 맞이하고 청하겠습니까?

만약 무생돈법(無生頓法)[125]을 깨닫는다면 서방을 보는 것이 다만 찰나 사이입니다.

깨닫지 못하고서 염불하여 서방에 왕생하기를 바란다면, 길이 아득히 머니 어떻게 도달할 수 있겠습니까?

제가 이제 여러분에게 서방을 옮겨 와 찰나 사이에 눈앞에서 곧 보게 할 것인데, 여러분 각자는 보기를 원합니까?"

대중이 모두 머리를 조아리며 말했다.

"만약 이곳에서 볼 수 있다면, 어찌 다시 서방에 가서 태어나기를 바랄 필요가 있겠습니까? 스님께서는 자비를 베푸시어 곧 서방을 나타내어 널리 볼 수 있게 해 주십시오."

혜능 대사께서 말씀하셨다.

"대중들이여, 세상 사람의 육체는 성(城)이요, 눈·귀·코·혀

내고 미워하는 것)·사견(邪見: 잘못된 견해를 말함) 등을 말한다. 이상의 십악을 행하지 않는 것을 십선이라고 한다.

125) 무생돈법(無生頓法) : 무생법(無生法), 무생법인(無生法忍), 불생법인(不生法忍), 불기법인(不起法忍)과 같음. 『유마경(維摩經)』 중권(中卷)「입불이법문품(入不二法門品) 제9」에 "생멸(生滅)은 이법(二法)이지만, 법(法)은 본래 생하지 않는 것이어서 지금 멸하지도 않습니다. 이러한 무생법인(無生法忍)을 얻는 것이 바로 불이법문(不二法門)에 들어가는 것입니다."(生滅爲二, 法本不生今則無滅. 得此無生法忍, 是爲入不二法門.)라 하고 있다.

는 문(門)이니, 밖으로 다섯 개의 문[126]이 있고, 안으로는 의식의 문이 있습니다.

마음은 땅이요, 자성(自性)은 왕이니, 왕은 마음의 땅 위에 거처합니다.

자성이 있으면 왕이 있고, 자성이 사라지면 왕이 없습니다.

자성이 있으면 몸과 마음이 있고, 자성이 사라지면 몸과 마음이 소멸합니다.

부처는 자성 속에서 이루어지니, 자신 밖에서 찾지 마십시오.

자성에 미혹하면 중생이고, 자성을 깨달으면 부처입니다.

자비(慈悲)가 곧 관세음보살(觀世音菩薩)이요, 희사(喜捨)[127]를 일러 대세지보살(大勢至菩薩)이라 합니다.

잘 깨끗하게 할 수 있음이 석가요, 평등하고 곧은 것이 아미타입니다.

나와 남이 수미산이요, 삿된 마음이 바닷물입니다.

번뇌가 파도요, 독하고 해로운 것이 악룡(惡龍)입니다.

헛되고 망령됨이 귀신이요, 경계에 끄달림[128]이 물고기와 자라

---

126) 오문(五門) : 눈, 귀, 코, 혀, 몸의 다섯 가지 감각 기관인 오근(五根)이다.
127) 희사(喜捨) : 또는 정사(淨捨)·정시(淨施). 기쁘게 재물을 베풀어 줌. 주로 3보에 공양하기 위하여 돈이나 물건을 보시하는 것.
128) 진로(塵勞) : 번뇌의 다른 이름. 두 가지 뜻이 있다. ①진(塵)은 육진(六塵), 노(勞)는 노권(勞倦). 객관세계인 6진의 경계를 따라 마음의 번뇌가 일어나서 피곤해지므로 번뇌를 진로라 함. ②진은 오심(汚心), 노는 근고(勤苦). 번뇌는 마음을 어지럽게 하여 우리들로 하여금 괴롭고 애쓰게 하므로 진로라 함. 이것은

입니다.

　탐내고 성내는 것이 지옥이요, 어리석음이 축생(畜生)입니다.

　도반들이여, 늘 십선(十善)을 행하면 천당(天堂)에 바로 도달합니다.

　나와 남이라는 분별을 제거하면, 수미산이 무너집니다.

　삿된 마음이 없으면, 바닷물이 마릅니다.

　번뇌가 없으면, 파도가 사라집니다.

　독과 해로움이 제거되면, 물고기와 악룡이 사라집니다.

　깨달음이 자성인 여래가 자기 마음의 땅 위에서 크고 밝은 빛을 비춥니다.

　밖으로 비추니, 육문(六門)이 깨끗하여 육욕(六欲)의 여러 하늘[129]을 부숩니다.

　종밀(宗密)이 지은 『원각경소초』 제1권에 풀이되어 있다.

129) 육욕천(六欲天) : 또는 욕계육천(欲界六天) · 6천(天). 3계(界) 중 욕계에 딸린 6종 하늘. 이 하늘 사람들은 모두 욕락이 있으므로 욕천이라 함. ①사왕천(四王天). 수미산 제4층의 4면에 있는 지국천(동) · 증장천(남) · 광목천(서) · 다문천(북)의 4왕과 그에 딸린 천중들. ②도리천(忉利天). 33천이라 번역. 수미산 꼭대기에 제석천을 중심으로 하여 4방에 8천씩 있음. ③야마천(夜摩天). 선시천(善時天) · 시분천(時分天)이라 번역. 때를 따라 쾌락을 받으므로 이렇게 이름. ④도솔천(兜率天). 지족(知足)이라 번역. 자기가 받는 5욕락에 만족한 마음을 내는 까닭. ⑤화락천(化樂天). 또는 낙변화천(樂變化天). 5욕의 경계를 스스로 변화하여 즐김. ⑥타화자재천(他化自在天). 다른 이로 하여금 자재하게 5욕 경계를 변화케 함. 6천 중 사왕천은 수미산 허리에 있고, 도리천은 수미산 꼭대기에 있으므로 지거천(地居天), 야마천 이상은 공중에 있으므로 공거천(空居天)이라 함.

안으로 자성을 비추면, 삼독(三毒)[130]이 제거되고 지옥 등의 죄가 일시에 소멸합니다.

안팎으로 밝게 통하면 서방정토와 다름이 없으니, 이 수행을 행하지 않고 어떻게 서방에 도달하겠습니까?"

대중들이 이 설법을 듣고서 뚜렷이 자성을 보고는, 모두가 절을 올리고 찬탄하기를 "훌륭하십니다!"라고 하고서, 다만 말하기를 "법계의 중생들이 이 설법을 듣고서 일시에 깨달아 알기를 널리 바랍니다."라고 하였다.

혜능 대사께서 말씀하셨다.

"도반들이여, 수행하고자 한다면 재가에서도 가능하니, 절에 있어야 하는 것은 아닙니다.

재가에서 잘 수행하면 동방인의 마음이 착한 것과 같고, 절에서도 수행하지 아니하면 서방인의 마음이 악한 것과 같습니다.

다만 마음이 깨끗하기만 하면, 곧 자성의 서방입니다."

위자사가 다시 물었다.

"재가에서는 어떻게 수행해야 합니까? 가르쳐 주십시오."

혜능 대사께서 말씀하셨다.

"제가 이제 대중들에게 무상송(無相頌)을 지어 드리겠습니다. 이것에 의지하여 수행하기만 하면, 늘 저와 같은 곳에 있어서 다르지 않을 것입니다. 만약 이것에 의지하지 않고 수행한다면, 머

---

130) 삼독(三毒) : 탐욕(貪欲; 욕심) · 진에(瞋恚; 분노) · 우치(愚癡; 어리석음) 셋을 말한다. 중생을 해롭게 하는 악의 근원이라고 하며, 삼불선근(三不善根), 삼화(三火), 삼구(三垢)라고도 한다.

리를 깎고 출가한들 도(道)를 공부함에 무슨 이익이 있겠습니까?"
 게송을 말씀하셨다.

"마음이 평등하면 무엇 때문에 애써 계를 지킬 것이며,
행동이 바르면 무엇 때문에 애써 선(禪)을 닦을 것인가?
은혜가 있으면 부모를 직접 부양하고,
의로움이 있으면 윗사람과 아랫사람이 서로 사랑한다.
사양함이 있으면 윗사람과 아랫사람이 화목하고,
참음이 있으면 여러 악한 일을 지껄이지 않는다.
마치 나무를 뚫어서 불을 낼 수 있듯이,
진흙에서 반드시 붉은 연꽃이 피게 된다.
입에 쓴 것이 좋은 약이듯이,
귀에 거슬리는 것은 반드시 진실한 말이다.
잘못을 고치면 반드시 지혜가 생겨나고,
단점을 버리지 못하면 마음이 어질지 못하게 된다.
일상적으로 사용하여 이익이 되는 것이 도이니,
도를 이룸은 재물(財物) 보시로 말미암는 것은 아니다.
깨달음(菩提)은 다만 마음에서 찾을 뿐,
어찌 애써 밖에서 현묘함을 구하겠는가?
이 설법을 듣고 여기에 의지하여 수행하면,
천당이 다만 눈앞에 있다네."

혜능 대사께서 또 말씀하셨다.

"도반들이여, 모두 이 게송에 의지하여 수행해서 자성을 보아 곧장 불도(佛道)를 이루고 법(法)을 상대하지 마십시오. 도반들은 이제 흩어지십시오. 저는 조계(曹溪)로 돌아갈 것입니다. 도반들에게 만약 의심이 있으면, 돌아와서[131] 질문하십시오."

그때 자사와 관료와 그곳에 있던 선남신녀(善男信女)[132]들이 각자 깨달음을 얻고 그 가르침을 믿고 받아서 실행하였다.

---

131) 각래(却來) : ①돌아오다. ②도리어. 사실은.
132) 선남신녀(善男信女) : 선남(善男), 선남자(善男子), 신사(信士)는 남자 신도. 선녀(善女), 선녀인(善女人), 신녀(信女)는 여자 신도.

釋功德淨土第二

次日韋刺史, 爲師設大會齋. 齋訖刺史請師升座, 同官僚士庶肅容再拜, 問曰:"弟子聞和尚說法, 實不可思議. 今有少疑. 願大慈悲, 特爲解說."師曰:"有疑卽問. 吾當爲說."韋公曰:"和尚所說, 可不是達摩大師宗旨乎?"師曰:"是."公曰:"弟子聞, 達摩初化梁武帝, 帝問云:'朕一生, 造寺供僧, 布施設齋. 有何功德?'達摩言:'實無功德.'弟子未達此理. 願和尚爲說."師曰:"實無功德. 勿疑先聖之言. 武帝心邪, 不知正法. 造寺供養, 布施設齋, 名爲求福, 不可將福便爲功德. 功德在法身中, 不在修福."師又曰:"見性是功, 平等是德. 念念無滯, 常見本性, 眞實妙用, 名爲功德. 內心謙下 是功, 外行於禮是德. 自性建立萬法是功, 心體離念是德. 不離自性是功, 應用無染是德. 若覓功德法身, 但依此作, 是眞功德. 若修功德之人, 心卽不輕, 常行普敬. 心常輕人, 吾我不斷, 卽自無功, 自性虛妄不實, 卽自無德, 爲吾我自大, 常輕一切故. 善知識, 念念無間是功, 心行平直是德. 自修性是功, 自修身是德. 善知識, 功德須自性內見, 不是布施供養之所求也. 是以福德與功德別. 武帝不識眞理, 非我祖師有過."又問:"弟子, 常見僧俗, 念阿彌陀佛, 願生西方. 請和尚說. 得生彼否? 願爲破疑."師言:"使君, 善聽. 惠能與說. 世尊在舍衛城中, 說西方引化, 經文分明去此不遠. 若論相說, 里數有十萬八千, 卽身中十惡八邪, 便是說遠. 說遠爲其下根, 說近爲其上智, 人有兩種, 法無兩般. 迷悟有殊, 見有遲疾. 迷人念佛求生於彼, 悟人自淨其心. 所以佛言:'隨其心淨, 卽佛土淨.'使君, 東方人但心淨, 卽無罪, 雖西方人心不淨, 亦有愆. 東方人造罪, 念佛求生西方, 西人造罪, 念佛求生何國? 凡愚不了自性, 不識身中淨土, 願東願西, 悟人在處一般. 所以佛言:'隨所住處, 恒安樂.'使君, 心地但無不善, 西方去此不遙. 若懷不善之心, 念佛往生難到. 今勸善知識, 先除十惡行十萬, 後除八邪乃過八千, 念念見性, 常行平直, 到如彈指, 便覩彌陀. 使君但行十善, 何須更願往生? 不斷十惡之心, 何佛卽來迎請? 若悟無生頓法, 見西方只在刹那. 不悟念佛求生, 路遙如何得達? 惠能與諸人, 移西方於刹那間, 目前便見, 各願見否?" 衆皆頂禮云:"若此處見, 何須更願往生? 願和尙慈悲, 便現西方, 普令得見." 師言:"大衆, 世人自色身是城, 眼耳鼻舌是門, 外有五門, 內有意門. 心是地, 性是王, 王居心地上. 性在王在, 性去王無. 性在身心存, 性去身心壞. 佛向性中作, 莫向身外求. 自性迷卽是衆生, 自性覺卽是佛. 慈悲卽是觀音, 喜捨名爲勢至. 能淨卽釋迦, 平直卽彌陀. 人我是須彌, 邪心是海水. 煩惱是波浪, 毒害是惡龍, 虛妄是鬼神, 塵勞是魚鼈. 貪瞋是地獄, 愚癡是畜生. 善知識, 常行十善, 天堂便至. 除人我, 須彌倒. 無邪心, 海水渴. 煩惱無, 波浪滅. 毒害除, 魚龍絕. 自心地上, 覺性如來, 放大光明. 外照六門清淨, 能破六欲諸天. 自性內照, 三毒卽除, 地獄等罪, 一時消滅. 內外明徹, 不異西方. 不作此修, 如何到彼?"大衆聞說, 了然見性, 悉皆禮拜, 俱歎:"善哉!" 唯言:"普願法界衆生, 聞者一時悟解." 師言:"善知識, 若欲修行, 在家亦得, 不由在寺. 在家能行, 如東方人心善, 在寺不修, 如西方人心惡. 但心淸淨, 卽是自性西方." 韋公又問:"在家如何修行? 願爲敎授." 師言:"吾與大衆, 作無相頌. 但依此修, 常與吾同處無別. 若不依此修, 剃髮出家, 於道何益?"頌曰:

"心平何勞持戒, 行直何用修禪?

恩則親養父母, 義則上下相憐.
讓則尊卑和睦, 忍則衆惡無喧.
若能鑽木出火, 淤泥定生紅蓮.
苦口的是良藥, 逆耳必是忠言.
改過必生智慧, 護短心內非賢.
日用常行饒益, 成道非由施錢.
菩提只向心覓, 何勞向外求玄?
聽說依此修行, 天堂只在目前."

師復曰:"善知識, 總須依偈修行, 見取自性, 直成佛道, 法不相待. 衆人且散. 吾歸曹溪. 衆若有疑, 却來相問." 時刺史官僚, 在會善男信女, 各得開悟, 信受奉行.

3. 정과 혜는 하나의 바탕이다.

혜능 대사께서 대중에게 말씀하셨다.

"도반들이여! 나의 이 법문은 정(定)과 혜(慧)를 가지고 근본으로 삼습니다.

여러분은 정(定)과 혜(慧)가 서로 다르다고 어리석게 말하지 마십시오.

정과 혜는 하나로서 둘이 아닙니다.

정은 혜의 바탕이요, 혜는 정의 작용이니, 혜가 있을 때 정이 혜에 있고, 정이 있을 때 혜가 정에 있습니다.

만약 이 뜻을 안다면, 정과 혜를 함께 공부합니다.

도를 배우는 모든 사람들은 먼저 선정에 들고서 지혜를 낸다거나 먼저 지혜를 얻고서 선정에 들어간다거나 하면서 선정과 지혜가 각각 별개라고 말하지 마십시오.

이와 같은 견해를 가진 자에게는 법에 2개의 모습이 있으니, 입으로는 좋은 말을 하면서 마음속은 좋지 않아서, 공연히 정과 혜가 있다고 하지만 정과 혜가 평등하지 않게 됩니다.

만약 마음과 입이 모두 좋고 안팎이 한결같다면, 정과 혜는 평등합니다.

스스로 깨달아 수행하는[133] 것은 논쟁에 좌우되는 것이 아닙니다.

---

133) 자오수행(自悟修行) : 스스로 깨닫고 수행한다. 깨달으면 불이중도(不二中道)의 반야(般若)에 발을 딛게 되는데, 불이중도에 머물러 분별망상하던 버릇을 극

만약 앞이니 뒤니 하고 논쟁한다면, 어리석은 사람과 같아서 이기느냐 지느냐를 끊지 못하고, 도리어 아(我)와 법(法)을 더욱 내세워 사상(四相: 아상(我相)·인상(人相)·중생상(衆生相)·수자상(壽者相))에서 벗어나지 못할 것입니다.

도반들이여, 일행삼매(一行三昧)라는 것은 모든 곳에서 가거나 머물거나 앉거나 눕거나 항상 하나의 직심(直心: 주객이 나누어지지 않은 당장 이 마음)을 행하는 것입니다.

유마경에 말하기를 '직심(直心)이 도량이고, 직심(直心)이 정토이다.'[134]라고 한 것과 같습니다.

마음은 비뚤어지게 행하면서 입으로만 직(直)을 말하며, 입으로 일행삼매를 말하면서 직심(直心)을 행하지 않는 일이 없도록 하십시오.

다만 직심(直心)만 행할 뿐, 어떤 법(대상사물)에도 집착하지 마십시오.

어리석은 사람은 법의 모습에 집착하여 일행삼매를 가지고 말

복하는 것이 수행이다. 깨달아서 불이중도에 머무는 힘을 얻고서, 그 힘에 의하여 분별망상의 습기(習氣)를 극복하는 것이 수행이다. 마조도일(馬祖道一)이 "도는 닦을 것이 없고, 다만 오염되지 않으면 된다."(道不用修但莫汚染)라고 한 말이나, 『수능엄경』 제10권에서 "이(理)라면 문득 깨달으니 깨달음을 타고서 모두가 녹아 버리지만, 사(事)는 문득 없어지지는 않고 점차점차 없어진다."(理則頓悟乘悟倂銷, 事則漸餘因次第盡.)라고 한 말이 모두 같은 취지의 말이다.

134) 『유마힐소설경(維摩詰所說經)』 「보살품(菩薩品) 제4」에 "直心是道場."이란 구절이 나오고, 「불국품(佛國品) 제1」에 "直心是菩薩淨土."라는 구절이 나온다.

하기를, "앉아서 움직이지 않고 망령되이 마음을 일으키지 않는 것이 곧 일행삼매이다."라고 곧장 말합니다.

이와 같이 이해한다면, 무정물(無情物)과 같아져서 도리어 도를 가로막는 원인이 됩니다.

도반들이여, 도는 모름지기 통하여 흘러야 하는데, 어찌하여 도리어 막히겠습니까?

마음이 법에 머물지 않으면, 도는 통하여 흐릅니다.

마음이 만약 법에 머물면, 이것을 일러 스스로를 얽어맨다고 합니다.

만약 앉아서 움직이지 않는 것을 옳다고 한다면, 마치 사리불(舍利弗)이 숲 속에 편안히 앉아 있다가 도리어 유마힐(維摩詰)에게 꾸중을 들은 것[135]과 같을 뿐입니다.

도반들이여, 또 어떤 사람은 앉아서 마음을 보고 고요함을 관찰

---

135) 『설무구칭경(說無垢稱經)』 제2권 「제3 성문품(聲聞品)」에 보면, 사리불은 큰 나무 아래에서 좌선을 하고 있다가 유마힐에게 다음과 같은 꾸중을 듣는다 : "이보세요 사리불님! 앉는 것을 좌선이라 여기지는 마십시오. 무릇 좌선이라는 것은, 삼계(三界)에 있으면서도 몸과 마음을 나타내지 않는 것이 곧 좌선입니다. 멸정(滅定)에서 나오지 않으면서도 모든 행동거지(行動擧止)를 나타내는 것이 곧 좌선입니다. 모든 깨달은 모습을 버리지 않으면서도 중생의 온갖 모습을 나타내는 것이 곧 좌선입니다. 마음이 안에 머물지도 않고 밖으로 나가지도 않는 것이 곧 좌선입니다. 삼십칠보리분법(三十七菩提分法: 깨달음)에 머물면서도 모든 견취(見趣: 분별견해)에서 벗어나지 않는 것이 곧 좌선입니다. 생사(生死)에서 벗어나지 않으면서도 번뇌(煩惱)가 없고, 열반(涅槃)을 얻고도 머물음이 없는 것이 곧 좌선입니다. 만약 이와 같이 좌선할 수 있다면, 부처님께서 인가(印可)하실 것입니다."

하면서 움직이지도 말고 일어나지도 말지니 이로 말미암아 공부가 이루어진다고 가르칩니다.

어리석은 사람들이 (이 말을 듣고서 올바르게) 이해하지 못하고 곧바로 집착하여 거꾸로 뒤집어집니다.

이와 같은 자가 많고, 이와 같이 서로 가르칩니다.

그러므로 큰 잘못임을 알아야 합니다.

도반들이여, 정(定)과 혜(慧)는 무엇과 같을까요?

등불과 그 불빛과 같습니다.

등불이 있으면 그 불빛이 있고, 등불이 없으면 어둡습니다.

등불은 불빛의 몸체이고, 불빛은 등불의 작용입니다.

이름은 비록 둘이지만, 바탕은 본래 하나입니다.

이 정혜법(定慧法) 역시 이와 같습니다.

도반들이여, 본래의 바른 가르침에는 돈(頓)과 점(漸)[136]이 없고, 사람의 성품에 스스로 날카로움과 둔함이 있을 뿐입니다.

---

136) 돈점(頓漸) : 또는 점돈(漸頓). 돈속(頓速)과 점차(漸次)의 뜻. 그 쓰임에 따라 의미가 다르다. 여기에 부처님이 설법한 형식에서 말하는 것과, 사상의 내용에서 말하는 것과, 수행의 과정에서 말하는 것의 3종이 있다. ①부처님 설법의 형식에서 말하면, 단박에 설법한 『화엄경』은 돈(頓), 근기에 맞추어 점차 말한 『아함경』・『방등경』・『반야경』 등의 여러 경은 점(漸). ②사상의 내용에서 말하면, 일정한 차례에 따르지 않고 바로 해탈을 얻는 방법을 말한 것은 돈교, 원칙적으로 차례를 밟아서 점차 해탈케 하는 가르침은 점교. ③수행의 과정에서 말하면, 사상상의 돈교에 의하여 속히 증오(證悟)를 얻는 것은 돈, 점교에 의하여 수행해서 점차 얕은 데서 깊은 데로 나아가는 것은 점. 앞의 것은 수행하는 점차와 경과하는 시간을 말하지 않으나, 뒤의 것은 그 과정으로 7현(賢)・7성(聖)・52위(位)・3아승지겁・백대겁 등을 말함.

어리석은 사람은 점차 계합하고 깨달은 사람은 즉각 닦지만, 본래의 마음을 스스로 알고 본성을 스스로 보면 차별이 없습니다.

그러므로 돈과 점이라는 가명(假名)을 세우는 것입니다.

도반들이여, 나의 이 법문(法門)은 원래부터 무념(無念)을 종(宗: 으뜸)으로 삼고, 무상(無相)을 체(體: 바탕)로 삼고, 무주(無住)를 본(本: 뿌리)으로 삼습니다.

무상(無相)은 모습 속에서 모습을 벗어나는 것입니다.

무념(無念)은 생각 속에서 생각이 없는 것입니다.

무주(無住)는 사람의 본성입니다.

무주는 세간의 선과 악, 아름다움과 추함, 원수와 친구를 구별하여 말하고, 부딪히고, 찌르고, 속이고, 싸울 때에도 모두를 공(空)으로 여겨 해 끼칠 생각을 하지 않고 순간순간 앞의 경계를 생각하지 않는 것입니다.

만약 앞 순간과 지금 순간과 뒷 순간이 순간순간 이어져서 끊임이 없다면, 이것을 일러 속박이라고 합니다.

모든 법 위에서 순간순간 머물지 아니하면 속박이 없습니다.

이 때문에 무주(無住)를 근본으로 삼습니다.

도반들이여, 밖으로 모든 모습에서 벗어나는 것을 일러 무상(無相)이라고 합니다.

모습에서 벗어날 수 있다면, 법의 바탕은 깨끗합니다.

이 때문에 무상을 바탕으로 삼습니다.

도반들이여, 모든 경계 위에서 마음이 물들지 않는 것을 일컬어 무념(無念)이라 합니다.

스스로의 생각 위에서 항상 모든 경계를 벗어나므로, 경계 위에서 마음을 일으키지 않습니다.

만약 단지 아무것도 생각하지 아니하여 생각이 모두 끊어져 버린다면, 한 생각 끊어져서 곧 죽어 다른 곳에서 태어나니 이것은 큰 잘못입니다.

도를 배우는 자는 잘 생각하십시오.

만약 법의 뜻을 알지 못한다면, 스스로의 착각을 오히려 옳다고 여겨 다시 타인에게 그 잘못을 권하기도 하니, 이것은 스스로의 어리석음을 보지 못할 뿐만 아니라 또한 부처님의 가르침을 비방하는 것입니다.

그 까닭에 무념(無念)을 세워서 으뜸(宗)으로 삼습니다.

도반들이여, 어찌하여 무념(無念)을 세워 으뜸으로 삼을까요?

다만 입으로만 견성을 말하기 때문에 어리석은 사람이 경계 위에서 생각을 일으킵니다.

생각 위에서 곧 잘못된 견해를 일으키니 모든 번뇌망상이 이로 말미암아 생깁니다.

자성에는 본래 얻을 수 있는 하나의 법도 없습니다.

만약 얻는 것이 있어서 헛되이 화복(禍福)을 말한다면, 이것이 바로 번뇌요, 삿된 견해입니다.

그러므로 이 법문에서는 무념을 세워서 으뜸으로 삼습니다.

도반들이여, 없다는 것은 무슨 일이 없다는 것이고, 생각한다는 것은 무슨 물건을 생각한다는 것일까요?

없다는 것은 두 개의 모습이 없다는 것이며, 모든 번뇌하는 마음이 없다는 것입니다.

생각한다는 것은 진여(眞如)인 본성(本性)을 생각한다는 것입니다.

진여는 곧 생각의 바탕이며, 생각은 곧 진여의 작용입니다.

진여인 자성이 생각을 일으키는 것이고, 눈·귀·코·혀가 생각을 일으킬 수는 없습니다.

진여에는 자성이 있는 까닭에 생각을 일으킬 수 있습니다.

진여가 없다면 눈과 귀, 색깔과 소리가 즉시 소멸될 것입니다.

도반들이여, 진여인 자성이 생각을 일으키니, 육근(六根)이 비록 보고·듣고·느끼고·알고 하지만, 온갖 경계에 물들지 아니하고 진성(眞性)은 늘 자재(自在)합니다.

그러므로 경전에서는 '모든 법의 모습을 잘 분별하면서도, 근본 바탕[137]에서 움직이지 않는다.'[138]고 말한 것입니다."

---

137) 제일의(第一義) : 제일의제(第一義諦). 승의제(勝義諦)와 같음. 열반(涅槃)·진여(如)·실상(實相)·중도(中道)·법계(法界)·진공(眞空) 등 깊고 묘한 진리를 제일의제라 한다. 이 진리는 모든 법 가운데 제일이라는 뜻.
138) 『유마힐소설경(維摩詰所說經)』「불국품(佛國品) 제1」에 나오는 게송의 구절.

定慧一體第三

師示衆云: "善知識! 我此法門, 以定慧爲本. 大衆, 勿迷言定慧別. 定慧一體不是二. 定是慧體, 慧是定用, 卽慧之時, 定在慧, 卽定之時, 慧在定. 若識此義, 卽是定慧等學. 諸學道人, 莫言先定發慧, 先慧發定各別. 作此見者, 法有二相, 口說善語, 心中不善, 空有定慧, 定慧不等. 若心口俱善, 內外一種, 定慧卽等. 自悟修行 不在於諍. 若諍先後, 卽同迷人, 不斷勝負, 却增我法, 不離四相. 善知識, 一行三昧者, 於一切處, 行住坐臥, 常行一直心, 是也. 如『淨名經』云: "直心是道場, 直心是淨土." 莫心行諂曲, 口但說直, 口說一行三昧, 不行直心. 但行直心, 於一切法, 勿有執著. 迷人著法相, 執一行三昧, 直言坐不動妄不起心, 卽是一行三昧. 作此解者, 卽同無情, 却是障道因緣. 善知識, 道須流通, 何以却滯? 心不住法, 道卽通流. 心若住法, 名爲自縛. 若言坐不動是, 只如舍利弗, 宴坐林中, 却被維摩詰訶. 善知識, 又有人, 教坐看心觀靜, 不動不起, 從此置功. 迷人不會, 便執成顚. 如此者衆, 如是相敎. 故知大錯. 善知識, 定慧猶如何等? 猶如燈光. 有燈卽光, 無燈卽暗. 燈是光之體, 光是燈之用. 名雖有二, 體本同一. 此定慧法, 亦復如是. 善知識, 本來正敎, 無有頓漸, 人性自有利鈍. 迷人漸契, 悟人頓修, 自識本心, 自見本性, 卽無差別. 所以立頓漸之假名. 善知識, 我此法門, 從上以來, 先立無念爲宗, 無相爲體, 無住爲本. 無相者, 於相而離相. 無念者, 於念而無念. 無住者, 人之本性. 於世間善惡好醜, 乃至冤之與親, 言語觸刺欺爭之時, 竝將爲空, 不思酬害, 念念之中, 不思前境. 若前念今念後念, 念念相續不斷, 名爲繫縛. 於諸法上, 念念不住, 卽無縛也. 此是以無住爲本. 善知識, 外離一切相, 名爲無相. 能離於相, 卽法體淸淨. 此是以無相爲體. 善知識, 於諸境上心不染, 曰無念. 於自念上, 常離諸境, 不於境上生心. 若只百物不思, 念盡除却, 一念絶卽死, 別處受生, 是爲大錯. 學道者思之. 若不識法意, 自錯猶可, 更勸他人, 自迷不見, 又謗佛經. 所以立無念爲宗. 善知識, 云何立無念爲宗? 只緣口說見性, 迷人於境上有念. 念上便起邪見, 一切塵勞妄想從此而生. 自性本無一法可得. 若有所得, 妄說禍福, 卽是塵勞邪見. 故此法門, 立無念爲宗. 善知識, 無者無何事? 念者念何物? 無者, 無二相, 無諸塵勞之心. 念者, 念眞如本性. 眞如卽是念之體, 念卽是眞如之用. 眞如自性起念, 非眼耳鼻舌能念. 眞如有性, 所以起念. 眞如若無, 眼耳色聲當時卽壞. 善知識, 眞如自性起念, 六根雖有見聞覺知, 不染萬境, 而眞性常自在. 故云: '能善分別諸法相, 於第一義而不動.'"

4. 좌선을 가르치다

대사께서 시중하여 말씀하셨다.

"도반들이여, 무엇을 일러 좌선(坐禪)이라 할까요?

이 법문(法門) 속에서 장애가 없어, 밖으로 모든 좋고 나쁜 경계에서 마음에 생각이 일어나지 않는 것을 일러 좌(坐)라고 하고, 안으로 자성을 보아 움직임이 없는 것을 일러 선(禪)이라고 합니다.

도반들이여, 무엇을 일러 선정(禪定)이라 할까요?

밖으로 분별된 모습을 벗어나는 것이 선(禪)이고, 안으로 어지럽지 않은 것이 정(定)입니다.

밖으로 모습에 집착하면 안의 마음이 어지럽고, 밖으로 만약 모습을 벗어나면 마음이 어지럽지 않습니다.

본성(本性)은 스스로 깨끗하고 스스로 안정되어 있으나, 단지 경계를 보고 경계를 생각하기 때문에 어지럽습니다.

만약 온갖 경계를 보고서도 마음이 어지럽지 않다면, 바로 참된 정(定)입니다.

도반들이여, 밖으로 모습을 벗어나는 것이 선(禪)이고, 안으로 어지럽지 않은 것이 정(定)이니, 밖으로 선(禪)하고 안으로 정(定)하면 곧 선정(禪定)이 됩니다.

유마경(維摩經)에서는 '곧장 활짝 열려서 본심을 되찾는다.'[139]고

---

139) 『유마힐소설경(維摩詰所說經)』 「제자품(弟子品) 제3」에 나오는 구절.

하였습니다.

보살계경(菩薩戒經)에서는 이르기를 '내가 본래 타고난 자성은 깨끗하다.'[140]고 하였습니다.

도반들이여, 매 순간 저절로 본성이 깨끗함을 보면, 저절로 닦고 저절로 행하여 저절로 불도(佛道)가 이루어집니다.

그러나 우리 선문(禪門)의 좌선(坐禪)은 원래 마음에 집착하지도 않고, 깨끗함에 집착하지도 않고, 움직이지 않는 것을 옳다고 여기지도 않습니다.

만약 마음에 집착한다고 하면, 마음은 원래 허망한 것입니다.

마음이 환상과 같음을 알기 때문에 집착할 것이 없습니다.

만약 깨끗함에 집착한다고 하면, 사람의 본성은 본래 깨끗합니다.

허망한 생각 때문에 진여(眞如)를 뒤덮은 것이니, 단지 허망한 생각만 없으면 본성은 원래 깨끗합니다.

마음을 일으켜 깨끗함에 집착하여 도리어 깨끗하다는 망상(妄想)을 내지만, 망상은 있는 것이 아니므로 집착 역시 허망합니다.

깨끗함에는 모습이 없는데 도리어 깨끗하다는 모습을 세워 그것을 공부라고 말하지만, 이러한 견해를 낸다면 자기의 본성을 가로막고 도리어 깨끗함에 얽매이게 됩니다.

도반들이여! 만약 움직이지 않음을 닦는 자가 다만 모든 사람을 만날 때 그 사람의 옳음 · 그름 · 좋음 · 나쁨 · 허물 · 어려움을 보

---

140) 어느 경전을 가리키는지 알 수 없다.

지 않는다면, 이것이 바로 자성이 움직이지 않는 것입니다.

도반들이여! 어리석은 사람은 몸은 비록 움직이지 않으나, 입만 열면 곧 다른 사람의 옳음·그름·장점·단점·좋음·싫음을 말하니 도(道)와는 어긋나는 것입니다.

만약 마음에 집착하고 깨끗함에 집착한다면, 도리어 도를 가로막는 것입니다."

敎授坐禪第四

師示衆云:"善知識, 何名坐禪? 此法門中, 無障無礙, 外於一切, 善惡境界, 心念不起, 名爲坐, 內見自性不動, 名爲禪. 善知識, 何名禪定? 外離相爲禪, 內不亂爲定. 外若着相, 內心卽亂, 外若離相, 心卽不亂. 本性自淨自定, 只爲見境思境卽亂. 若見諸境, 心不亂者, 是眞定也. 善知識, 外離相卽禪, 內不亂卽定, 外禪內定, 是爲禪定. 『淨名經』云:"卽時豁然, 還得本心." 『菩薩戒經』云:"我本性元自淸淨." 善知識, 於念念中, 自見本性淸淨, 自修自行, 自成佛道. 然此門坐禪, 元不著心, 亦不著淨, 亦不是不動. 若言著心, 心元是妄. 知心如幻, 故無所著也. 若言著淨, 人性本淨. 由妄念故 盖覆眞如, 但無妄想 性自淸淨. 起心著淨, 却生淨妄, 妄無處所, 著者是妄. 淨無形相, 却立淨相, 言是工夫, 作此見者, 障自本性, 却被淨縛. 善知識, 若修不動者, 但見一切人時, 不見人之是非善惡過患, 卽是自性不動. 善知識, 迷人身雖不動, 開口便說, 他人是非長短好惡, 與道違輩[141]. 若著心著淨, 却障道也.

---

141) 배(輩)는 배(背)의 가차자(假借字)이다.

5. 향과 참회를 전하다

 그때 대사께서는 광주(廣州)와 소주(韶州)의 사방(四方)에서 온 양반과 서민이 늘어서서 모여 산 속에서 법문을 듣는 것을 보았다. 이에 법좌(法座)에 올라가 대중에게 말씀하셨다.
 "잘 오셨습니다, 도반들이여. 이 일은 모름지기 자성 속에서 일어나야 합니다.
 항상 순간순간 그 마음을 스스로 깨끗이 하여 스스로 닦고 스스로 행하여 자기의 법신(法身)을 보십시오.
 자기 마음의 부처를 보고 스스로 제도(濟度)하고 스스로 재계(齋戒)하면, 비로소 여기에 올 필요가 없을 것입니다.
 이미 멀리서 와 함께 여기에 모였으므로, 모두 함께 법에 인연이 있는 것입니다.
 이제 각자는 호궤(胡跪)[142]하십시오.

---

142) 호궤(胡跪) : 호인(胡人)의 꿇어앉는 법. 호궤(互跪)·좌궤(左跪)·장궤(長跪)의 세 종류가 있음. 호궤(互跪)는 좌우의 두 무릎을 번갈아 땅에 대고 꿇어앉는 것. 이것은 서역 지방과 인도에서 일반적으로 행하는 예법의 하나. 불법에서는 보통 왼무릎을 세우고 오른무릎을 땅에 대는 좌궤(左跪)를 하는 것이 본법이나, 행사가 오래 걸려서 피로할 경우에는 이것을 막기 위하여 호궤(互跪)를 허락함. 좌궤(左跪)는 오른무릎을 땅에 대고, 그 발가락으로 땅을 디디고, 오른다리는 허공에 두고, 왼무릎은 세우고 왼발로 땅을 디디는 것. 경에는 우슬착지(右膝着地)라 함. 장궤(長跪)는 두 무릎을 땅에 대고, 두 정강이는 세우고 두 발끝으로 땅을 디디고, 몸을 우뚝 세우는 자세. 부처님께서 비구는 호궤하고, 비구니는 체질이 약한 까닭에 장궤하게 함.

먼저 자성오분법신향(自性五分法身香)[143]을 전해 주고, 다음에 무상참회(無相懺悔)를 주겠습니다."

대중이 호궤하니 스님께서 말씀하셨다.

"첫째 계향(戒香)이니, 곧 자기 마음속에 잘못도 없고 악도 없고 질투도 없고 탐냄도 없고 성냄도 없고 해를 끼치겠다는 위협도 없는 것을 일러 계향(戒香)이라고 합니다.

둘째 정향(定香)은 모든 선하거나 악한 경계의 모습을 보고서 자기 마음에 혼란이 없는 것을 일러 정향이라고 합니다.

셋째 혜향(慧香)은 자기의 마음에 가로막힘이 없어서 늘 지혜를 가지고서 자성을 비추어 보아 어떤 죄악도 짓지 아니하고, 비록 많은 선을 닦더라도 마음이 집착하지 않고, 윗사람을 공경하고 아랫사람을 생각하고 고아와 가난한 사람을 긍휼히 여기는 것을 혜향이라고 합니다.

넷째 해탈향(解脫香)은 자기 마음에 얽매인 것이 없어서 선도 생각하지 않고 악도 생각하지 않고 자재하여 막힘이 없는 것을 일러 해탈향이라고 합니다.

다섯째 해탈지견향(解脫知見香)은 자기 마음이 이미 선악에 얽매이지 않고 공에 빠져 고요함을 지키지도 않는다면, 모름지기 널리 배우고 많이 들어서 자기의 본래 마음을 알고 모든 깨달음의

---

143) 자성오분법신향(自性五分法身香) : 오분법신(五分法身)이란 부처님과 아라한이 갖추고 있는 5종의 공덕으로서 계신(戒身)·정신(定身)·혜신(慧身)·해탈신(解脫身)·해탈지견신(解脫知見身)의 다섯. 자성오분법신향(自性五分法身香)이란 자성(自性)인 오분법신(五分法身)에게 올리는 향(香)이라는 말.

이치에 통달하여 온유하고 부드럽게 사물과 접하며 남과 나의 구별이 없고 곧장 참된 자성을 깨달아 바뀌지 않는 것을 해탈지견향이라고 합니다.

도반들이여, 이런 5가지 향은 각자의 내면에서 타는 것이니, 바깥에서 찾지 마십시오.

이제 그대들에게 무상참회(無相懺悔)를 주어 삼세의 죄업을 소멸하게 하고 삼업(三業)의 청정을 얻도록 해 주겠습니다.

도반들이여, 각자 내 말을 따라서 일시에 말하십시오.

'저희는 과거·현재·미래에 순간순간 어리석게 헤매지 않으며, 이전부터 가지고 있던 악업(惡業)인 어리석게 헤매는 죄를 모두 참회하오니, 원컨대 일시에 소멸하여 영원히 일어나지 않게 해 주소서.

저희는 과거·현재·미래에 순간순간 교만과 거짓에 물들지 않으며, 이전부터 가지고 있던 악업인 교만과 거짓의 죄를 모두 참회하오니, 원컨대 일시에 소멸하여 다시는 일어나지 않게 해 주소서.

저희는 과거·현재·미래에 순간순간 질투에 물들지 않으며, 지금까지 가지고 있던 악업인 질투의 죄를 모두 참회하오니, 원컨대 일시에 소멸하여 영원히 일어나지 않게 해 주소서.'

도반들이여, 이상이 바로 무상참회(無相懺悔)입니다.

무엇을 일컬어 참(懺)이라 하고, 무엇을 일러 회(悔)라 할까요?

참(懺)이라는 것은 지나간 허물을 뉘우치는 것입니다.

이전부터 가지고 있던 악업(惡業)·어리석음·교만·질투 등의 죄를 모두 참회하여 영원히 다시는 일으키지 않는 것을 일러 참(懺)이라고 합니다.

회(悔)라는 것은 다가올 허물을 뉘우치는 것입니다.

지금 이후로 있을 악업·어리석음·교만·질투 등의 죄를 지금 이미 깨달아 모두 영원히 끊어서 다시는 짓지 않는 것을 일컬어 회(悔)라고 합니다.

그러므로 참회(懺悔)라고 부릅니다.

범부들은 어리석어 다만 앞선 허물만 뉘우칠 줄 알고, 앞으로 다가올 허물은 뉘우칠 줄 모릅니다.

앞으로 다가올 허물을 뉘우치지 않기 때문에 앞선 허물이 사라지지 않고 뒤의 허물이 다시 생깁니다.

앞선 허물이 이미 사라지지 않았고 뒤의 허물이 다시 생겨난다면, 무엇을 일러 참회라 하겠습니까?

도반들이여, 이미 참회를 마쳤으면 그대들과 더불어 사홍서원(四弘誓願)을 내겠습니다.

각자는 정신을 차리고[144] 바로 들어야 합니다.

'내 마음의 중생이 끝이 없지만 제도(濟度)하기를 서원(誓願)합니다.

내 마음의 번뇌가 끝이 없지만 끊기를 서원합니다.

---

144) 용심(用心) : 마음을 쓰다. 심혈을 기울이다. 주의를 집중하다.

내 마음의 법문(法門)이 다함이 없지만 배우기를 서원합니다.

내 본성의 불도(佛道)인 위없는 불도를 이루기를 서원합니다.'

도반들이여, 많은 사람들[145]이 어찌 '중생이 끝이 없는데 제도하기를 서원합니다.'라고 말하지 않겠습니까만, 이와 같이 말하는 것은 내가 말하는 제도가 아닙니다.

도반들이여, 마음속의 중생이라는 것은 이른바 삿되고 어리석은 마음·헛된 마음·착하지 못한 마음·질투하는 마음·악독한 마음 등 이러한 마음이 모두 중생입니다.

각자는 모름지기 자성(自性)으로 스스로 제도하여야, 일러 참된 제도라고 합니다.

무엇을 일러 자성이 스스로 제도한다고 할까요?

자기 마음속의 삿된 견해와 번뇌와 어리석음이라는 중생을 바른 견해를 가지고 제도합니다.

이미 바른 견해를 가지고 있으면 반야의 지혜로써 어리석고 헛되이 헤매는 중생을 때려 부숩니다.

각자 스스로 제도함에 삿됨이 오면 바름으로써 제도하고, 미혹함이 오면 깨달음으로써 제도하고, 어리석음이 오면 지혜로써 제도하고, 악함이 오면 선함으로써 제도합니다.

이와 같이 제도하는 것을 일러 참된 제도라고 합니다.

또 끝없는 번뇌를 끊기를 서원한다는 것은, 자성반야(自性般若)의 지혜를 가지고 허망하게 생각하는 마음을 제거하는 것입니다.

---

145) 대가(大家) : 여러 사람. 많은 사람.

또 끝없는 법문을 배우기를 서원한다는 것은, 모름지기 스스로 자성을 보아 항상 바른 법을 행하는 것을 일컬어 참된 배움이라고 합니다.

또 위없는 불도(佛道)를 이루기를 서원한다는 것은, 이미 늘 하심(下心)을 잘하여 참되고 바르게 행동하는 것입니다.

미혹됨에서도 벗어나고 깨달음에서도 벗어나면, 항상 반야를 드러냅니다.

참됨도 없애고 허망함도 없애면, 불성을 봅니다.

곧장 말을 듣고서 불도가 이루어져 늘 잊지 않고 실천 수행하면, 이것이 곧 원력법(願力法)입니다.

도반들이여, 이제 사홍서원을 내었으니 다시 그대들에게 무상삼귀의계(無相三歸依戒)를 주겠습니다.

도반들이여, 각이족존(覺二足尊: 두 발로 걷는 인간 가운데 가장 존귀한 깨달은 부처님)에게 귀의하시고, 정리욕존(正離欲尊: 올바르게 탐욕을 벗어난 가장 존귀한 부처님)에게 귀의하시고, 정중중존(淨衆中尊: 계율을 잘 지키는 깨끗한 무리들 가운데 가장 존귀한 부처님)에게 귀의하십시오.

오늘부터는 깨달음을 스승으로 삼고 다시는 삿된 마귀와 같은 외도에 귀의하지 마시고, 자성삼보(自性三寶)로써 늘 스스로 증명하십시오.

도반들에게 권하노니, 자성삼보(自性三寶)에 귀의하십시오.

불(佛)은 깨달음[覺]이고, 법(法)은 바름[正]이고, 승(僧)은 깨끗함[淨]입니다.

자기의 마음이 깨달음으로 돌아가 의지하면, 삿됨과 미혹함이 일어나지 않고, 욕망이 없어져 족함을 알게 되고, 능히 재(財)와 색(色)에서 벗어나니 두 발로 걷는 존귀한 분[146]이라고 일컫습니다.

자기의 마음이 올바름으로 돌아가 의지하면, 생각 생각에 삿된 견해가 없고, 삿된 견해가 없기 때문에 나와 남의 구분과 우쭐댐[147]과 탐애(貪愛)와 집착이 없으니 이것을 일컬어 욕망을 벗어난 존귀한 분이라고 합니다.

자기의 마음이 깨끗함에 돌아가 의지하면, 모든 번뇌[148]와 애욕(愛欲)의 경계에 자성이 전혀 물들거나 집착하지 않으니 이것을 일컬어 무리 가운데 존귀한 분이라고 합니다.

만약 이러한 행을 닦는다면 스스로에게 돌아가서 의지하는 것입니다.

범부들은 알지 못하고 아침부터 밤까지 삼귀의(三歸依)의 계(戒)를 받습니다.

만약 부처에게 귀의한다고 한다면, 부처는 어디에 있습니까?

---

146) 이족존(二足尊) : 또는 양족존(兩足尊). 두 발을 가진 생류(生類) 중에서 가장 높다는 뜻. 부처님의 존호(尊號). 두 발은 복과 지혜에 비유. 또 복이 만족하고, 지혜가 만족하다는 뜻도 됨.
147) 공고(貢高) : 자랑. 우쭐댐. 잘난 척함.
148) 진로(塵勞) : 번뇌의 다른 이름. 각주 122 참조.

만약 부처를 만나지 못한다면, 무엇에 의지하여 귀의하겠습니까?

말이 도리어 허망해집니다.

도반들이여, 각자 스스로 살펴서 마음을 잘못 쓰지 마십시오.

경전의 문장에서 분명히 자기 부처에 귀의하라고 말하였지, 다른 부처에 귀의하라고 말하지 않았습니다.

자기 부처에 귀의하지 않는다면, 귀의할 곳이 없습니다.

이제 이미 스스로 깨달았다면 각자는 모름지기 자기 마음의 삼보에 돌아가 의지하여야 합니다.

안으로 심성(心性)을 조복하고 밖으로 다른 사람을 공경하면, 이것이 바로 자기에게 귀의하는 것입니다.

도반들이여, 이미 자성삼보(自性三寶)에 귀의를 마쳤으니 각자는 마음에 새기십시오.[149]

내가 일체삼신자성불(一體三身自性佛)을 말해 주어서 그대들로 하여금 삼신(三身)을 밝게 보아 스스로 자성을 깨닫도록 하겠습니다.

모두들 나를 따라 말하십시오.

'나의 육신(肉身)에서 청정법신불(淸淨法身佛)에게 귀의합니다.

나의 육신에서 천백억화신불(千百億化身佛)에게 귀의합니다.

나의 육신에서 원만보신불(圓滿報身佛)에게 귀의합니다.'

도반들이여, 육신은 부처님이 머무는 집이니, 귀의할 곳이라고

---

149) 지심(志心) : 마음에 새기다. 기억하다.

말할 수 없습니다.

삼신불(三身佛)은 자성 속에 있으니, 세상 사람들이 모두 가지고 있습니다.

자기의 마음이 어리석기 때문에 안의 자성을 보지 못하고 밖으로 삼신불을 찾으니, 자신 속에 삼신불이 있음을 보지 못하는 것입니다.

그대들은 나의 말을 들으십시오.

그대들이 자신 속에서 자성에 삼신불이 있음을 보도록 해 주겠습니다.

이 삼신불은 자성에서 생기니 밖에서 얻지는 못합니다.

무엇을 일러 청정법신(淸淨法身)이라고 할까요?

세상 사람들의 자성(自性)은 본래 깨끗하지만, 만법(萬法)이 자성으로부터 생겨납니다.

온갖 악한 일을 생각하게 되면 악한 행동이 생겨나고, 온갖 선한 일을 생각하게 되면 선한 행동이 생겨납니다.

이와 같이 모든 법은 자성(自性) 속에 있습니다.

마치 하늘은 항상 깨끗하고 해와 달은 항상 밝게 빛나지만 구름이 하늘을 뒤덮으면 구름 위는 밝고 구름 아래는 어두워지지만, 문득 바람이 불어 구름이 흩어지면 구름 위와 아래가 함께 밝아지고 만물의 모습이 모두 드러나는 것과 같습니다.

사람의 본성이 늘 떠돌아다니는 것은 마치 저 하늘의 구름과 같습니다.

　도반들이여, 지(智)는 해와 같고 혜(慧)는 달과 같아서 지혜는 항상 밝으나, 바깥으로 경계에 집착하니 허망한 생각이라는 뜬구름에 뒤덮여 자성이 밝지 못합니다.

　만약 선지식을 만나 참되고 바른 법을 듣고서 헛된 어리석음을 스스로 제거하면, 안팎이 밝게 통하여 자성 속에 온갖 법이 모두 나타납니다.

　견성(見性)한 사람 역시 이와 같으니, 이것을 일러 청정법신불(清淨法身佛)이라고 합니다.

　도반들이여, 자기 마음이 자기 본성에 귀의하는 것이 참된 부처에 귀의하는 것입니다.

　자기에게 귀의하는 것은 자기 본성 속에서 선하지 못한 마음, 질투하는 마음, 교만한 마음, '나다 나다' 하는 마음, 속이고 거짓된 마음, 남을 업신여기는 마음, 잘난 척하는 마음, 삿된 견해를 가진 마음, 우쭐대는 마음과 모든 때에 선하지 않은 행위를 제거하고, 항상 자기의 허물을 스스로 보고, 타인의 좋고 나쁨을 말하지 않는 것이 자기에게 귀의하는 것입니다.

　늘 모름지기 마음을 낮추어 두루 공경을 행하는 것이 곧[150] 본성을 보아 통달하여 다시는 가로막힘이 없는 것이고 자기에게 귀의하는 것입니다.

---

150) 즉시(卽是) : 계사(繫辭). -이다. (다른 것이 아니라)바로 -이다.

무엇을 일러 천백억 화신(化身)이라 할까요?

만약 어떤 법도 생각하지 않는다면, 자성은 본래 허공과 같습니다.

한 순간이라도 생각한다면, 이것을 일러 변화(變化)라고 합니다.

악한 일을 생각하면 지옥으로 변화하고, 선한 일을 생각하면 천당으로 변화하고, 독하고 해로움을 생각하면 용이나 뱀으로 변화하고, 자비를 생각하면 보살로 변화하고, 지혜를 생각하면 상계(上界)[151]로 변화하고, 어리석음을 생각하면 하방(下方)[152]으로 변화합니다.

자성이 변화하는 것은 매우 많으나 어리석은 사람은 깨닫지 못하고 순간순간 악을 일으켜서 늘 악한 길을 갑니다만, 한 생각을 돌이켜서 선해지면 지혜가 곧 생기니, 이것을 일러 자성화신불(自性化身佛)이라 합니다.

무엇을 일러 원만보신(圓滿報身)이라 할까요?

비유하자면, 하나의 등불이 천 년 동안의 어둠을 없앨 수 있듯이, 하나의 지혜가 만 년 동안의 어리석음을 없앨 수 있습니다.

과거를 생각하지 말지니, 지나간 과거는 얻을 수 없습니다.

늘 앞날을 생각하며 순간순간 두루 밝으면 스스로 본성을 볼 것입니다.

---

151) 상계(上界) : 색계(色界)와 무색계(無色界)를 말함. 여기에서는 성인(聖人)의 세계를 가리킴.
152) 하방(下方) : 욕계(欲界). 범부의 세계를 가리킴.

선과 악이 나누어져 있지만, 본래 자성은 둘이 없습니다.

둘이 없는 자성을 일러 실성(實性)이라 합니다.

실성(實性) 속에서 선악에 물들지 아니하는 것, 이것을 일러 원만보신불(圓滿報身佛)이라 합니다.

자성이 한 순간 악한 생각을 일으키면 만겁 동안의 선한 원인을 없애게 되고, 자성이 한 순간 선한 생각을 일으키면 갠지스 강 모래알만큼 많은 악한 일을 없앨 수 있습니다.

곧장 무상보리(無上菩提)에 도달하여 순간순간 스스로 보아 본념(本念)[153]을 잃지 않는 것을 일러 보신(報身)이라고 합니다.

도반들이여, 법신(法身)으로부터 생각하는 것이 곧 화신불(化身佛)입니다.

순간순간 자성이 스스로 보면 곧 보신불(報身佛)입니다.

스스로 깨닫고 스스로 닦는 자성의 공덕(功德)이 바로 참된 귀의(歸依)입니다.

피부와 근육은 육체인데, 육체는 집이니 귀의한다고 말하지 않습니다.

자성의 삼신(三身)을 깨닫기만 하면, 곧 자신의 부처를 아는 것입니다.

나에게 하나의 무상송(無相頌)이 있으니 만약 외워 지닐 수 있다

---

153) 본념(本念) : 근원적 사유. 여법(如法)하게 생각하는 것. 정사유(正思惟). 여리작의(如理作義).

면, 말하는 사이에[154] 그대들의 몇 겁 동안 쌓인 죄를 일시에 소멸시킬 수 있습니다."

무상송을 말씀하셨다.

"어리석은 사람은 복(福)을 닦고 도(道)는 닦지 않으며
단지 복 닦는 것이 곧 도라고 말할 뿐이다.
보시(布施)와 공양(供養)의 복이 끝이 없더라도
마음속에서 삼악(三惡)[155]은 원래 만들어지는 것이다.
복을 닦아서 죄를 없애고자 한다면
뒷날 복을 얻더라도 죄가 다시 있게 된다.
다만 마음속에서 죄의 원인을 제거하면
각각 자성(自性) 속에 참된 뉘우침이 있다.
문득 대승(大乘)을 깨달아 참으로 참회하여
삿됨을 제거하고 바름을 행하면 죄는 없다.
도를 배우는 사람이 늘 자성(自性)을 본다면
온갖 부처들과 동일한 부류가 될 것이다.
우리 조사들께선 이 돈법(頓法)을 전했을 뿐이니

---

154) 언하(言下) : ①말하는 사이에. ②바로 그 자리에서. 즉시. ③말을 들으며. 말을 듣고서.
155) 삼악(三惡) : ①삼악도(三惡道)의 준말. 지옥·아귀·축생. ②탐진치(貪瞋癡). 탐냄·성냄·어리석음. ③『대법거다라니경』제1권에 있는 말. 좋은 말을 듣지 않음. 남이 자기보다 훌륭함을 미워함. 남이 자기보다 훌륭한 줄 알면서도 부끄러움을 품고 묻지 않는 것.

자성을 보아 동일한 바탕이 되기를 서원(誓願)하라.
만약 곧장[156] 법신(法身)을 찾고자 하면
마음속에서 모든 법의 개념을 씻어내 버려라.
노력하여 스스로 보되 게으름을 부리지 말지니
뒷순간에 문득 끊어지면 한 세월이 쉬어질 것이다.
만약 대승(大乘)을 깨달으면 자성을 볼 수 있으니
경건하고 공손하게 합장하여 지극한 마음으로 구하라."

혜능 대사께서 말씀하셨다.
"도반들이여, 모두 외워서 기억하십시오. 이것에 의지해서 수행하여 말하는 사이에 자성(自性)을 보게 되면, 비록 나와 천 리를 떨어져 있다고 하더라도 마치 항상 내 곁에 있는 것과 같습니다. 말하는 사이에 깨닫지 못한다면, 얼굴을 마주보고 있어도 천리나 떨어져 있는 것입니다. 어찌 애써 멀리서 찾아오겠습니까?"

대중이 법을 듣고서는 깨닫지 아니한 자가 없이, 찬탄하면서 즐거이 받들어 행하였다.

---

156) 당래(當來) : ①미래. 장래. ②오자마자. 곧장. 바로 올 그때.

傳香懺悔第五

時大師見, 廣韶, 洎四方士庶, 駢集山中聽法. 於是升座, 告衆曰:"來, 善知識. 此事須從自性中起. 於一切時, 念念自淨其心, 自修自行, 見自己法身. 見自心佛, 自度自戒, 始得不假到此. 旣從遠來, 一會于此, 皆共有緣. 今可各各胡跪. 先爲傳自性五分法身香, 次授無相懺悔."衆胡跪, 師曰:"一戒香, 卽自心中, 無非, 無惡, 無嫉妬, 無貪瞋, 無劫害, 名戒香. 二定香, 卽觀諸善惡境相, 自心不亂, 名定香. 三慧香, 自心無礙, 常以知慧, 觀照自性, 不造諸惡, 雖修衆善, 心不執著, 敬上念下, 矜恤孤貧, 名慧香. 四解脫香, 卽自心, 無所攀緣, 不思善, 不死惡, 自在無碍, 名解脫香. 五解脫知見香, 自心旣無所攀緣善惡, 不可沈空守寂, 卽須廣學多聞, 識自本心, 達諸佛理, 和光接物, 無我無人, 直至菩提眞性不易, 名解脫知見香. 善知識, 此香, 各自內薰, 莫向外覓. 今與汝等, 授無相懺悔, 滅三世罪, 令得三業淸淨. 善知識, 各隨語, 一時道. '弟子等, 從前念今念及後念, 念念不被愚迷染, 從前所有惡業愚迷等罪, 悉皆懺悔, 願一時消滅, 永不復起. 弟子等, 從前念今念及後念, 念念不被憍誑染, 從前所有惡業憍誑等罪, 悉皆懺悔, 願一時消滅, 永不復起. 弟子等, 從前念今念及後念, 念念不被嫉妬染, 從前所有惡業嫉妬等罪, 悉皆懺悔, 願一時消滅, 永不復起.'善知識, 已上是爲無相懺悔. 云何名懺? 云何名悔? 懺者, 懺其前愆. 從前所有惡業愚迷憍誑嫉妬等罪, 悉皆盡懺, 永不復起, 是名爲懺. 悔者, 悔其後過. 從今已後所有惡業愚迷憍誑嫉妬等罪, 今已覺悟, 悉皆永斷, 更不復作, 是名爲悔. 故稱懺悔. 凡夫愚迷, 只知懺其前愆, 不知悔其後過. 以不悔故, 前愆不滅,後過又生. 前愆旣不滅, 後過復又生, 何名懺悔? 善知識, 旣懺悔已, 與善知識, 發四弘誓願. 各須用心正聽.'自心衆生無邊誓願度. 自心煩惱無邊誓願斷. 自心法門無盡誓願學. 自性佛道無上佛道誓願成.'善知識, 大家豈不道:'衆生無邊誓願度.'恁麽道, 且不是惠能度. 善知識, 心中衆生, 所謂邪迷心誑妄心不善心嫉妬心惡毒心如是等心, 盡是衆生. 各須自性自度, 是名眞度. 何名自性自度? 卽自心中, 邪見煩惱愚癡衆生, 將正見度. 旣有正見, 使般若智, 打破愚癡迷妄衆生. 各各自度, 邪來正度, 迷來悟度, 愚來智度, 惡來善度. 如是度者, 名爲眞度. 又煩惱無邊誓願斷, 將自性般若智, 除却虛妄思想心, 是也. 又法門無盡誓願學, 須自見性, 常行正法, 是名眞學. 又無上佛道誓願成, 旣常能下心, 行於眞正. 離迷離覺, 常生般若. 除眞除妄, 卽見佛性. 卽言下佛道成, 常念修行, 是願力法. 善知識, 今發四弘願了, 更與善知識, 授無相三歸依戒. 善知識, 歸依覺二足尊, 歸依 正離欲尊, 歸依淨衆中尊. 從今日去, 稱覺爲師, 更不歸依邪魔外道, 以自性三寶, 常自證明. 勸善知識, 歸依自性三寶. 佛者覺也. 法者正也. 僧者淨也. 自心歸依覺, 邪迷不生, 少欲知足, 能離財色, 名二足尊. 自心歸依正, 念念無邪見, 以無邪見故, 卽無人我貢高貪愛執著, 名離欲尊. 自心歸依淨, 一切塵勞愛欲境界, 自性皆不染著, 名衆中尊. 若修此行 是自歸依. 凡夫不會, 終日至夜, 受三歸戒. 若言歸依佛, 佛在何處? 若不見佛, 憑何所歸? 言却成妄. 善知識, 各自觀察, 莫錯用心. 經文分明, 言自歸依佛, 不言歸依他佛. 自佛不歸, 無所依處. 今旣自悟, 各須歸依, 自心三寶. 內調心性, 外敬他人, 是自歸依也. 善知識, 旣歸依自三寶竟, 各各志心. 吾與說一體三身自性佛, 令汝等見三身了然, 自悟自性. 總隨我道. 於自色身, 歸依淸淨法身佛. 於自色身, 歸依千百億化身佛. 於自色身, 歸依圓滿報身佛. 善知識, 色身是舍宅, 不可言歸向者. 三身佛在自性中. 世人總有, 爲自心迷, 不見內性, 外覓三身如來, 不見自身中, 有三身佛. 汝等聽說. 令汝等, 於自身中, 見自性, 有三身佛. 此三身佛, 從自性生, 不從外得. 何名淸淨法身? 世人性本淸淨, 萬法從自性生. 思量一切惡事, 卽生惡行, 思量一切善事, 卽生善行. 如是諸法, 在自性中, 如天常淸日月常明, 爲浮雲蓋覆, 上明下暗, 忽愚風吹雲散, 上下俱明, 萬象皆現. 世人性常浮游, 如彼天雲. 善知識, 智如日, 慧如月, 智慧常明, 於外著境, 被妄念浮雲蓋覆, 自性不得明朗. 若愚善知識, 聞眞正法, 自除迷妄, 內外明徹, 於自性中, 萬法皆現. 見性之人, 亦復如是, 此名淸淨法身佛. 善知識, 自心歸依自性, 是歸依眞佛. 自歸依者, 除却自性中, 不善心, 嫉妬心, 憍慢心, 吾我心, 誑妄心, 輕人心, 慢人心, 邪見心, 貢高心, 及一切時中, 不善之行, 常自見己過, 不說他人好惡, 是自歸依. 常須下心, 普行恭敬, 卽是見性通達, 更無滯碍, 是自歸依. 何名千百億化身? 若不思萬法, 性本如空. 一念思量, 名爲變化. 思量惡事, 化爲地獄, 思量善事, 化爲天堂, 毒害化爲龍蛇, 慈悲化爲菩薩, 智慧化爲上界, 愚癡化爲下方. 自性變化甚多, 迷人不能省覺, 念念起惡, 常行惡道, 廻一念善, 智慧卽生, 此名自性化身佛. 何名圓滿報身? 譬如一燈能除千年暗, 一智能滅萬年愚. 莫思向前, 已過不可得. 常思於後, 念念圓明, 自見本性. 善惡雖殊, 本性無二. 無二之性, 名爲實性. 於實性中, 不染善惡, 此名圓滿報身佛. 自性起一念惡, 滅萬劫善因, 自性起一念善, 得恒沙惡盡. 直至無上菩提, 念念自見, 不失本念, 名爲報身. 善知識, 從法身思量, 卽是化身佛. 念念自性自見, 卽是報身佛. 自悟自修, 自性功德, 是眞歸依. 皮肉是色身, 色身是舍宅, 不言歸依也. 但悟自性三身, 卽識自性佛. 吾有一無相頌, 若能誦持, 言下令汝, 積劫迷罪, 一時消滅. 頌曰:

迷人修福不修道, 只言修福便是道.

布施供養福無邊, 心中三惡元來造.

擬將修福欲滅罪, 後世得福罪還在.

但向心中除罪緣, 各自性中眞懺悔.

忽悟大乘眞懺悔, 除邪行正卽無罪.

學道常於自性觀, 卽與諸佛同一類.

吾祖惟傳此頓法, 普願見性同一體.

若欲當來覓法身, 離諸法相心中洗.

努力自見莫悠悠, 後念忽絕一世休.

若悟大乘得見性, 虔恭合掌至心求.

師言: "善知識, 總須誦取. 依此修行, 言下見性, 雖去吾千里, 如常在吾邊. 於此言下不悟, 卽對面千里. 何勤遠來? 珍重好去." 一衆聞法, 靡不開悟, 歡喜奉行.

6. 제자들과의[157] 인연[158]

(1) 무진장(無盡藏) 비구니

육조 대사는 황매(黃梅)에서 법을 얻고 고향인 소주(韶州)의 조후촌(曹候村)으로 돌아왔으나 사람들 가운데 알아보는 이가 없었다. 유학(儒學)을 공부한 유지락(劉志略)이라는 선비가 있었는데, 대사와 서로 예를 갖추어 깊이 사귀었다. 유지락의 고모는 법명(法名)이 무진장(無盡藏)이라는 비구니였는데, 늘 『대열반경(大涅槃經)』을 염송(念誦)하였다. 대사가 그 소리를 잠시 듣고는 곧 묘한 뜻을 알아차리고는 이윽고 설명해 주었다. 비구니가 이에 책을 들고 와서 글자를 물으니 대사께서 말씀하셨다.
"글자는 알지 못합니다만, 뜻이라면 물어보십시오."
비구니가 말했다.
"글자도 알지 못하면서, 어떻게 뜻을 알 수 있습니까?"
대사께서 말씀하셨다.
"모든 부처님의 묘한 이치는 문자와는 상관이 없습니다."
비구니가 놀랍고 기이하게 여기고는 마을 안의 나이 많고 덕 있는 이들에게 두루 알렸다.
"이분은 도를 아는 사람이니 마땅히 공양하기를 청합니다."

---

157) 참청(參請) : 스승에게 찾아가 질문을 하고, 그 가르침을 청하는 것.
158) 기연(機緣) : 시기(時機)의 인연(因緣). 어떤 일이 일어난 내력.

진(晉)나라 무후(武候)[159]의 증손자인 조숙량(曺叔良)이라는 사람과 그 동네에 거주하는 백성들이 다투어 찾아와 우러러보고 절을 올렸다.

그때 보림(寶林)에 옛 절이 있었는데, 수나라 말기에 전쟁으로 폐허가 되었다. 드디어 옛 터에 다시 절을 짓고는 대사를 모셔 머물게 하니 금새 절[160]이 되었다. 대사가 9개월 며칠을 머물렀는데, 다시 악당들에게 쫓기게 되었다. 대사는 이에 앞산에 몸을 숨겼는데 악당들이 그 산에 불을 놓아 초목을 태웠다. 대사는 몸을 숨기고 동굴 속으로 들어가 화를 면했다. 그때 대사가 가부좌를 하고 앉았던 돌에 대사의 무릎 흔적과 옷의 무늬가 남았는데, 그 때문에 그 돌을 피난석이라고 일컬었다. 대사는 "회(懷)를 만나면 머물고, 회(會)를 만나면 숨으라."는 오조(五祖)의 부탁을 기억하고서 이윽고 두 고을로 가서 숨었다.

(2) 법해(法海) 비구

한 스님이 있었는데 이름이 법해(法海)이고 소주(韶州)의 곡강(曲

---

159) 진무후(晉武候)를 진(晉)나라의 무후(武候)라고 번역하였으나, 누구인지 알 수 없다. 무후(武候)는 곧 무후(武侯)라고 표기해야 할 것이다. 현손(玄孫) 즉 증손자의 성이 조(曺)씨이므로 진무후(晉武候)도 성씨가 조씨일 것이다.
160) 보방(寶坊) : 절을 아름답게 이르는 말. 급고독장자가 기타태자의 동산에 황금을 깔아서 그 동산을 구입하여 절을 만들었다는 이야기를 염두에 두고 하는 말.

江) 사람이었다. 처음 육조 대사를 찾아뵈었을 때 물었다.

"이 마음이 곧 부처라(즉심즉불(即心即佛))하니 가리켜 깨우쳐 주시기 원합니다."

대사께서 말씀하셨다.

"앞순간에 생기지 않으면 마음이요, 뒷순간에 사라지지 않으면 부처입니다. 모든 모습을 이루면 마음이요, 모든 모습을 떠나면 부처입니다. 내가 다 말하려 하면 무한한 세월을 말하여도 끝이 없을 것입니다. 내 게송을 들으십시오.

이 마음을 일러 지혜라고 하고
이 부처를 일러 선정이라고 한다.
선정과 지혜를 평등하게 하면[161]
의식이 (습성 없이) 깨끗하다.
이 법문을 깨닫는 것은
그대의 습성으로 말미암는다.
습성의 작용은 본래 무생(無生)[162]이니
둘을 함께 닦는 것이 옳다."

---

161) '정혜등등(定慧等等)'은 〈종보본(宗寶本)〉에서는 '정혜등지(定慧等持)'로 되어 있다. 둘은 같은 의미다.
162) 무생(無生) : ①무생멸(無生滅)·무생무멸(無生無滅)과 같음. 모든 법의 실상(實相)은 생멸(生滅)이 없다는 것. ②아라한·열반의 뜻 번역. 다시 미계(迷界)의 생을 받지 않는다는 뜻.

법해(法海)가 말을 듣자마자 크게 깨닫고는 게송을 지어 찬탄하였다.

"이 마음이 원래 부처이지만
깨닫지 못하면 스스로 어긋난다.
나는 선정과 지혜라는 원인을 알았으니
둘을 함께 닦아서 만물을 떠나리라."

(3) 법달(法達) 비구

법달(法達)이라는 스님은 홍주(洪州) 사람이었다. 7살에 출가하여 늘 『법화경』을 외웠다. 육조(六祖)에게 찾아와 절을 하는데 머리가 땅에 닿지 않자 육조께서 꾸짖으셨다.
"절을 하면서 머리가 땅에 닿지 않으니 어찌하여 이렇게 무례하냐? 너의 마음속에 필시 한 물건이 있을 것이니, 지금까지 무엇을 익혔느냐?"[163]
법달이 말했다.
"법화경을 외우기를 이미 3천 번을 마쳤습니다."
육조께서 말씀하셨다.
"그대가 만약 일만 번을 외워서 그 경의 뜻을 알아차린다고 하

---

163) 온습(蘊習) : (학문, 교양, 기량 등)을 겉으로 드러나지 않게 익히다.

더라도 그것을 훌륭하다고 여기지 않으면, 나와 함께 갈 것이다. 그대가 이제 이 일을 그만두더라도, 허물을 전혀 찾을 수 없을 것이다. 나의 게송을 들어라.

절을 하는 것은 본래 오만한 마음[164]을 꺾는 것인데
머리가 어찌하여 땅에 닿지 않는가?
아상(我相)이 있으면 죄가 생겨나고
공덕(功德)을 잊으면 복이 최고로 뛰어나다."[165]

대사께서 다시 말씀하셨다.
"그대의 이름은 무엇이냐?"
법달이 말했다.
"법달(法達)입니다."
대사께서 말씀하셨다.
"그대의 이름은 법달(法達)이지만, 어찌 법에 통달한 적이 있었겠느냐?"
다시 게송을 말씀하셨다.

"그대가 지금 이름을 법달이라고 하나
열심히 외우면서 아직 쉬지를 못했구나.

---

164) 만당(慢幢) : 오만(傲慢)한 마음이 높은 것을 높은 깃발에 비유한 말.
165) 무비(無比) : 최고로 뛰어남. 비교할 것이 없음.

헛되이 외우면서 단지 소리만 되풀이하지만
마음을 밝혀야만 보살이라고 일컫는다.
그대는 지금 나와 인연이 있으니
내가 이제 그대에게 말해 주겠다.
부처에게는 말이 없음을 믿기만 하면
연꽃이 입에서 피어날 것이다."

법달이 게송을 듣고서 뉘우치고 사죄하며 말하였다.
"지금 이후부터 마땅히 모두를 공경하겠습니다. 저는 법화경을 외워 왔지만, 경의 뜻은 아직 이해하지 못하여 마음에 늘 의심이 있습니다. 스님께서는 지혜가 크시니 경전 속에 있는 뜻을 요약해서 설명해 주시기를[166] 바랍니다."
대사께서 말씀하셨다.
"법달아, 법(法)은 깊이 통달되었는데, 그대 마음이 통달하지 못하고 있구나. 경전에는 본래 의심스러운 것이 없는데, 그대의 마음이 스스로 의심하는 것이다. 그대는 이 경전을 외우면서 무엇을 근본으로 삼느냐?"
법달이 말했다.
"저는 근성(根性)이 어둡고 둔하여 지금까지 다만 문자에만 의지하여 외웠을 뿐이니 어찌 근본 뜻을 알겠습니까?"
대사께서 말씀하셨다.

---

166) 약설(略說) : 요약하여 설명하다. 요점을 설명하다.

"나는 문자를 모르니 그대가 경전을 한번 외워 보아라. 내가 그대에게 해설해 주겠다."

법달이 곧 목소리를 높여 경을 외우다가 비유품(譬喩品)에 이르자, 대사께서 말씀하셨다.

"그만 읽어라. 이 경(經)은 원래 부처님이 세간에 나타나신 인연을 근본으로 삼는다. 비록 여러 종류의 비유를 말하지만 역시 이것에서 벗어나지 않는다.

어떤 것이 인연인가?

경에서 말했다. '모든 부처님은 오직 일대사인연(一大事因緣) 때문에 세상에 나타나신다.'

일대사라는 것은 부처님의 지견(知見)이다.

세상 사람들은 밖으로는 어리석게 모습에 집착하고, 안으로는 어리석게 공(空)에 집착한다.

만약 모습에서 모습을 떠날 수 있고 공(空)에서 공을 떠날 수 있으면, 안팎에서 어리석지 않을 것이다.

만약 이 법(法)을 깨달아서 한 순간에 마음이 열리면, 부처님의 지견을 열게 될 것이다.

불(佛)은 깨달음과 같은데, 나누면 네 가지 문(門)이 있다.

깨달음의 지견(知見)을 열고, 깨달음의 지견을 보여 주고, 깨달음의 지견을 깨닫고, 깨달음의 지견에 들어가는 넷이다.

만일 열어서 보여 줌을 듣고서 곧 깨달음에 들어갈 수 있다면,

깨달음의 지견이라는 본래의 참된 자성이 나타나게 된다.

그대는 신중하게 하여 경의 뜻을 잘못 이해하지 마라.

개시오입(開示悟入: 우주의 진실을 열어서, 지혜로써 드러내 보이면, 그 진실을 깨달아, 그 속으로 들어가 진리와 하나가 된다)은 다만[167] 부처님의 지견이니 우리에게는 그런 자격[168]이 없다고 누군가가 말하는 것을 듣고서, 만약 그렇게 이해한다면 이는 곧 경전을 비방하고 부처님을 욕보이는 짓이다.

그는 이미 부처님이어서 스스로 지견을 갖추고 있는데, 어찌 다시 열 필요가 있겠느냐?

그대는 이제 부처님의 지견이라는 것이 다만 그대 스스로의 마음일 뿐 다시 다른 부처가 없다는 것을 믿어야 한다.

대개 모든 중생들이 스스로 밝음을 감추고서 경계를 탐내고 집착하며 밖으로 관계하고 안으로 어지럽게 흔들리며 즐겨 경계를 따라 치달리기 때문에, 곧 저 세존(世尊)께서 수고로이 삼매로부터 일어나 여러 가지 간곡한 말[169]로써 중생들에게 쉬도록[170] 권하여 밖으로 구하지 않고 부처님과 다름이 없도록 하신 것이다.

그러므로 '부처님의 지견을 연다'고 말한다.

나 역시 모든 사람들에게 자기 마음속에서 늘 부처님의 지견을

---

167) 자시(自是) : ①자연히. 원래. 당연히. ②다만. 오직.
168) 분(分) : 분수. 처지. 몫. 자격. 틈.
169) 고구(苦口) : ①거듭하여 간곡하게 권하다. ②입에 쓰다. 듣기 싫은 말.
170) 침식(寢息) : 쉬다. 그만두다.

열라고 권한다.

　세상 사람의 마음은 삿되어서 어리석게 헤매면서 죄를 짓는다. 입으로는 선(善)을 말하지만 마음은 악하여 탐내고 성내고 질투하고 아첨하고 잘난 척하며 사람과 사물을 해치니, 스스로 중생의 지견을 여는 것이다.

　만약 마음을 바르게 하여 늘 지혜를 내고 자기의 마음을 비추어 보아 악을 멈추고 선을 행한다면, 이것이 바로 스스로 부처님의 지견을 여는 것이다.

　그대는 모름지기 순간순간 부처님의 지견을 열고, 중생의 지견을 열지는 마라.

　부처님의 지견을 열면 곧 출세간(出世間)이요, 중생의 지견을 열면 곧 세간(世間)이다.

　그대가 만약 단지 애써 생각을 붙잡고 있는 것을 공부[171]로 삼는다면, 들소가 자기 꼬리를 좋아하는[172] 것과 무엇이 다르겠느냐?"

---

171) 공과(功課) : 일상에서 경전을 외우고 예불하는 행위. 일상생활에서 노동하는 것. 일상 속에서 공부하는 것.

172) 이우애미(犛牛愛尾) : 『법화경』「방편품」의 게송에 나오는 구절. 이우(犛牛)는 밭을 가는 데 쓰는 물소 혹은 들소. 이우의 꼬리는 길고 아름다워서 기(旗)를 만드는 데 쓰인다. 이우가 긴 꼬리를 자랑하지만, 사람들은 기(旗)를 만들기 위해 이우를 죽이니, 이우는 자랑스런 꼬리 때문에 죽는다. 중생이 오욕(五欲)을 아름답게 여기고 좋아하지만 오욕 때문에 해탈하지 못하고 생사윤회의 고(苦)를 받는 것은 마치 이우가 꼬리를 좋아하는 것과 같다는 뜻이다. 게송의 앞뒤 구절은 다음과 같다. "내가 깨달음의 눈으로 육도(六道)의 중생들을 살펴보니, 가난하여 복된 지혜가 없고, 생사윤회의 험난한 길에 들어가, 고통을 이어 가며 끊어

법달이 말했다.

"만약 그렇다면 단지 뜻만 이해하면 될 뿐이고, 애써 경전을 독송할 필요는 없겠군요?"

대사께서 말씀하셨다.

"경전에 무슨 허물이 있기에, 어찌 그대의 생각을 가로막겠느냐? 다만 어리석음과 깨달음이 사람에게 있고, 손해와 이익이 자기에게서 말미암기 때문이다. 입으로 외우면서 마음으로 행하면 곧 경전을 부리는[173] 것이요, 입으로는 외우면서 마음으로 행하지 않으면 곧 경전에 부림을 당하는 것이다. 나의 게송을 들어라.

마음이 어리석으면 법화경이 나를 부리고
마음이 깨달으면 내가 법화경을 부린다.
경을 외워도 오래도록 밝지 못하면
경전의 뜻이 원수(怨讐)가 된다.
생각이 없으면 생각이 바르고
생각이 있으면 생각이 삿되다.
있고 없음을 전혀 헤아리지 않으면

짐이 없구나. 오욕(五欲)을 탐내고 집착함은, 마치 물소가 자기 꼬리를 좋아하는 것과 같고, 탐내고 좋아함으로써 자신을 가려서 막으니, 소경에게 보이는 것이 없음과 같구나."(我以佛眼觀, 見六道衆生, 貧窮無福慧, 入生死嶮道, 相續苦不斷. 深著於五欲, 如犛牛愛尾, 以貪愛自蔽, 盲瞑無所見.)

173) 전(轉) : ①더욱더. 한층 더. ②다루다. 조종하다. 부리다.

영원히 흰 소가 끄는 수레[174]를 몰 것이다."

법달이 게송을 듣고서 자기도 모르게 눈물을 흘리면서 말을 듣자마자 크게 깨닫고는 육조께 아뢰었다.

"저는 옛날부터 지금까지 진실로 법화경을 부린 적이 없고 법화경에 끌려 다녔습니다."

다시 여쭈었다.

"경전에서 이르기를 '모든 대성문(大聲聞) 내지 보살(菩薩)이 모두 온갖 생각을 다 하여 함께 헤아려도 부처님의 지혜를 헤아릴 수 없다.'[175]고 했습니다. 이제 범부들로 하여금 단지 자기의 마음을 깨닫게만 하시고는 곧 부처님의 지견(知見)이라고 말씀하시니, 스스로 상근기가 아니라면 의심과 비방을 하지 않을 수 없을 것입니다. 또 경전에서 말한 양수레, 사슴수레와 흰 소가 끄는 수레는 어떻게 구별합니까? 스님께서 다시 가르쳐 주십시오."

대사께서 말씀하셨다.

"경전의 뜻은 분명한데 그대 스스로 어리석어서 어긋나는구나.

---

174) 백우거(白牛車) : 『법화경』「비유품」에서 말한 양거(羊車)·녹거(鹿車)·우거(牛車) 가운데 우거(牛車). 양거(羊車)·녹거(鹿車)·우거(牛車)는 성문승(聲聞乘)·연각승(緣覺乘)·보살승(菩薩乘) 혹은 불승(佛乘)을 가리킨다. 즉, 백우거(白牛車)는 보살승(菩薩乘) 혹은 불승(佛乘)을 가리킨다.

175) 『묘법연화경』「방편품 제2」에 "가령 세간을 가득 메운 자들이 모두 사리불과 같아서, 온갖 생각을 다 하여 함께 헤아려도 부처님의 지혜를 헤아릴 수는 없다." (假使滿世間, 皆如舍利弗, 盡思共度量, 不能測佛智.)라는 구절이 있다.

모든 삼승(三乘)의 사람들이 부처의 지혜를 측량할 수 없는 까닭은 그 병이 헤아리는 것에 있다.

비록 그가 생각을 다 하여 추측하더라도 더욱더 멀어질 뿐이다.

부처란 본래 범부를 위해 말씀하시지 부처를 위해 말씀하시지는 않는다.

이 이치를 기꺼이 믿지 않는다면, 그로 말미암아 자리에서 물러나 흰 소 수레에 앉는 것은 전혀 알지 못하고 다시 문밖에서 세 개의 수레를 찾는다.

하물며 경전의 문구가 분명히 그대에게 말하고 있다. '오직 일불승(一佛乘)일 뿐 나머지 이승(二乘)이나 삼승(三乘)은 없다. 나아가 헤아릴 수 없는 방편들과 여러 가지 인연들과 비유하는 말들은 이 법이 모두 일불승이기 때문이다.'[176]

그대는 어찌하여 깨닫지 못하는가?

세 개의 수레는 거짓이니 과거이기 때문이고, 한 개의 수레는 진실이니 지금인 까닭이다.

---

176) 『묘법연화경』「방편품 제2」에 있는 구절. 전체는 이렇다 : "사리불아, 여래는 다만 일불승(一佛乘) 때문에 중생에게 법을 말씀하시니, 나머지 이승(二乘)이나 삼승(三乘)은 없다. 사리불아, 모든 우주의 모든 부처님의 법(法)도 역시 이와 같다. 사리불아, 과거의 모든 부처님이 헤아릴 수 없이 많은 방편과 여러 가지 인연과 비유의 말씀을 가지고 중생들에게 모든 법을 자세히 말씀하신 것은 이 법이 모두 일불승이기 때문이다."(舍利弗, 如來但以一佛乘故爲衆生說法, 無有餘乘若二若三. 舍利弗, 一切十方諸佛法亦如是. 舍利弗, 過去諸佛以無量無數方便種種因緣譬喻言辭, 而爲衆生演說諸法, 是法皆爲一佛乘故.)

다만 그대로 하여금 거짓을 버리고 진실로 돌아오도록 시킬 뿐이지만, 진실로 돌아오면 진실에도 역시 이름은 없다.

가지고 있는 보물은 모두 그대에게 속하고 그대가 향유함으로 말미암음을 마땅히 알고서, 다시는 아버지라는 생각을 하지도 말고, 아들이라는 생각을 하지도 말고, 사용한다는 생각도 없어야 한다.

이것을 일러 법화경을 지니고서 무한한 세월 동안 손에서 책을 놓지 않고 밤낮으로 생각하지 아니하는 때가 없다고 한다."

법달이 깨우침을 받고서 뛸듯이 기뻐하면서 게송으로 찬탄하여 말했다.

"법화경을 3천 번이나 외웠지만
조계(曹溪)의 한 마디 말씀은 없었구나.
출세간의 뜻을 밝히지 못한다면
세세생생의 미친 짓을 어떻게 끝내겠는가?
양·사슴·소 수레의 방편(方便)을 시설하니
처음·중간·끝을 잘 드러내었네.
누가 알았으리오?
불타는 집 속이 원래 법 가운데 왕(王)[177]임을."

육조께서 말씀하셨다.

---

177) 법왕(法王) : 부처님은 법에 있어서 자재하고 법을 자유로이 지배하며 부려서 삼계(三界)의 위대한 스승이 되기 때문에 법왕이라 한다.

"지금부터 바야흐로 너는 경을 외우는 스님이라고 이름할 만하다."

법달이 이로부터 그윽한 뜻을 깨닫고 경을 읽는 것을 버리지도 않았다.

(4) 지통(智通) 비구

또 지통(智通) 스님은 수주(壽州)의 안풍(安豊) 사람인데, 처음에 『능가경(楞伽經)』을 천 번 넘게 보았지만 삼신(三身)[178]과 사지(四智)[179]를 이해하지 못했다. 이에 육조를 찾아가 절을 올리고 그 뜻

---

178) 삼신(三身) : 불신(佛身)을 그 성질상으로 보아 셋으로 나눈 것. 법신(法身)·보신(報身)·응신(應身). ①법신. 법은 영겁토록 변치 않는 삼라만상의 본체, 신은 모여 있다는 뜻. 본체에 인격적 의미를 붙여 법신이라 하니, 빛깔도 형상도 없는 이치인 부처. ②보신. 인(因)에 따라서 나타난 불신. 아미타불과 같음. 곧 보살위(菩薩位)의 힘든 수행을 견디고 정진 노력한 결과로 얻은 영구성이 있는 유형(有形)의 불신. ③응신. 보신불을 보지 못하는 이를 제도하기 위하여 나타나는 불신. 역사적 존재를 인정하는 석가모니와 같음. 응신을 화신(化身)이라고도 함.
179) 사지(四智) : 유식종(唯識宗)에서 설하는 네 가지 지혜를 가리킨다. 대원경지(大圓鏡智)·평등성지(平等性智)·묘관찰지(妙觀察智)·성소작지(性所作智) 등이 그것이다. 제8아뢰야식을 바꾸어 얻는 지혜는 마치 거대한 둥근 거울에 사물을 비추는 것과 같아서 모든 것의 진실한 모습을 비추는 지혜가 되니, 그 본체는 부동(不動)이고 다른 세 지혜의 근본이 되므로 이것을 대원경지라 한다. 제7말나식을 바꾸어 얻는 지혜는 자기든 남이든 일체가 평등하다는 것을 깨달아 대자비와 상응하는 것이니 이것을 평등성지라 한다. 제6의식을 바꾸어 얻는 지혜는 모든 대상을 지장 없이 관찰하고 모든 의심을 끊어서 자유자재하게 설법을 하는 지혜이므로 이것을 묘관찰지라 한다. 전오식(前五識, 眼耳鼻舌身)을

을 알고자 했다. 육조께서 말씀하셨다.

"삼신(三身)이란 청정법신(淸淨法身)은 그대의 본성(本性)이고, 원만보신(圓滿報身)은 그대의 지혜(智慧)이며, 천백억화신(千百億化身)은 그대의 행위(行爲)이다. 만약 본성을 떠나 따로 삼신을 말한다면, 몸은 있으나 지혜는 없다고 일컫는다. 만약 삼신에 자성이 없음을 깨달으면, 사지(四智)의 깨달음이라고 일컫는다.

내 게송을 들어라.

자성은 삼신(三身)을 갖추고
밝게 드러나 사지(四智)를 이루네.
보고 듣는 인연을 떠나지 아니하면서
이들을 벗어나 부처의 지위에 오른다.
내 이제 그대를 위하여 말하노니
잘 듣고 믿어서 영원히 어리석음이 없게 하라.
배우려고 치달려 구하지 않으면
종일토록 깨달음을 말하리라."

지통이 다시 여쭈었다.
"사지(四智)의 뜻도 들을 수 있겠습니까?"
대사께서 말씀하셨다.

바꾸어 얻는 지혜는 오관의 대상에 있어서 자재하게 되고 또 중생을 이롭게 하기 위해 갖가지 불가사의한 행위나 사업을 행하는 것이므로 성소작지라 한다.

6. 제자들과의 인연

"이미 삼신(三身)을 알았다면 곧 사지에 밝을텐데, 어찌 다시 묻는가? 만약 삼신을 떠나서 따로 사지를 말한다면, 이를 일러 사지는 있지만 삼신은 없다고 한다. 이렇게 되면 사지가 있는 것이 도리어 사지가 없는 것이 되어 버린다."

다시 게송을 말씀하셨다.

"대원경지(大圓鏡智)[180]는 본성이 청정함이요,

평등성지(平等性智)[181]는 마음에 병이 없음이요,

묘관찰지(妙觀察智)[182]는 견해가 유위(有爲)가 아님이요,

---

180) 대원경지(大圓鏡智) : 유식설(唯識說)에서 말하는 사지(四智)의 하나. 거울과 같은 지혜이다. 아뢰야식 안에서 모든 오염이 제거되어, 마음이 티끌 하나 없이 깨끗한 거울처럼 된 상태. 깨끗한 거울에 삼라만상이 왜곡됨이 없이 비추어지는 것처럼, 대원경지에서는 공간적으로 시간적으로 삼라만상이 늘 주관과 객관의 분리 없이 있는 그대로 나타난다. 이것이 진여법계(眞如法界)와 하나가 된 지혜이다.

181) 평등성지(平等性智) : 유식설(唯識說)에서 말하는 사지(四智)의 하나. 모든 차별되는 법계의 평등한 본성을 보는 지혜. 제7말나식은 아견(我見)·아애(我愛)·아만(我慢)·아치(我癡) 등의 심소(心所)를 지녀 자아 중심으로 차별하고 아집으로 가득 찬 것이지만, 이 말나식에서 근원적인 자아(自我)가 없어져서 자기와 남, 안과 밖이 평등하게 되는 지혜이다. 또한 열반과 생사윤회의 본성이 동일함이 드러나므로, 생사윤회와 열반이 같아진다. 그리하여 대자비(大慈悲)를 일으켜 중생을 구제하는 활동을 하게 된다.

182) 묘관찰지(妙觀察智) : 유식설(唯識說)에서 말하는 사지(四智)의 하나. 법의 본성을 묘하게 관찰하는 지혜. 제6의식이 바뀌어 이루는 지혜. 의식에서 이것·저것이라는 분별이 바뀌어 이것이 곧 저것이고 저것이 곧 이것이라는 불이(不二)의 법성(法性)을 관찰한다. 묘(妙) 즉 불가사의(不可思議)한 자재(自在)의 힘

성소작지(成所作智)[183]는 둥근 거울과 같다.
전5식, 제6식, 제7식, 제8식의 인연이 돌고 돌지만
다만 이름과 말을 쓸 뿐 참된 자성(自性)은 없다.
만약 돌고 도는 곳에 정(情)[184]을 두지 않는다면
식(識)이 무성하게 일어나더라도 영원히 나가정(那伽定)[185]에 머무르리라."

(원주(原註) : 위와 같이 식(識)을 지(智)로 바꾸는 것을 경(經)에서는 이렇게 말한다. "전오식(前五識)을 바꾸면 성소작지(成所作智)가 되고, 제육식(第六識)을 바꾸면 묘관찰지(妙觀察智)가 되고, 제칠식(第七識)을 바꾸면 평등성지(平等性智)가 되고, 제팔식(第八識)을 바꾸면 대원경지(大圓鏡智)가 된다. 비록 제육식과 제칠식의 원인 속에서 전오식과 제팔식을 깨달음의 결과로 바꾸지만, 바꾼다는 것은 다만 그 이름을 바꾸는 것이고 그 본바탕을

을 가지고 교묘하게 법을 말하여 중생들의 여러 가지 의심을 끊게 한다.
183) 성소작지(成所作智) : 유식설(唯識說) 사지(四智)의 하나. 해야 할 일을 다 하는 지혜. 불과(佛果)에 이르러 유루(有漏)의 전오식(前五識)이 바뀌어서 이루는 지혜. 10지(地) 이전의 보살·이승(二乘)·범부 등을 이익되게 하기 위하여 시방(十方)에서 삼업(三業)으로 여러 가지 변화하는 일을 보여 주는 지혜. 곧 완전한 깨달음을 이루지 못한 자들을 완전한 깨달음으로 이끌기 위하여 여러 가지 교화의 행위를 하는 지혜.
184) 정(情) : 애정(愛情). 집착(執着).
185) 나가정(那伽定) : 나가(那伽)는 용(龍)이라는 뜻이니 부처를 가리킴. 나가정은 부처의 선정(禪定). =나가대정(那伽大定).

바꾸는 것은 아니다."[186])

지통이 문득 본성의 지혜를 깨닫고서 드디어 게송을 지어 말했다.

"삼신(三身)은 원래 나의 몸이요,
사지(四智)는 본래 마음의 밝음이로다.
삼신과 사지가 하나 되어 막힘이 없으면
사물에 응하되 자유롭게 모양을 따른다.
생각을 일으키고 수행하는 것은 모두 허망한 행동이요,
지키고 있거나 머물면 참된 정수(精髓)가 아니다.
묘한 뜻이 스승으로 인하여 밝아지니
마침내 더러운 이름은 없구나."

(5) 지상(智常) 비구

지상(智常) 스님은 신주(信州)의 귀계(貴溪) 사람이다. 어렸을 때 출가하여 견성(見性)을 구하는 데 뜻을 두었다. 어느 날 육조 대사를 찾아가 인사를 드리니, 대사께서 말씀하셨다.

---

186) 『대승본생심지관경(大乘本生心地觀經)』, 『불설불지경(佛說佛地經)』 등의 유식(唯識) 계통 경전들과 『성유식론(成唯識論)』 등 유식 계통 논서(論書)에 나오는 내용을 요약한 글이다.

"너는 어디서 왔느냐? 무엇을 찾으려 하느냐?"

지상이 말했다.

"저는 근래 홍주(洪州)의 백봉산(白峯山)으로 가서 대통화상(大通和尙)[187]을 만나 뵙고 견성성불(見性成佛)의 뜻을 전해 받았는데, 아직까지 의심이 끊어지지 않았습니다. 그래서 멀리서 찾아와 인사드리오니, 엎드려 바라건대 스님께서 자비롭게 가리켜 주십시오."

육조 대사께서 말씀하셨다.

"대통화상이 무슨 말을 하였느냐? 그대가 한번 말해 보아라."

지상이 말했다.

"저는 그곳에 도착하여 3개월이 지나도록 가르침을 받지 못하고 있었는데, 진리에 대한 열망이 간절하여 어느 날 저녁 혼자 방장실에 들어가 물었습니다.

'어떤 것이 저의 본래 마음이고 본성입니까?'

대통화상이 이에 말씀하셨습니다.

'그대는 허공을 보느냐?'

제가 대답했습니다.

'봅니다.'

대통화상이 말씀하셨습니다.

'그대가 허공을 보니 모습이 있느냐?'

제가 대답했습니다.

'허공은 모양이 없는데, 무슨 모습이 있겠습니까?'

---

187) 대통신수(大通神秀)를 가리킴.

대통화상이 말씀하셨습니다.

'그대의 본성(本性)은 허공(虛空)과 같다. 볼 수 있는 한 물건도 없음을 깨달으면, 이것을 바르게 본다고 한다. 알 수 있는 한 물건도 없음을 일러 참된 앎이라고 한다. 푸르거나 누렇거나 길거나 짧음이 없다. 다만 본래의 근원이 깨끗함을 보아서 깨달음의 바탕이 두루 밝으면, 곧 견성성불(見性成佛)이라 하고 또한 여래지견(如來知見)이라 한다.'

저는 비록 이러한 말씀을 들었지만 여전히 명쾌하게 깨닫지는 못하였습니다. 스님께서 가르침을 열어 보여 주십시오."

육조 대사께서 말씀하셨다.

"그 스님의 말씀에는 여전히 보는 것과 아는 것이 남아 있구나. 그 까닭에 그대를 깨닫게 하지 못한 것이다. 내 이제 그대에게 게송 하나를 보여 주겠다.

한 법도 보지 않고 보는 것이 없다고 한다면
마치 뜬구름이 태양을 가리는 것과 같다.
한 법도 알지 않고 아는 것이 비었다고 한다면
도리어 허공에서 번개가 번쩍이는 것과 같다.
이러한 지견이 문득 일어나면
잘못 알아차린 것이니 어찌 방편을 이해하였겠는가?
그대가 한 순간에 스스로 잘못을 안다면

자기의 신령스러운 빛이 늘 드러나 있을 것이다."

지상이 게송을 듣고 나자 마음이 확 열렸는데, 이에 게송을 지었다.

"까닭 없이[188] 지견(知見)을 일으켜
모습에 머물러 깨달음을 구하고,
의식 속에 한 순간이라도 깨달음을 가지고 있다면
어떻게 옛날의 어리석음을 벗어나겠는가?
자기의 본성이 깨달음의 근원이요, 바탕인데
의식의 흐름에 따라 헛되이 흘러 다닌다네.
조사(祖師)의 방에 들어가지 않는다면
어쩔 줄 모르고[189] 양쪽을 좇을 것이로다."

지상이 하루는 육조 대사께 물었다.
"부처님께서는 삼승법(三乘法)을 말씀하셨는데, 다시 최상승(最上乘)을 말씀하시니 저는 이해하지 못하겠습니다. 가르쳐 주시기 바랍니다."
대사께서 말씀하셨다.
"그대는 자기의 본래 마음만을 보고, 밖의 온갖 모습에는 집착

---
188) 무단(無端) : 이유 없이. 까닭 없이. 실없이.
189) 망연(茫然) : 어쩔 줄 모르다. 멍청하다. 막연하다.

하지 마라.

　법에는 네 가지 수레가 없는데, 사람의 마음이 스스로 차등을 두고 있다.

　눈으로 보고 귀로 들은 것을 열심히[190] 외우는 것이 소승(小乘)이요, 법(法)을 깨닫고 뜻을 이해하는 것이 중승(中乘)이요, 법에 의지해서 실천하는 것이 대승(大乘)이요, 만법에 모두 통달하고 만법을 두루 갖추고 있되 어떤 것에도 오염되지 않고 모든 법의 모습에서 벗어나 단 하나도 얻을 것이 없는 것을 일컬어 최상승(最上乘)이라 한다.

　승(乘)은 행한다는 뜻이지, 입으로 따지는 것은 아니다. 그러므로 그대는 모름지기 스스로 실천하고 나에게 묻지 마라.

　언제나 자성(自性)은 스스로 만족스럽다."[191]

　지상이 절을 올려 감사를 드리고서 대사가 입적할 때까지 모셨다.

(6) 지도(志道) 비구

　지도(志道)라는 스님은 광주(廣州)의 남해(南海) 사람인데, 대사에게 질문하였다.[192]

---

190) 전(轉) : 더욱더. 한층 더.
191) 자여(自如) : ①마음대로. 자유자재하게. ②스스로 만족함.
192) 청익(請益) : 가르침을 받고서 모르는 부분에 대하여 거듭 질문하는 것. =입실

"저는 출가한 이래 열반경을 본 지가 거의 10여 년이 되었습니다만, 아직 그 대의(大意)를 밝히지 못하고 있습니다. 스님께서 가르침을 내려 주시기 바랍니다."

대사께서 말씀하셨다.

"그대는 어느 곳을 밝히지 못했느냐?"

지도가 말했다.

"'모든 행위는 무상(無常)하니 이것이 생멸법(生滅法)이로다. 생멸이 사라지고 나면 적멸(寂滅)이 즐거움이 된다네.'[193]라는 이 구절에 의문이 있습니다."

대사께서 말씀하셨다.

"무엇이 의문이냐?"

지도가 말했다.

"모든 중생에게는 전부 두 몸이 있으니, 색신(色身)과 법신(法身)이라 하는 것입니다. 색신은 무상(無常)하여 생멸이 있지만 법신은 항상(恒常)하여 앎도 없고 느낌도 없는데, 경(經)에서 말한 '생멸이 사라지고 나면 적멸(寂滅)이 즐거움이 된다'는 것을 알 수가 없습니다. 어떤 몸이 적멸하는 몸이며, 어떤 몸이 즐거움을 받는 몸입니까?

청익(入室請益).

193) 석가모니가 전생에 설산에서 수행할 때, 석제환인(釋提桓因; 제석천)이 나찰(羅刹)로 변하여 들려준 게송(偈頌). 북량(北涼)의 담무참(曇無讖)이 번역한 『대반열반경(大般涅槃經)』 제14권 「성행품(聖行品) 제7-4」에 나온다.

만약 색신이라면 색신이 멸할 때는 사대(四大)¹⁹⁴⁾가 흩어져 모두가 고통이니 즐거움이라고 말할 수가 없고, 만약 법신이 적멸한다면 곧 풀, 나무, 기와, 돌과 같으니 누가 즐거움을 받겠습니까?

또 법성(法性)은 생멸의 본체(本體)요, 오온(五蘊)은 생멸의 작용(作用)이니, 하나의 본체에 다섯의 작용이어서 생멸이 늘 있되, 생(生)은 본체로부터 작용이 일어나는 것이요, 멸(滅)은 작용을 거두어 본체로 돌아가는 것입니다.

만약 거듭 생(生)함을 인정한다면, 중생의 무리는 끊어지지도 않고 사라지도 않을 것입니다. 만약 거듭 생함을 인정하지 않는다면, 영원히 적멸로 돌아가 무정물(無情物)과 같아질 것인데, 이와 같다면 모든 법(法)들이 열반(涅槃)에 구속되어 도리어 생(生)할 수 없을 것이니, 무슨 즐거움이 있겠습니까?"

대사께서 말씀하셨다.

"그대는 불제자이면서도 어찌하여 외도(外道)의 단상사견(斷常邪見)¹⁹⁵⁾을 익혀서 최상승법(最上乘法)¹⁹⁶⁾을 논하려 하느냐? 너의 견해(見解)에 의하면, 색신 밖에 따로 법신이 있으며 생멸을 떠나 적멸을 찾는 것이다. 또 열반이 늘 즐겁다는 말로 미루어 그 즐거움을 받는 몸이 있다고 말한다면, 이것은 곧 생사에 집착하여 생사를 아까워하면서 세간의 즐거움을 탐하는 것이다.

그대는 이제 알아야 한다. 모든 어리석은 사람이 오온의 화합(和

---

194) 사대(四大) : 색신을 구성하는 요소인 지(地), 수(水), 화(火), 풍(風).
195) 단상사견(斷常邪見) : 끊어짐과 항상됨을 분별하여 세운 견해.
196) 최상승법(最上乘法) : 조사선(祖師禪)을 가리킨다.

습)을 보고는 자신의 모습으로 여기고 모든 법을 분별하여 바깥 삼라만상의 모습으로 여겨 생(生)을 좋아하고 사(死)를 싫어하며 순간순간 흘러가며, 꿈 같고 환상 같은 허망한 가짜를 알지 못하고 헛되이 윤회(輪回)를 받으며, 늘 즐거운 열반을 도리어 괴로운 모습으로 여겨 종일토록 치달려 구하기만 할 뿐이므로, 부처님께서 이를 불쌍히 여기시고는 이에 열반의 참된 즐거움을 보여 주신 것이다.

찰라에도 생하는 모습이 없고 찰라에도 멸하는 모습이 없어서 다시 없앨 만한 생멸이 없으니, 이것이 곧 적멸(寂滅)이 눈앞에 드러나는 것이다. 적멸이 눈앞에 드러날 때에도 눈앞에 드러난다는 헤아림이 없으니, 늘 즐겁다고 하는 것이다.

이 즐거움은 받는 사람도 없고 받지 않는 사람도 없다. 어찌 하나의 본체니 다섯의 작용이니 하는 이름이 있을 수 있으며, 어찌 또 열반이 모든 법을 구속하여 영원히 생하지 못하게 한다고 말할 수 있겠느냐? 이것은 곧 부처님을 비방하고 법(法)에 상처를 입히는 짓이다.

나의 게송을 들어라.

위없는 대열반(大涅槃)은
두루 밝고 늘 고요히 비추거늘,
어리석은 범부(凡夫)는 죽음이라 말하고,
외도(外道)는 끊어졌다고 고집하고,
소승(小乘)을 추구하는 사람들은 모두

조작이 없다고 여긴다.

이들은 모두 생각으로 헤아린 것에 속하니,

육십이견(六十二見)[197]의 뿌리다.

헛되이 거짓 이름을 세워 놓고는

어찌하여 진실한 뜻이라 여기는가?

오직 헤아림을 벗어난 사람[198]이어야

취하고 버림 없음에 통달하고,

오온(五蘊)의 법과

오온 속에 있는 나(我)와

밖으로 드러나는 여러 가지 색깔의 모습과

하나하나의 소리의 모습이

한결같이 꿈이나 환상과 같음을 알아서,

범부니 성인이니 하는 견해를 일으키지 않고

---

197) 육십이견(六十二見) : 외도의 온갖 주장을 분류하여 62종으로 한 것. ①본겁본견(本劫本見)·말겁말견(末劫末見)에 대한 여러 가지 말을 62종으로 나눔. 본겁(本劫)은 과거(시기), 본견은 과거에서 상견(常見)을 일으킨 것. 말겁(末劫)은 미래, 말견은 미래세에서 단견(斷見)을 일으킨 것. 본겁본견의 설은 18로, 말겁말견의 설은 44종으로 하여 62견. ②과거·현재·미래의 3세(世)에 각각 5온(蘊)이 있어, 공하여 15가 되고, 낱낱이 4구(句)의 이견(異見)이 있어 합하여 60견(見)이 되고, 근본인 단(斷)·상(常) 2견을 더한 것. ③5온·3세의 곱하는 것은 ②와 같고, 4구(句)의 방식을 달리하여 이 4구로써 3세의 5온에 일관하여 62견으로 함.
198) 과량인(過量人) : 범성(凡聖)·미오(迷悟) 등 일체의 범주를 뛰어넘는 것을 '과량(過量)'이라 하니, 세간적인 규격(規格)을 초월한 사람 또는 걸출한 사람을 '과량인'이라 한다. 몰량대인(沒量大人)과 같은 의미이다.

열반이라는 견해도 만들지 않으며,

항상하다느니 무상(無常)하다느니 하는 양쪽과

과거·현재·미래라는 시간이 끊어져서,

늘 온갖 경계에 응하여 육근(六根)이 작용하면서도

작용한다는 생각을 일으키지 않으며,

모든 법을 분별하면서도

분별한다는 생각을 일으키지 않는다.

겁화(劫火)[199]가 바다 밑바닥까지 태우고

바람이 휘몰아쳐 산이 서로 부딪치더라도,

참되고 변함 없는 것은 적멸의 즐거움이니

열반의 모습이 이와 같다.

내가 이제 억지로 말하여

그대가 삿된 견해를 버리도록 만드니,

그대가 말을 따라서 이해하지 않는다면

조금은 알아차릴 수 있을 것이다."

지도가 게송을 듣고서 크게 깨닫고는, 뛸 듯이 기뻐하며 절을

---

199) 겁화(劫火) : 우주의 파괴 시기의 종말에 일어나는 화재를 말한다. 산스크리트 kalpagni를 번역한 말이다. 불교에서 세상은 성(成)·주(住)·괴(壞)·공(空)을 되풀이하는데, 괴의 마지막이 되면 큰 불과 큰 바람, 큰 물이 일어난다고 하였다. 큰 불을 겁화, 큰 바람을 겁풍(劫風), 큰 물은 겁수(劫水)라고 한다. 『마하지관(摩訶止觀)』에는 "겁화가 일어날 때 보살이 침을 한 번 뱉으면 불이 당장 꺼진다."고 하였다.

하고 물러갔다.

(7) 행사(行思) 선사

청원행사(靑原行思)[200] 선사(禪師)는 성이 유(劉) 씨이고 길주(吉州)의 안성(安城) 사람이었다. 조계(曹溪)의 법석(法席)이 성대하게 교화함을 듣고는 곧장[201] 찾아와서 인사를 드리고는 물었다.

"마땅히 어떻게 노력을 하여야 계급(階級)에 떨어지지 않습니까?"

육조 대사께서 말씀하셨다.

"그대는 어떻게 해 왔느냐?"

행사가 말했다.

"성제(聖諦)[202]라도 행하지 않았습니다."

육조 대사께서 말씀하셨다.

"어떤 계급에 떨어졌느냐?"

---

200) 청원행사(靑原行思) : ?-741. 당대(唐代) 선승. 청원(靑原)은 머문 산 이름. 강서성(江西省) 길주(吉州) 안성(安城) 출신. 육조혜능(六祖慧能)에게서 법을 받아 남악회양(南嶽懷讓)과 함께 2대 제자로 불림. 청원산(靑原山) 정거사(靜居寺)에 머물면서부터 문도가 운집함. 문하에서 석두희천(石頭希遷)을 배출함. 시호는 홍제선사(弘濟禪師).

201) 경(徑) : 직접. 곧장. 바로.

202) 성제(聖諦) : 2제의 하나. 제일의제(第一義諦)·진제(眞諦)·승의제(勝義諦)라고도 한다. 열반·진여·실상(實相)·중도(中道)·법계(法界)·진공(眞空) 등 깊고 묘한 진리를 말한다. 이 진리는 모든 법 가운데 제일이라는 뜻에서 제일의제(第一義諦)라고 한다.

행사가 말했다.

"성제도 오히려 행하지 않는데, 무슨 계급이 있겠습니까?"

육조 대사는 그를 그릇이 될 만하다고 여기고서 행사를 수좌(首座)²⁰³⁾로 삼았다. 어느 날 육조 대사는 행사에게 말했다.

"너는 마땅히 한 지방으로 가서 교화(敎化)하여 선(禪)이 끊어지지 않게 하여라."

행사는 이미 법을 얻었으므로, 이윽고 길주의 청원산(靑原山)으로 돌아가 법을 널리 펼치면서 교화를 이어 갔다.

(8) 회양(懷讓) 선사

남악회양(南嶽懷讓)²⁰⁴⁾ 선사(禪師)는 금주(金州) 두(杜) 씨의 아들이다. 처음에 숭산(嵩山)의 안국사(安國師)²⁰⁵⁾를 찾아뵈었는데, 안

---

203) 수중(首衆) : =수좌(首座).
204) 남악회양(南嶽懷讓) : 677-744. 당대(唐代) 선승. 남악(南嶽)은 머문 산 이름. 속성은 두(杜) 씨. 산동성(山東省) 금주(金州) 출신. 15세에 호북성 형주(荊州) 옥천사(玉泉寺)의 홍경(弘景) 율사(律師)를 찾아가 출가하여 율장을 공부함. 그 뒤에 숭산(嵩山)의 숭악혜안(嵩嶽慧安)을 만나 그의 권유에 의하여 조계(曹溪)의 육조혜능을 찾아가 5년간 그 문하에서 공부하고 육조의 법을 이었다. 당(唐) 선천(先天) 2년(713)에 남악의 반야사(般若寺)에 머물렀고, 개원(開元) 연간(713-741)에 마조도일(馬祖道一)을 가르쳐 법을 전하였다. 청원행사(靑原行思)와 더불어 혜능의 2대 제자이다. 그의 문하에서 임제종(臨濟宗)과 위앙종(潙仰宗)이 출현하여 중국 선종의 주류를 이룸. 시호는 대혜선사(大慧禪師).
205) 숭악혜안(嵩嶽慧安) : 642-709. 당대(唐代) 선승. 오조홍인(五祖弘忍)을 만나서

국사는 그를 분발시켜 조계(曹溪)로 가서 육조 대사를 찾아 뵙게 [206] 하였다. 회양 선사가 조계에 이르러 육조께 절을 올리자 육조 대사께서 말씀하셨다.

"어디에서 오는가?"

회양이 말했다.

"숭산에서 왔습니다."

대사께서 말씀하셨다.

"어떤 물건이 이렇게 왔느냐?"

회양이 말했다.

"하나의 물건이라고 말한다면,[207] 알맞지 않습니다."

대사께서 말씀하셨다.

"수행하여 깨달을 수 있느냐?"

회양이 말했다.

"수행하여 깨닫는 일이 없지는 않지만, 오염되면 안 됩니다."

대사께서 말씀하셨다.

"다만 이 오염되지 않는 것이 바로 모든 부처님이 보호하시는[208]

심요(心要)를 얻고, 숭악산(嵩嶽山)에 들어가 머물렀다. 당(唐) 중종(中宗)에게 자의(紫衣)를 하사(下賜)받고, 입적 후 노안선사(老安禪師)라는 시호를 받았다.

206) 참구(參扣) : 찾아뵙다. =참고(參叩).
207) 설사(說似) : 말해 주다. 거사(擧似)와 같은 뜻. 여기서 사(似)는 동사의 접미사로서 '-주다(給)'의 뜻을 부가해 주는 어조사.
208) 호념(護念) : 모든 불・보살・하늘・귀신들이 선행을 닦는 중생이나 수행자에 대하여 온갖 마장을 제하여 보호하며, 깊이 기억하여 버리지 않는 것. 가피(加

것이다. 그대가 이미 이와 같고, 나 역시 이와 같다. 인도의 반야다라(般若多羅)[209] 조사께서 예언하시길, '그대의 발 아래에서 한 마리 망아지가 출현하여 천하의 사람들을 밟아 죽일 것이다.'[210]라고 하셨으니, 그대는 마땅히 마음에 담아 두고 급히 말해서는 안 될 것이다."

회양은 막힘 없이[211] 계합(契合)[212]하였다. 그리하여 15년 동안 육조를 곁에서 모셨는데, 하루하루 깨달음의 깊이가 더해 갔다. 뒤에 남악(南嶽)으로 가서 선종(禪宗)을 크게 열었다.

(9) 현각(玄覺) 선사

영가현각(永嘉玄覺)[213] 선사(禪師)는 젊어서 경론(經論)을 익혔

被), 가지(加持)와 비슷함.
209) 반야다라(般若多羅) : 동인도 출신의 비구 이름. 인도 선종의 제26대 조사인 불여밀다(不如蜜多)로부터 선법(禪法)을 전수받았고, 선종의 제27대 조사가 되었다. 제28대 조사인 보리달마에게 선법을 전수한 것으로 알려져 있다. 『경덕전등록』 권2에 전기가 실려 있다.
210) 남악회양의 제자인 마조도일(馬祖道一)의 출현을 가리킨다.
211) 활연(豁然) : (마음이) 활짝(탁) 트이는 모양. 확(환히) 뚫리는 모양.
212) 계합(契合) : ①당체와 꼭 들어맞음. 진리에 부합함. ②뜻이 통하다. 마음이 통하다. 일치하다. 통하다.
213) 영가현각(永嘉玄覺) : 665-713. 중국 당대(唐代) 스님. 영가는 출신 지명. 자는 명도(明道). 절강성 온주부 영가현 출신. 어려서 출가하여 삼장(三藏)을 두루 탐구했으며, 특히 천태지관(天台止觀)의 법문에 정통하였다고 한다. 좌계현랑(左谿玄朗)의 권고로 무주현책(婺州玄策)과 함께 조계의 육조혜능을 찾아가 문답하여 인가를 받았고, 그날 혜능의 권고로 하룻밤 묵었는데, 이 때문에 일숙각

고, 천태(天台)의 지관법문(止觀法門)을 자세히 공부했는데, 『유마
경』을 보다가 마음을 밝혔다.[214] 육조의 제자 현책(玄策)이 방문하
자 서로 많은 이야기를 나누었는데,[215] 내뱉는 말이 은근히 여러
조사의 말과 일치하였다. 현책이 말했다.

"당신이 법을 얻은 스승은 누구십니까?"

현각이 말했다.

"저는 방등(方等)[216]의 경론(經論) 강의를 들었는데, 그 각각의 스
승에게 배운 바가 있었습니다. 뒤에 유마경에서 부처님 마음의 근
본을 깨달았는데, 아직 저의 깨달음을 증명해 준 분은 없었습니다."

현책이 말했다.

"위음왕(威音王) 이전[217]이라면 괜찮지만, 위음왕 이후에는 스승

　(一宿覺)이라는 별명을 얻었다. 다음 날 하산하여 온주(溫州)로 돌아와 법회(法
會)를 여니, 배우는 사람들이 구름처럼 모여들었다. 당(唐) 예종(睿宗) 선천(先
天) 2년에 입적하였다. 시호는 무상대사(無相大師). 저술로는 「증도가(證道歌)」
와 『영가집(永嘉集)』이 있다.

214) 발명(發明) : 밝히다. 깨닫다.
215) 극담(劇談) : 막힘 없이 이야기하다. 충분히 이야기하다.
216) 방등(方等) : 『화엄경』·『법화경』 등 대승경전(大乘經典)을 통칭하여 말하는 것.
　　 방등(方等)이란 방정(方正)·평등(平等)의 뜻. 가로 시방(十方)에 두루 뻗치는
　　 것을 방(方), 세로 범부와 성인에 통하는 것을 등(等)이라 한다.
217) 위음왕이전(威音王已前) : =위음왕나반(威音王那畔). 위음왕불이 출세하기 이
　　 전. 위음왕불(威音王佛)은 『법화경(法華經)』「상불경보살품(常不輕菩薩品)」에 나
　　 타나는 부처의 이름으로서, 공겁(空劫) 때 맨 처음 성불한 부처님. 이 부처의 이
　　 전에 다른 부처가 없었다고 하여, 이 부처는 태초, 시공(時空) 이전을 뜻함. 향
　　 상제일의제(向上第一義諦)를 표시하는 말. 『조정사원(祖庭事苑)』에는 위음왕 이

없이 깨달으면 모두 천연외도(天然外道)입니다."

현각이 말했다.

"당신께서 저에게 증거(證據)가 되어 주십시오."

현책이 말했다.

"저의 말은 가볍습니다. 조계(曹溪)에 육조 대사가 계신데, 사방에서 사람들이 구름처럼 모여 법을 받고 있습니다. 만약 그곳으로 가신다면, 저도 함께 가겠습니다."

현각이 드디어 현책과 함께 육조를 찾아와 뵙고서, 육조를 세 바퀴 돌고는 지팡이로 땅을 찍고서 우뚝 섰다. 육조가 말했다.

"무릇 사문(沙門)이라면 삼천(三千)의 위의(威儀)[218]와 팔만(八萬)의 세행(細行)[219]을 갖추어야 한다. 스님은 어디에서 왔기에 그렇게 큰 아만(我慢)을 드러내는가?"

현각이 말했다.

"삶과 죽음의 일이 크고, 덧없는 세월은 재빨리 흘러갑니다."

전은 실제이지(實際理地)를 밝힌 것이고, 위음왕 이후는 불사문중(佛事門中)을 밝힌 것이라 하였음.

218) 삼천위의(三千威儀) : 비구의 일상 행동에서 지킬 250계를 행(行)·주(住)·좌(坐)·와(臥)의 4위의(威儀)에 곱하여 천이 되고, 이를 또 3세에 곱한 것.

219) 팔만세행(八萬細行) : 8만은 곧 8만 4천이다. 행주좌와(行住坐臥)의 4행(行)에 각각 250계(戒)가 있어 모두 1천이 되며, 섭률의계(攝律儀戒) 등의 삼취(三聚)에 대하여 각각 1천이 있어 3천이 되며, 살(殺)·도(盜)·음(淫)·양설(兩舌)·악구(惡口)·망언(妄言)·기어(綺語) 등 7지(支)에 각 3천으로 2만 1천이 되며, 탐(貪)·진(瞋)·치(癡)의 3독(毒)과 등분(等分)을 합한 4번뇌에 각각 2만 1천으로 모두 8만 4천이 된다. 이것이 8만 4천 가지 번뇌에 대한 8만 4천 가지 율의(律儀)이다.

육조가 말했다.

"어찌하여 생겨남 없음[220]을 체득하여[221] 빠름이 없는 것을 밝히지 않는가?"

현각이 말했다.

"체득하면 생겨남이 없고, 밝히면 본래 빠름이 없습니다."

육조가 말했다.

"그렇다. 그렇다."

현각은 비로소 예를 갖추어 절을 하고서 곧장 작별 인사를 하니 육조가 말했다.

"돌아가는 것이 너무 빠르구나!"

현각이 말했다.

"본래[222] 움직이지 않는 것인데, 어찌 빠름이 있겠습니까?"

육조가 말했다.

---

220) 무생(無生): 무생멸(無生滅)·무생무멸(無生無滅)과 같음. 모든 법의 실상(實相)은 생멸(生滅)이 없다는 것. 무생법(無生法)·무생법인(無生法忍)·불생법인(不生法忍)·불기법인(不起法忍)이라고도 함. 『유마경(維摩經)』 중권(中卷) 「입불이법문품(入不二法門品) 제9」에 "생멸(生滅)은 이법(二法)이지만, 법(法)은 본래 생겨나지 않는 것이어서 지금 사라지지도 않습니다. 이러한 무생인(無生法忍)을 얻는 것이 바로 불이법문(不二法門)에 들어가는 것입니다."(生滅爲二, 法本不生今則無滅. 得此無生法忍, 是爲入不二法門.)라 하고 있다. 무생법인(無生法忍)은 불생불멸(不生不滅)하는 법(法), 즉 생겨나거나 소멸함이 없는 법을 인정하고 의심 없이 수용한다는 뜻.

221) 체취(體取): 몸소 받아들이다. 자세히 받아들이다. 체득하다. 이해하다.

222) 본자(本自): 본래. 원래. 자(自)는 어조사.

"누가 움직이지 않음을 아느냐?"

현각이 말했다.

"스님[223]께서 스스로 분별을 내시는군요."

육조가 말했다.

"그대는 생겨남 없음의 뜻을 잘 알았구나!"

현각이 말했다.

"생겨남이 없는데 어찌 뜻이 있겠습니까?"

육조가 말했다.

"뜻이 없는데, 누가[224] 분별하느냐?"

현각이 말했다.

"분별하지만 역시 뜻이 아닙니다."

육조가 말했다.

"훌륭하다. 잠시 머물러[225] 하루 묵고 가거라."

이때의 일 때문에 일숙각(一宿覺)이라 불렸다. 뒤에 「증도가(證道歌)」를 지었는데, 세상에 널리 알려졌다.

(10) 지황(智隍) 비구

선(禪)을 공부하는 지황(智隍)이라는 사람은 처음 오조(五祖)를

---

223) 인자(仁者) : 상대방을 높여 부르는 말. 당신.
224) 당(當) : 조사. 단음절 칭위사(稱謂詞) 뒤에 사용되며, 뜻이 없다.
225) 소류(少留) : 잠시 머물다.

찾아뵈었을 때 스스로 이미 삼매(三昧)[226]를 얻었다고 여기고서 암자에 머물며 앉아서 눕지 않고 20년을 지냈다. 육조의 제자인 현책(玄策)이 돌아다니다가 하삭(河朔)[227]에 이르러 지황의 명성(名聲)을 듣고서 암자로 찾아가서 물었다.

"당신은 여기에서 무엇을 합니까?"

지황이 말했다.

"선정(禪定)에 들어갑니다."

현책이 말했다.

"당신이 선정에 들어간다고 말하니, 마음이 있어서 들어가는 것입니까? 마음이 없어서 들어가는 것입니까? 만약 마음이 없어서 들어간다면, 모든 정식(情識) 없는 풀·나무·기와·돌들도 마땅히 선정을 얻어야 할 것입니다. 만약 마음이 있어서 들어간다면, 모든 정식을 가진 존재들 역시 마땅히 선정을 얻어야 할 것입니다."

지황이 말했다.

"내가 선정에 들어갈 때는 있느니 없느니 하는 그런 마음을 보지 않습니다."

현책이 말했다

"있느니 없느니 하는 그런 마음이 있음을 보지 않는다면 곧 늘 선정인데, 어떻게 들어가고 나옴이 있겠습니까? 만약 들어가고

---

226) 정수(正受) : 삼매(三昧). 정신 통일. 정(定)을 바르게 받아들임.
227) 하삭(河朔) : 황하(黃河) 이북(以北)의 땅. 황하의 북쪽 기슭.

나옴이 있다면, 부처님의 선정[228]이 아닙니다."

지황은 대꾸하지 않고 말없이 있다가 물었다.

"스님은 누구를 스승으로 모셨습니까?"

현책이 말했다.

"저의 스승은 조계(曹溪)의 육조(六祖)입니다."

지황이 말했다.

"육조께선 무엇을 선정이라고 하십니까?"

현책이 말했다.

"저희 스승께서 말씀하셨습니다. '묘하고 맑고 두루하고 고요하며, 본바탕과 작용이 여여(如如)하며, 오온(五蘊)이 본래 공(空)이며, 육진(六塵)은 있는 것이 아니며, 나오지도 않고 들어가지도 않으며, 안정되지도 않고 어지럽지도 않다. 선의 본성은 머무름이 없으니 머무름을 벗어난 것이 선의 고요함[229]이며, 선의 본성은 생겨남이 없으니 생겨남을 떠난 것이 선의 생각이다. 마음은 허공과 같지만, 또한 허공이라는 헤아림도 없다.'"

지황은 이 말을 듣고서, 곧장[230] 육조를 찾아갔다.

육조가 지황에게 물었다.

"스님은 어디에서 왔는가?"

지황이 앞의 인연을 모두 말하니, 육조가 말했다.

---

228) 대정(大定) : 부처님의 선정(禪定).
229) 선적(禪寂) : 고요히 선정(禪定)에 들어 있는 것.
230) 경(徑) : 직접. 곧장. 바로.

"진실로 그 말과 같다. 그대는 다만 마음이 허공과 같되, 허공이라는 견해를 가지지 않아야 응용(應用)에 장애가 없다. 움직일 때도 고요히 있을 때도 마음이 없어서 범인이니 성인이니 하는 생각을 잊고, 주관과 객관이 모두 사라져서 본성과 모습이 한결같으면, 선정이 아닌 때가 없다."

지황이 여기에서 크게 깨달으니, 20년 동안 얻은 마음이 흔적[231]도 없이 사라졌다. 그날 저녁에 하북(河北) 지방의 사람들은 "지황 선사가 오늘 도를 얻었다."라는 소리가 허공에서 울리는 것을 들었다. 지황은 뒤에 작별 인사를 드리고 하북으로 돌아가서 사부대중(四部大衆)을 교화하였다.

(11) 어떤 승려

어떤 승려가 대사에게 물었다.

"황매(黃梅)[232]의 종지(宗旨)[233]를 어떤 사람이 얻었습니까?"

---

231) 영향(影響) : 종적. 행방. 자취.
232) 황매(黃梅) : 중국 호북성(湖北省) 동남(東南)에 있는 지명(地名). 중국 당나라 때의 오조홍인(五祖弘忍)을 가리키기도 함. 중국 선종(禪宗)의 제5조인 홍인은 황매의 동북쪽 30리에 있는 동산(東山; 빙무산(憑茂山))의 진혜사(眞惠寺)에 살았기 때문에 그렇게 부름. 또한 오조홍인의 교단을 동산법문(東山法門)이라고도 한다. 육조혜능은 황매의 남쪽에 있는 동선사(東禪寺)에서 오조에게 의발(衣鉢)을 전해 받았다.
233) 의지(意旨) : 뜻. 근본 취지. 종지(宗旨).

육조가 말했다.

"불법(佛法)을 아는 사람이 얻었다."

그 승려가 물었다.

"스님도 얻었습니까?"

육조가 말했다.

"나는 불법을 알지 못한다."

(12) 샘물

육조 대사가 하루는 받은 옷을 세탁하고자 하였으나 좋은 우물이 없었다. 그리하여 절 뒤로 5리쯤[234] 되는 곳으로 가니, 산림이 울창한데 상서로운 기운이 서려[235] 있는 것을 보았다. 대사가 석장(錫杖)[236]을 휘둘러 땅을 내리치니 즉시[237] 샘물이 솟았다. 물이 고여서 연못이 되자, 돌 위에 무릎을 꿇고서 옷을 빨았다.

---

234) 허(許) : 가량. 정도. 쯤.
235) 반선(盤旋) : 선회하다. 빙빙 돌다. 배회하다. 서성이다. 머물다.
230) 석장(錫杖) : khakkhara. 극기라(隙棄羅)라 음역. 성장(聲杖)·지장(智杖)이라 번역. 승려가 짚는 지팡이. 지팡이의 상부(上部)는 주석(錫), 중부는 나무, 하부는 뿔·아(牙)를 사용. 지팡이 머리는 탑 모양으로 만들고, 큰 고리를 끼웠고, 그 고리에 작은 고리 여러 개를 달아, 길을 갈 때 땅에 굴려 소리를 내서 짐승·벌레 따위를 일깨우는 것. 또 남의 집에 가서 밥을 빌 때 자기가 온 것을 그 집 사람에게 알리기 위하여 흔드는 것. 우리나라에서는 육환장(六環杖)이라 함.
237) 응수(應手) : 즉시. 곧. 냉큼.

(13) 방변(方辯) 비구

문득 한 승려가 찾아와 육조에게 절을 하고서 말했다.

"저는 서촉(西蜀)[238]의 사람입니다. 어제 남천축국(南天竺國)[239]에서 달마대사(達摩大師)를 만났는데 저에게 부탁 말씀을 하셨습니다.

'얼른 당나라로 가거라. 내가 전한 마하가섭(摩訶迦葉)의 정법안장(正法眼藏)과 승가리(僧伽梨)[240]가 6대를 전하여 소주(韶州)의 조계(曹溪)에게 전해졌다고 들었다.[241] 그대는 가서 찾아뵙고 인사를 드려라.'

그리하여 저는 멀리서 왔습니다. 원하건대 저희 스님이 전해 주신 의발(衣鉢)을 보여 주십시오."

육조가 이에 의발을 꺼내어 보여 주고는 물었다.

"스님[242]은 어떤 일을 잘합니까?"[243]

---

238) 서촉(西蜀) : 사천(四川) 지방의 별칭. 고대에 촉(蜀)에 속하였고, 또 중원에서 볼 때 서쪽에 있기 때문에 이렇게 이른다.
239) 남천축국(南天竺國) : 남인도. 천축(天竺)은 인도를 가리키는 말. 인도 데칸고원을 중심으로 한 남쪽 반도지방.
240) 승가리(僧伽梨) : 승복(僧服) 3의(衣)의 하나. 중의(重衣)·합의(合衣)라 번역. 대의(大衣)라고도 함. 설법할 때 또는 마을에 나가 걸식할 때 입는 옷.
241) 견(見) : 듣다. =문(聞), 청(聽).
242) 상인(上人) : ①부처님. ②뛰어난 덕을 갖춘 훌륭한 사람. ③부처님의 제자. ④지혜와 덕을 겸비한 승려를 높여 부르는 말.
243) 공(攻) : 잘하다. 뛰어나다. =선(善).

방변(方辯)이 말했다.

"진흙으로 모양을 잘 만듭니다."

대사가 정색을 하고 말했다.

"한 번 만들어 보라."

방변은 어쩔 수 없이[244] 며칠 동안 흙으로 육조 대사의 모습[245]을 만들었는데, 높이가 7촌(寸) 정도였고 그 묘한 솜씨가 몹시 뛰어났다. 만든 것을 대사에게 보여 드리니, 대사가 웃으며 말했다.

"그대는 진흙으로 만든 소상(塑像)의 성질은 알지만 불성(佛性)은 알지 못하는구나!"

그리고 방변(方辯)의 정수리를 어루만지며 말했다.

"영원토록 인천(人天)[246]의 복전(福田)[247]이 되거라."

---

244) 망조(罔措) : 손을 댈 곳이 없다. 손쓸 수가 없다. 어쩔 수 없다. 어쩔 줄 모른다.
245) 진상(眞相) : 신불(神佛)의 화상(畫像)이나 소상(塑像).
246) 인천(人天) : 인간세계와 하늘세계에 사는 사람과 신령 등 여러 중생들.
247) 복전(福田) : 복의 씨앗을 뿌린 밭. 여래나 비구 등 공양을 받을 만한 안목이 있는 이에게 공양하면 복이 되는 것이, 마치 농부가 밭에 씨를 뿌려 다음에 수확하는 것과 같으므로 복전이라 한다. 보시(布施)하고, 신봉하는 것에 의해 행복을 가져온다고 하는 대상. 부처님이나 법 또는 교단. 부처님·승려 또는 삼보를 가리킴. 이것을 존중하고 공양하는 것이 행복을 낳는다는 뜻으로 밭에 비유되었음. 복덕을 생성하고 복덕을 주는 사람.

(14) 와륜(臥輪) 선사

어떤 승려가 와륜(臥輪) 선사(禪師)의 게송을 말했다.

"와륜에게는 솜씨가 있어서
온갖 생각을 잘 끊을 수 있다네.
경계를 대하고서 마음이 일어나지 않으니
깨달음이 매일매일 자라는구나."

육조 대사께서 그 게송을 듣고 말씀하셨다.
"이 게송은 아직 마음을 밝히지 못했다. 만약 그것에 의지해서 수행한다면, 더욱더 번뇌에 묶일 것이다."
그리하여 하나의 게송을 말씀하셨다.

"혜능에게는 솜씨가 없어서
온갖 생각을 끊지 못한다네.
경계를 대할 때마다 마음이 자꾸 일어나니
깨달음이 어떻게 자랄 수 있으랴?"

參請機緣第六

師自黃梅得法, 回至韶州曹候村, 人無知者. 有儒士劉志略, 禮遇甚厚. 志略有姑爲尼, 名無盡藏, 常誦大涅槃經. 師暫聽, 卽知妙義, 遂爲解說. 尼乃執卷問字, 師曰: "字卽不識, 義卽請問." 尼曰: "字尙不識, 曷能會義?" 師曰: "諸佛妙理, 非關文字." 尼驚異之, 遍告里中耆德云: "此是有道之士, 宜請供養." 有晉武候玄孫曹叔良, 及居民, 競來瞻禮. 時寶林古寺, 自隋末兵火已廢. 遂於故基, 重建梵宇, 迎師居之, 俄成寶坊. 師住九月餘日, 又爲惡黨尋逐. 師乃遁于前山, 被其縱火焚燒草木. 師隱身挨入石中得免. 石於是有師趺坐膝痕及衣布之紋, 因名避難石. 師憶五祖懷會止藏之囑, 遂行隱于二邑焉.

一僧法海, 韶州曲江人也. 初參祖師問曰: "卽心卽佛, 願垂指諭." 師曰: "前念不生卽心, 後念不滅卽佛. 成一切相卽心, 離一切相卽佛. 吾若具說, 窮劫不盡. 聽吾偈曰:

卽心名慧, 卽佛乃定.

定慧等等, 意中清淨.

悟此法門, 由汝習性.

用本無生, 雙修是正."

法海言下大悟, 以偈讚曰:

"卽心元是佛, 不悟而自屈.

我知定慧因, 雙修離諸物."

僧法達洪州人. 七歲出家, 常誦『法華經』. 來禮祖師, 頭不至地, 祖訶曰:

"禮不投地, 何如不禮? 汝心中必有一物, 蘊習何事耶?"曰:"念『法華經』, 已及三千部."祖曰:"汝若念至萬部, 得其經意, 不以爲勝, 則與吾偕行. 汝今負此事業, 都不知過. 聽吾偈."曰:

"禮本折慢幢, 頭奚不至地.

有我罪卽生, 亡功福無比."

師又曰:"汝名什麼?"曰:"法達."師曰:"汝名法達, 何曾達法?"復說偈曰:

"汝今名法達, 勤誦未休歇.

空誦但循聲, 明心號菩薩.

汝今有緣故, 吾今爲汝說.

但信佛無言, 蓮華從口發."

達聞偈, 悔謝曰:"而今而後, 當謙恭一切. 弟子誦『法華經』, 未解經義, 心常有疑. 和尙智慧廣大, 願略說經中義理."師曰:"法達, 法卽甚達, 汝心不達. 經本無疑, 汝心自疑. 汝念此經, 以何爲宗?"達曰:"學人根性暗鈍, 從來但依文誦念, 豈知宗趣?"師曰:"吾不識文字, 汝試取經, 誦之一徧. 吾當爲汝解說."法達卽高聲念經, 至譬喻品師曰:"止. 此經元來, 以因緣出世爲宗. 縱說多種譬喻, 亦無越於此. 何者因緣? 經云: '諸佛世尊, 唯以一大事因緣故, 出現於世.' 一大事者, 佛之知見也. 世人, 外迷著相, 內迷著空. 若能於相離相, 於空離空, 卽是內外不迷. 若悟此法, 一念心開, 是爲開佛知見. 佛猶覺也, 分爲四門. 開覺知見, 示覺知見, 悟覺知見, 入覺知見. 若聞開示, 便能悟入, 卽覺知見, 本來眞性, 而得出現. 汝愼勿錯解經意. 見他道開示悟入, 自是佛之知見, 我輩 無分, 若作此解, 乃是謗經毀佛也. 彼旣是佛, 己具知見, 何用更開? 汝今當信, 佛知見者, 只汝自心, 更無別佛. 蓋爲一切衆生, 自蔽光明, 貪愛塵境, 外緣內擾, 甘受驅馳, 便勞他世尊, 從三昧起, 種種苦口, 勸令寢息, 莫向外求, 與佛無二. 故云: '開佛知見.' 吾亦勸一切人, 於自心中, 常開佛之知見. 世人心邪, 愚迷造罪, 口善心惡, 貪瞋嫉妬, 諂佞我慢, 侵人害物, 自開衆生知見. 若能正心, 常生智慧, 觀照自心, 止惡行善, 是自開佛之知見. 汝須念念, 開佛知見, 勿開衆生知見. 開佛知見, 卽是出世, 開衆生知見, 卽是世間. 汝若但勞勞執念, 以爲功課者, 何異犛牛愛尾?" 達曰: "若然者, 但得解義, 不勞誦經耶?" 師曰: "經有何過, 豈障汝念? 只爲迷悟在人, 損益由己. 口誦心行, 卽是轉經, 口誦心不行, 卽是被經轉. 聽吾偈.

心迷法華轉, 心悟轉法華.

誦經久不明, 與義作讎家.

無念念卽正, 有念念成邪.

有無俱不計, 長御白牛車."

達聞偈, 不覺悲泣, 言下大悟, 而告師曰: "法達, 從昔已來, 實未曾轉法華, 乃被法華轉." 再啓曰: "經云: '諸大聲聞, 乃至菩薩, 皆盡思共度量, 不能測佛智.' 今令凡夫, 但悟自心, 便名佛之知見, 自非上根, 未免疑謗. 又經說三車, 羊鹿之車, 與白牛之車, 如何區別? 願和尙再垂開示." 師曰: "經意分明, 汝自迷背. 諸三乘人, 不能測佛智者, 患在度量也. 饒伊盡思共推, 轉可懸遠. 佛本爲凡夫說, 不爲佛說. 此理若不肯信者, 從他退席, 殊不知坐却白牛車, 更於門外覓三車. 況經文, 明向汝道: '唯一佛乘, 無有餘乘若二若三. 乃至無數方便, 種種因緣, 譬喻言詞, 是法皆爲一佛乘故.' 汝何不省? 三車是假, 爲昔時故, 一乘是實, 爲今時故. 只敎汝去假歸實, 歸實之後, 實亦無名. 應知所有珍財, 盡屬於汝, 由汝受用, 更不作父想, 亦不作子想, 亦無用想, 是名持『法華經』, 從劫至劫, 手不釋卷, 從晝至夜, 無不念時也." 達蒙啓發, 踊躍歡喜, 以偈讚曰:

"經誦三千部, 曹溪一句亡.

未明出世旨, 寧歇累生狂?

羊鹿牛權設, 初中後善揚.

誰知火宅內, 元是法中王?"

師曰:"汝今後, 方可名念經僧也."達從此領玄旨, 亦不輟誦經.

又僧智通, 壽州安豊人, 初看『楞伽經』約千餘遍, 而不會三身四智. 禮師求解其義. 師曰:"三身者, 淸淨法身, 汝之性也, 圓滿報身, 汝之智也, 千百億化身, 汝之行也. 若離本性別說三身, 卽名有身無智. 若悟三身無有自性, 卽名四智菩提. 聽吾偈曰:

自性具三身, 發明成四智.

不離見聞緣, 超然登佛地.

吾今爲汝說, 諦信永無迷.

莫學馳求者, 終日說菩提."

通再啓曰:"四智之義, 可得聞乎?"師曰:"旣會三身, 便明四智, 何更問耶? 若離三身, 別談四智, 此名有智無身也. 卽此有智, 還成無智."復偈曰:

"大圓鏡智性淸淨, 平等性智心無病,

妙觀察智見非功, 成所作智同圓鏡.

五八六七果因轉, 但用名言無實性.

若於轉處不留情, 繁興永處那伽定."

(如上轉識爲智也. 教中云: "轉前五識爲成所作智, 轉第六識爲妙觀察智, 轉第七識爲平等性智, 轉第八識爲大圓鏡智. 雖六七因中轉五八果上, 轉但轉其名而不轉其体也.")

通頓悟性智, 遂呈偈曰:

"三身元我體, 四智本心明.

身智融無碍, 應物任隨形.

起修皆妄動, 守住匪眞精.

妙旨因師曉, 終亡染汚名."

僧智常, 信州貴溪人. 髫年出家, 志求見性. 一日參禮, 師問曰: "汝從何來? 欲求何事?" 曰: "學人近往洪州白峯山, 禮大通和尙, 蒙示見性成佛之義, 未決狐疑. 遠來投禮, 伏望和尙, 慈悲指示." 師曰: "彼有何言句? 汝試舉看." 曰: "智常到彼, 凡經三月, 未蒙示誨, 爲法切故, 一夕獨入丈室, 請問: '如何是某甲本心本性?' 大通乃曰: '汝見虛空否?' 對曰: '見.' 彼曰: '汝見虛空, 有相貌否?' 對曰: '虛空無形, 有何相貌?' 彼曰: '汝之本性, 猶如虛空. 了無一物可見, 是名正見. 無一物可知, 是名眞知. 無有靑黃長短. 但見本源淸淨, 覺體圓明, 卽名見性成佛, 亦名如來知見.' 學人雖聞此說, 猶未決了. 乞和尙開示." 師曰: "彼師所說, 猶存見知. 故令汝未了. 吾今示汝一偈.

不見一法存無見, 大似浮雲遮日面.

不知一法守空知, 還如太虛生閃電.

此之知見瞥然興, 錯認何曾解方便?

汝當一念自知非, 自己靈光常顯現."

常聞偈已, 心意豁然, 乃述偈曰:

"無端起知見, 著相求菩提,

情存一念悟, 寧越昔時迷?

自性覺源體, 隨照枉遷流.

不入祖師室, 茫然趣兩頭."

智常一日問師曰: "佛說三乘法, 又言最上乘, 弟子未解. 願爲教授." 師曰: "汝觀自本心, 莫著外法相. 法無四乘, 人心自有等差. 見聞轉誦是小乘, 悟法解義是中乘, 依法修行是大乘, 萬法盡通, 萬法具備, 一切不染, 離諸法相, 一無所得, 名最上乘. 乘是行義, 不在口諍. 汝須自修, 莫問吾也. 一切時中, 自性自如." 常禮謝執侍, 終師之世.

一僧志道, 廣州南海人也, 請益曰: "學人自出家, 覽『涅槃經』, 十載有餘, 未明大意. 願和尙垂誨." 師曰: "汝何處未明?" 曰: "諸行無常, 是生滅法. 生滅滅已, 寂滅爲樂.' 於此疑惑." 師曰: "汝作麼生疑?" 曰: "一切衆生, 皆有二身, 謂色身法身也. 色身無常, 有生有滅, 法身有常, 無知無覺, 經云: '生滅滅已, 寂滅爲樂'者, 不審. 何身寂滅? 何身受樂? 若色身者, 色身滅時, 四大分散, 全然是苦, 苦不可言樂, 若法身, 寂滅卽同草木瓦石, 誰當受樂? 又法性是生滅之體, 五蘊是生滅之用, 一體五用, 生滅是常, 生則從體起用, 滅則攝用歸體. 若聽更生, 卽有情之類, 不斷不滅. 若不聽更生, 則永歸寂滅, 同於無情之物, 如是則一切諸法, 被涅槃之所禁伏, 尙不得生, 何樂之有?" 師曰: "汝是釋子, 何習外道斷常邪見, 而議最上乘法? 據汝所說,卽色身外, 別有法身, 離生滅, 求於寂滅. 又推涅槃常樂, 言有身受用, 斯乃執吝生死, 耽著世樂. 汝今當知. 佛爲一切迷人, 認五蘊和合, 爲自體相, 分別一切法, 爲外塵相, 好生惡死, 念念遷流, 不知夢幻虛假, 枉受輪廻, 以常樂涅槃, 飜爲苦相, 終日馳求, 佛愍此故, 乃示涅槃眞樂. 刹那無有生相, 刹那無有滅相, 更無生滅可滅, 是卽寂滅現前. 當現前時, 亦無現前之量, 乃謂常樂. 此樂無有受者, 亦無不受者. 豈有一體五用之名? 何況更言涅槃禁伏諸法, 令永不生? 斯乃謗佛毀法. 聽吾偈." 曰:

無上大涅槃, 圓明常寂照.

凡愚謂之死, 外道執爲斷.

諸求二乘人, 目以爲無作.

盡屬情所計, 六十二見本.

妄立虛假名, 何爲眞實義?

惟有過量人, 通達無取捨.

以知五蘊法, 及以蘊中我.

外現衆色像, 一一音聲相.

平等如夢幻, 不起凡聖見.

不作涅槃解, 二邊三際斷.

常應諸根用, 而不起用想.

分別一切法, 不起分別想.

劫火燒海底, 風鼓山相擊.

眞常寂滅樂, 涅槃相如是.

吾今強言說, 令汝捨邪見.

汝勿隨言解, 許汝知少分."

志道聞偈大悟, 踊躍作禮而退.

行思禪師, 姓劉氏, 吉州安城人也. 聞曹溪法席盛化, 徑來參禮, 遂問曰: "當何所務, 卽不落階級?" 師曰: "汝曾作什麼來?" 曰: "聖諦亦不爲." 師曰: "落何階級?" 曰: "聖諦尙不爲, 何階級之有?" 師甚器之, 令思首衆. 一日師謂曰: "汝當分化一方, 無令斷絕." 思旣得法, 遂回吉州靑原山, 弘法紹化.

悔讓禪師, 金州杜氏子也. 初謁嵩山安國師, 安發之曹溪參扣. 讓至禮拜, 師曰: "甚處來?" 曰: "嵩山." 師曰: "什麼物, 恁麼來?" 曰: "說似一物, 卽不中." 師曰: "還可修證否?" 曰: "修證卽不無, 汚染卽不得." 師曰: "只此不汚染, 諸佛之所護念. 汝旣如是, 吾亦如是. 西天般若多羅讖, '汝足下出一馬駒, 踏殺天下人.' 應在汝心, 不須速說." 讓豁然契會. 遂執侍左右, 一十五載, 日益玄奧. 後往南岳, 大闡禪宗.

永嘉玄覺禪師, 少習經論, 精天台止觀法門, 因看『維摩經』, 發明心地. 偶師弟子玄策相訪, 與其劇談, 出言暗合諸祖. 玄策云: "仁者得法師誰?" 曰: "我聽『方等經』論, 各有師承. 後於『維摩經』, 悟佛心宗, 未有證明者." 策云: "威音王已前卽得, 威音王已後無師自悟, 盡是天然外道." 云: "願仁者, 爲我證據." 策云: "我言輕. 曹溪有六祖大師, 四方雲集, 竝是受法者. 若去卽與偕行." 覺遂同策來參, 遶師三帀, 振錫而立. 師曰: "夫沙門者, 具三千威儀, 八萬細行. 大德, 自何方而來, 生大我慢?" 覺曰: "生死事大, 無常迅速." 師曰: "何不體取無生, 了無速乎?" 曰: "體卽無生, 了本無速." 師曰: "如是如是." 玄覺方具威儀禮拜, 須臾告辭, 師曰: "返太速乎?" 曰:

"本自非動, 豈有速耶?"師曰: "誰知非動?"曰: "仁者, 自生分別."師曰: "汝甚得無生之意."曰: "無生, 豈有意耶?"師曰: "無意, 誰當分別?"曰: "分別亦非意."師曰: "善哉. 少留一宿."時謂一宿覺. 後著「證道歌」, 盛行于世.

禪者智隍, 初參五祖, 自謂已得正受, 庵居長坐, 積二十年. 師弟子玄策, 遊方至河朔, 聞隍之名, 造庵問云: "汝在此, 作什麼?"隍云: "入定."策云: "汝云入定, 爲有心入耶? 無心入耶? 若無心入者, 一切無情草木瓦石, 應合得定. 若有心入者, 一切有情含識之流, 亦應得定."隍曰: "我正入定時, 不見有有無之心."策云: "不見有有無之心, 卽是常定, 何有出入? 若有出入, 卽非大定."隍無對, 良久問曰: "師嗣誰耶?"策云: "我師曹溪六祖."隍云: "六祖以何爲禪定?"策云: "我師所說: '妙湛圓寂, 體用如如, 五陰本空, 六塵非有, 不出不入, 不定不亂. 禪性無住, 離住禪寂, 禪性無生, 離生禪想. 心如虛空, 亦無虛空之量.'"隍聞是說, 徑來謁師. 師問云: "仁者何來?"隍具述前緣, 師云: "誠如所言. 汝但心如虛空, 不著空見, 應用無礙. 動靜無心, 凡聖情忘, 能所俱泯, 性相如如, 無不定時也."隍於是大悟, 二十年所得心, 都無影響. 其夜河北士庶, 聞空中有聲云: "隍禪師, 今日得道."隍後禮辭, 復歸河北, 開化四衆.

一僧問師云: "黃梅意旨, 甚麼人得?"師云: "會佛法人得."僧云: "和尙還得否?"師云: "我不會佛法."

師一日, 欲濯所授之衣, 而無美泉. 因至寺後五里許, 見山林鬱茂, 瑞氣盤旋. 師振錫卓地, 泉應手而出. 積以爲池, 乃跪膝浣衣石上.

忽有一僧, 來禮拜云: "方辯是西蜀人. 昨於南天竺國, 見達摩大師, 囑方辯: '速往唐土. 吾傳大迦葉, 正法眼藏, 及僧伽梨, 見傳六代, 於韶州曹溪, 汝去瞻禮.' 方辯遠來. 願見我師傳來衣鉢." 師乃出示, 次問: "上人攻何事業?" 方辯曰: "善塑." 師正色曰: "汝試塑看." 方辯罔措數日塑就眞相, 可高七寸, 曲盡其妙. 呈似師, 師笑曰: "汝只解塑性, 不解佛性." 師舒手摩方辯頂曰: "永爲人天福田."

有僧擧臥輪禪師偈云:

"臥輪有伎倆, 能斷百思想.

對境心不起, 菩提日月長."

師聞之曰: "此偈未明心地. 若依而行之, 是加繫縛." 因示一偈曰:

"惠能沒伎倆, 不斷百思想.

對境心數起, 菩提作麼長?"

7. 남쪽의 돈교(頓敎)와 북쪽의 점교(漸敎)

(1) 남돈북점(南頓北漸)

그때 육조(六祖)는 조계(曹溪)[248]의 보림사(寶林寺)에 머물렀고, 신수대사(神秀大師)는 형남(荊南)[249]의 옥천사(玉泉寺)에 있었다. 그때에 두 종파(宗派)가 성대하게 사람들을 교화하였는데, 사람들이 모두 말하기를 남쪽의 혜능과 북쪽의 신수라고 하였다. 그러므로 남쪽과 북쪽의 두 종파가 있어서 돈교(頓敎)와 점교(漸敎)로 나누어졌으나, 배우는 사람들은 각 종파의 취지(趣旨)를 알지 못하였다. 육조 대사께서 대중에게 말씀하셨다.

"법에는 본래 하나의 근본이 있지만, 사람에게는 남쪽과 북쪽이 있다. 법이라면 하나의 종류밖에 없지만, 법을 보는 데는 빠르고 느림이

---

248) 조계(曹溪) : 중국 광동성(廣東省) 소주부의 동남쪽 30리 쌍봉산(雙峰山) 아래 있는 땅이름. 육조혜능(六祖慧能)이 667년 조숙량(曹叔良)으로부터 이 땅을 희사(喜捨)받아 보림사(寶林寺)를 짓고 선풍(禪風)을 크게 떨쳤다. 입적한 뒤에 전신(全身)을 이곳에 묻었으므로 육조의 별호가 되었다. 육조혜능을 조계고불(曹溪古佛) 혹은 조계고조(曹溪高祖)라고 존칭한다.

249) 형남(荊南) : 형주(荊州). 호북성(湖北省) 남부(南部)의 양자강 북쪽 언덕에 있는 형주부(荊州府) 강릉현(江陵縣)을 가리킴. 안세고(安世高)·도안(道安)·혜원(慧遠)·구마라집(鳩摩羅什) 이래 불교의 중심지로서 백마사(白馬寺)·장사사(長沙寺)·천황사(天皇寺)·죽림사(竹林寺)·승천사(承天寺)·영태사(永泰寺) 등의 절이 있고, 천태지의(天台智顗)와 대통신수(大通神秀)가 머물렀던 옥천사(玉泉寺)도 여기에 있음.

있다. 무엇을 일러 돈점(頓漸)이라고 하는가? 법에는 돈점이 없는데, 사람의 근기에 날카롭고 둔함이 있기 때문에 돈점이라고 한다."

(2) 지성(志誠) 비구

그렇지만 신수를 따르는 무리들은 자주 "남종(南宗)의 조사(祖師)는 글자를 읽을 줄도 모르는데 무슨 가르침이 있겠는가?"라고 비난하였다. 신수 대사가 말했다.

"그는 스승 없이 지혜를 얻어서 최상승의 진리를 깊이 깨달았으니, 나는 그에게 미치지 못한다. 또한 나의 스승인 오조(五祖)께서 친히 옷과 법을 전해 주었는데, 어찌 헛되겠는가? 나는 한스럽게도 멀리 떨어져 있어서 직접 만날 수 없는데도, 헛되이 나라의 은혜를 입고 있구나! 너희들 여러 사람은 여기에 머무르지 말고 조계로 가서 공부를 마치길 바란다."

이어서 문인(門人)인 지성(志誠)에게 말했다.

"그대는 총명하고 지혜가 많으니 나를 위하여 조계로 가서 법을 들을 만하다. 그대가 만약 법을 듣거든, 마음을 다해 기억하고, 돌아와서 나에게 말해 다오."

지성이 명을 받고서 조계에 이르러 대중을 따라 질문을 하고 가르침을 청하였는데,[250] 자기가 어디서 왔는지 말하지 않았다. 그

---

250) 참청(參請) : 스승에게 찾아가 질문을 하고, 그 가르침을 청하는 것.

때 육조께서 대중에게 말씀하셨다.

"오늘 법을 도둑질하는 사람이 이 모임 속에 숨어 있구나!"

지성이 곧 앞으로 나와서 절을 하고는 전후의 사정을 모두 다 말씀드렸다. 육조께서 말씀하셨다.

"그대가 옥천(玉泉)에서 왔으니, 분명 염탐꾼이로구나?"

지성이 대답했다.

"아닙니다."

육조께서 말씀하셨다.

"어째서 아니란 말이냐?"

지성이 대답했다.

"말하지 않았다면 염탐꾼이겠지만, 말을 하였으니 염탐꾼이 아닙니다."

육조(六祖)께서 말씀하셨다.

"그대의 스승은 어떻게 대중에게 법을 보여 주느냐?"

지성(志誠)이 답했다.

"늘 대중에게 가르치시길, '마음을 쉬어[251] 고요함을 보고, 오래 앉아서 눕지 말라.'고 하십니다."

육조께서 말씀하셨다.

"마음을 쉬어 고요함을 보는 것은 병(病)이지 선(禪)이 아니다. 항상 앉아서 몸을 구속하면 도리(道理)에 무슨 이익이 있겠느냐?

---

251) 주(住) : 멈추다. 쉬다. 주심(住心)이란 마음의 활동을 멈추고 쉬는 것.

나의 게송을 들어라."

게송을 말씀하셨다.

"살아 있을 때는 앉아서 눕지 못하고
죽어서는 누워서 앉지를 못하네.
더러운 냄새 나는 육신[252]을 한결같이 붙잡고서
어떻게 공부[253]가 되겠는가?"

지성이 거듭 절하고 말했다.
"저는 신수 대사가 계신 곳에서 도를 배우기를 9년이나 했는데, 깨닫지 못했습니다. 오늘 스님의 한 말씀을 듣고서 곧 본래 마음을 깨달았습니다. 저에게는 삶과 죽음의 일이 큰 일입니다. 스님의 큰 자비로써 다시 가르쳐 주십시오."

육조께서 말씀하셨다.
"내가 듣기로 그대의 스승은 학인들에게 계(戒)·정(定)·혜(慧)의 법을 가르친다고 한다. 그런데 그대의 스승은 계(戒)·정(定)·혜(慧)를 실행하는 모습이 어떤 것인지 말해 주더냐? 나에게 설명해 보아라."

---

252) 취골두(臭骨頭) : ①몹쓸 놈. 망나니. ②육신(肉身). 더러운 뼛조각. 더러운 냄새 나는 육체.

253) 공과(功課) : 일상에서 경전을 외우고 예불하는 행위. 일상생활에서 노동하는 것. 일상 속에서 공부하는 것.

지성(志誠)이 말했다.

"신수 대사께서는 모든 악한 행동을 하지 않는 것을 계(戒)라 하시고, 모든 선한 일을 받들어 행하는 것을 혜(慧)라 하시고, 스스로 그 뜻을 깨끗하게 하는 것을 정(定)이라고 말씀하십니다. 그분의 말씀은 이와 같습니다만, 스님께서는 어떠한 법을 가지고 사람을 깨우쳐 주십니까?"

육조께서 말씀하셨다.

"내가 만약 사람에게 줄 법이 있다고 말한다면, 그것은 그대를 속이는 것이다. 다만 경우에 따라서 얽매인 것을 알맞게[254] 풀어주는 것을 거짓으로 일러 삼매(三昧)라고 한다. 그대의 스승이 말하는 바와 같은 그런 계·정·혜는 진실로 이상야릇하다. 내가 보는 바의 계·정·혜는 그와는 다르다."

지성이 말했다.

"계·정·혜는 다만 한 종류가 있을 뿐인데, 어떻게 또 다른 종류가 있겠습니까?"

육조께서 말씀하셨다.

"그대의 스승이 말하는 계·정·혜는 대승(大乘)의 사람들을 교화하는 것이고, 내가 말하는 계·정·혜는 최상승(最上乘)의 사람들을 교화하는 것이다.

---

254) 수방(隨方) : 수방취원(隨方就圓)의 준말. 모난 데는 모난 대로, 둥근 데는 둥근 대로 대응하다. 사정의 변화에 잘 맞추다. 자유자재하게 변화하다. 환경에 잘 적응하다.

깨달음[255]이 같지 않으면, 자성(自性)을 보는 데에 늦고 빠름이 있다.

그대가 내 말을 들어 보니, 그의 말과 같은가?

내가 법을 말하는 것은 자성에서 벗어나지 않는다.

본바탕에서 벗어나 법을 말하는 것을 일러 모습을 말한다고 하니, 자성에는 늘 어둡다.

온갖 법은 전부 자성으로부터 일어나 작용함을 알아야 하는 것이 바로 참된 계·정·혜의 법이다.

내 게송을 들어라."

게송(偈)을 말씀하셨다.

"마음에 어긋남이 없는 것이 자성의 계(戒)요,
마음에 혼란이 없는 것이 자성의 정(定)이요,
마음에 어리석음이 없는 것이 자성의 혜(慧)이다.
더하지도 않고 빼지도 않으면 저절로 금강(金剛)이요,
몸이 가고 몸이 오는 것이 본래 삼매이다."

지성이 게송을 듣고 뉘우치며 사죄를 드리고, 이윽고 게송을 하나 지어 바쳤다.

---

255) 오해(悟解) : 깨닫다. 대오(大悟)와 같음.

"오온(五蘊)²⁵⁶⁾은 환상의 몸인데
환상이 어찌 궁극의 진실이리오?
되돌아 진여(眞如)를 향하면
법이 도리어 깨끗하지 않다."

육조는 지성의 게송을 그럴듯하게 여기고서 다시 지성에게 말씀하셨다.

"그대의 스승이 말하는 계·정·혜는 작은 근기의 지혜를 자진 사람에게 권하는 것이고, 내가 말하는 계·정·혜는 큰 근기의 지혜를 가진 사람에게 권하는 것이다.

만약 자성을 깨닫는다면, 보리열반(菩提涅槃)도 세우지 않고 해탈지견(解脫知見)도 세우지 않는다.

얻을 만한 하나의 법도 없어야, 바야흐로 온갖 법을 세울 수 있다.

만약 이 뜻을 이해한다면, 불신(佛身)이라고도 일컫고, 보리열반이라고도 일컫고, 해탈지견이라고도 일컫는다.

---

256) 오온(五蘊) : 5취온(取蘊)·5음(陰)·5중(衆)·5취(聚)라고도 함. 온(蘊)은 모아 쌓은 것. 곧 화합하여 모인 것. 무릇 생멸하고 변화하는 것을 종류대로 모아서 5종으로 구별. 경험세계를 5가지로 분류한 것. (1)색온(色蘊); 스스로 변화하고 또 다른 것을 장애하는 지수화풍(地水火風)의 사대(四大). (2)수온(受蘊); 고(苦)·락(樂)·불고불락(不苦不樂)을 느끼는 마음의 작용. (3)상온(想蘊); 외계(外界)의 사물을 마음속에 받아들이고, 그것을 생각해 보는 마음의 작용. (4)행온(行蘊); 의지에 따라 실행하는 것. (5)식온(識蘊); 의식(意識)하고 분별하는 것.

견성(見性)한 사람은 법을 세워도 좋고 세우지 않아도 좋으며, 가고 옴에 자유로워 머묾이 없고 장애가 없으며, 행동에 따라 반응하고 말에 따라 답변한다.

화신(化身)[257]을 두루 보아 자성에서 벗어나지 않는다면, 이것이 바로 자재신통유희삼매(自在神通遊戱三昧: 자유롭게 걸림 없이 통하여 노니는 삼매)를 얻은 것이니, 이것을 일러 견성(見性)이라고 한다."

지성이 거듭 육조께 여쭈었다.

"어떤 것이 세우지 않는 뜻입니까?"

육조께서 말씀하셨다.

"자성에는 잘못됨도 없고 어리석음도 없고 어지러움도 없다.

순간순간 반야로써 비추어 보아 늘 법의 모습에서 벗어나면 자유자재하게 마음대로 할 수 있는데, 세울 만한 무엇이 있겠는가?

자성이 스스로 깨달으면, 문득 깨닫고 문득 닦으니, 역시 점차(漸次)라는 단계는 없다.

그러므로 어떤 법도 세우지 않는 것이다.

모든 법이 적멸(寂滅)한데 어찌 점차라는 단계가 있겠는가?"

지성이 절을 올리고서 곁에서 모시기[258]를 원하였는데, 아침저

---

257) 화신(化身): nirmāṇa-kāya 변화신(變化身). 3신의 하나. 중생들을 구제하기 위하여 부처님이 스스로 변현(變現)하여 중생의 모습이 되는 것. 석가가 중생을 구제하기 위해서 여러 모습으로 이 세상에 나타난 일이다. 응신(應身)이라고도 한다. 불보살이 중생을 교화하기 위하여, 여섯 갈래 중생들에게 보이기 위하여 신통력으로 상대자에게 적당하게 변화하여 나타내는 몸을 말한다.

258) 집시(執侍) : 모시다. 시봉(侍奉)하다. 시중들다. 보살피다.

녁으로 게으르지 않았다.

(원주(原註) : 지성(志誠)은 길주(吉州)의 태화(太和) 사람이다.)

(3) 지철(志徹) 비구

지철이라는 스님은 강서(江西) 사람으로서 본래 성은 장(張) 씨이고 이름은 행창(行昌)이었으며, 어릴 때부터 의협심(義俠心)이 강했다.[259] 남종(南宗)과 북종(北宗)이 나누어진 이래 두 종(宗)의 우두머리는 비록 나와 남의 차별이 없었지만, 따르는 무리들은 다투어서 좋아하고 싫어하는 마음을 내었다. 그때 북종의 문인(門人)들이 스스로 신수 대사를 세워서 제육조(第六祖)로 삼았으나, 조사가 전한 옷이 천하에 알려질 것을 꺼려서 이윽고 행창에게 부탁하여 육조 대사를 찔러 죽이도록 했다. 육조 대사는 타심통(他心通)으로써 그 일을 미리 알고 금 10냥을 좌석 사이에 넣어 두었다. 밤이 늦어지자 행창이 조실(祖室)로 들어가 해를 끼치고자 하였다. 육조 대사가 목을 늘여서 들이미니 행창이 칼을 휘두른 것이 3번이었는데, 전혀 손상시키지 못했다. 육조께서 말씀하셨다.

"바른 칼은 삿되지 않고, 삿된 칼은 바르지 않다. 그대에게 황금을 빚지고 있을 뿐, 목숨을 빚지고 있지는 않다."

---

259) 임협(任俠) : ①의협(義俠)을 행하다. 의협심(義俠心)이 강하다. 용감하다. ② 의협심(義俠心). 협객(俠客).

행창이 놀라서 엎어져 한참을 있다가 겨우 깨어나서는, 슬피 울면서 잘못을 뉘우치고 곧 출가하기를 원했다. 육조 대사는 드디어 금을 주면서 말씀하셨다.

"그대는 우선 가거라. 따르는 무리들이 도리어 그대를 해칠까 봐 두렵다. 그대는 훗날 모습을 바꾸어 다시 오는 것이 좋겠다. 그때 그대를 받아들이겠다."

행창이 그 뜻을 받고서 밤을 이용하여 달아났.

뒤에 행창은 어떤 스님에게 의지하여 출가를 했는데, 어느 날 육조의 말씀을 기억하고는 멀리서 찾아와 예를 갖추어 만나 뵈었다. 육조 대사께서 말씀하셨다.

"나는 오랫동안 그대를 생각해 왔는데, 그대는 어찌 이리 늦게 왔는가?"

행창이 대답했다.

"지난번에는 스님께 죄를 용서해 주시는 은혜를 입었습니다. 지금 비록 출가하여 고행하고 있지만 마침내 은덕을 갚기가 어려우니 오직 진리를 전하고 중생을 구제할 일이 있을 뿐입니다. 저는 일찍이 열반경을 읽었는데, 아직 상(常: 변함 없음)과 무상(無常: 변화함)의 뜻을 밝히지 못했습니다. 스님께서 자비를 베푸셔서 상세히[260] 설명해[261] 주십시오."

대사께서 말씀하셨다.

---

260) 약(略) : 모두. 온전히. 전부.
261) 선설(宣說) : 하나하나 베풀어 상세히 말하다. 교법(敎法)을 자세히 설명하다.

"무상(無常)이란 곧 불성(佛性)이고, 상(常)이란 곧 선(善)과 악(惡)의 모든 법이요, 분별하는 마음이니라."

행창이 말했다.

"스님의 말씀은 경전의 문장과 크게 어긋납니다."

대사께서 말씀하셨다.

"나는 부처님의 마음도장[262]을 전하는데, 어찌 불경(佛經)과 어긋날 수 있단 말이냐?"

행창이 말했다.

"경전에서는 불성이 곧 상(常)이라 하였는데 스님께서는 도리어 무상(無常)이라 하시고, 경전에서는 선과 악의 모든 법과 나아가 깨달음의 마음까지 모두가 무상(無常)하다 하였는데 스님께서는 도리어 이런 것들을 일러 상(常)이라 하십니다. 이것이 곧 서로 어긋나는 것이니, 저는 의혹이 더할 뿐입니다."

대사께서 말씀하셨다.

"열반경은 내가 옛날 무진장(無盡藏) 스님이 한 번 읽는 것을 듣고서 곧 강설(講說)하였는데, 한 글자 한 개의 뜻도 경문(經文)에 부합하지 않은 것이 없었다. 이제 그대에게도 결코 다르게 말하지

---

262) 불심인(佛心印) : 선종(禪宗)의 용어. 불인(佛印)이라고도 함. 불심인증(佛心印證)의 뜻. 선종에서는 수증일여(修證一如)라 하여 깨달음과 깨닫는 마음을 구별하지 않으니, 깨닫는 마음이 있어서 점차 수행의 공을 쌓은 뒤에 깨닫는 것이 아니고, 깨닫는 마음이 곧 깨달음이다. 깨달음과 깨닫는 마음의 둘이 차이가 없음을 불심인(佛心印)이라 함. 곧 부처님이 스스로 깨달은 마음이며 중생의 본성(本性)인 것을 가리킨다.

않았다."

행창이 말했다.

"저는 식견(識見)이 얕고 어두우니, 스님께서 자세히 말씀해 주십시오."

대사께서 말씀하셨다.

"그대는 알지 못하는가? 불성이 만약 상(常)이라면, 다시 어떤 선하고 악한 모든 법들을 말하겠는가? 나아가 영원히 깨달음의 마음을 내는 자가 한 사람도 없을 것이다. 그러므로 내가 무상(無常)이라고 말한 것은 바로 부처님께서 말씀하신 참된 상(常)의 도리다.

또 모든 법들이 만약 무상(無常)이라면, 하나하나의 사물은 모두 자성(自性)을 가지고서 생겨나고 사라지게 될 것이니, 참으로 상(常)인 본성(本性)이 두루하지 않은 곳이 있게 될 것이다. 그러므로 내가 상(常)이라고 말한 것은 바로 부처님께서 말씀하신 참된 무상(無常)의 뜻이다.

부처님께서는 본래,[263] 범부와 외도가 삿된 상(常)에 집착하고 모든 이승(二乘)[264]의 사람들이 상(常)을 무상(無常)이라고 헤아리며 모두 함께 팔전도(八顚倒)[265]를 이루었기 때문에, 요의교(了義

---

263) 비(比) : 본래.
264) 이승(二乘) : 성문승(聲聞乘)과 연각승(緣覺乘). 소승(小乘)을 가리킴.
265) 팔도(八倒) : 또는 팔전도(八顚倒). 범부와 소승 등이 어리석은 고집으로 바른 이치를 뒤바뀌게 아는 여덟 가지 그릇된 견해. 유위 생멸하는 법을 상(常)·낙(樂)·아(我)·정(淨)하다고 고집하는 범부의 4도(倒)와, 무위 열반의 법을 무상(無常)·무락(無樂)·무아(無我)·부정(不淨)이라고 고집하는 2승(乘)의 4도(倒).

敎)²⁶⁶⁾인 열반경 속에서 저 치우친 견해를 부수고, 참된 상(常)·참된 낙(樂)·참된 아(我)·참된 정(淨)²⁶⁷⁾을 드러내어 말씀하신 것이다.

그대는 지금 말에 기대어 뜻을 등지고서, 단멸(斷滅)인 무상(無常)을 가지고 상(常)을 확실히 죽임으로써 부처님의 원만하고 묘한 마지막 미묘한 말씀²⁶⁸⁾을 잘못 이해하고 있다. 그러니 비록 천 번을 읽더라도 무슨 이익이 있겠는가?"

행창이 문득 크게 깨닫고는 게송으로 말했다.

"무상(無常)한 마음을 지키고 있기 때문에
부처님께서는 항상(恒常)한 자성(自性)을 말씀하셨다.
방편(方便)을 알지 못한다면
도리어 연못에서 자갈을 줍는 것과 같을 것이로다.

---

266) 요의교(了義敎) : ↔ 불료의교(不了義敎). ①진실한 뜻을 분명하게 말한 완전한 가르침. 유식종(唯識宗)에서 주장하길, 설일체유부(說一切有部)의 유교(有敎)와 중관(中觀)의 공교(空敎)는 아직 완전한 뜻을 설명하지 않고 방편에 그친 불료의교라 하고, 유식중도교(唯識中道敎)를 요의교라 함. ②대승에서는 소승을 부처님의 가르침을 완전하게 드러내지 못했다고 하여 불료의교라 하고, 대승을 부처님의 가르침을 완전하게 드러낸 요의교라 함.

267) 상락아정(常樂我淨) : 열반의 4덕(德). (1) 상(常). 열반의 경지는 생멸 변천함이 없는 덕. (2) 낙(樂). 생사의 고통을 여의고 무위(無爲) 안락한 덕. (3) 아(我). 망집(妄執)의 아(我)를 여의고 8대자재(大自在)가 있는 진아(眞我). (4) 정(淨). 번뇌의 더러움을 여의어 담연청정(湛然淸淨)한 덕.

268) 미언(微言) : 깊은 불법의 뜻을 설명한 미묘한 말. 경문(經文)의 숨겨진 본래 뜻.

내가 이제 애를 쓰지 않으면
불성(佛性)이 앞에 나타난다네.
스승님께서 주시는 것이 아니고
나 역시 얻는 것이 없다네."

대사께서 말씀하셨다.
"너는 이제 철저하게 되었으니, 이름을 지철(志徹)이라고 불러야 하겠다."
지철이 감사의 절을 올리고 물러갔다.

(4) 신회(神會) 비구

어떤 한 동자가 있었는데, 이름은 신회(神會)이고 양양(襄陽) 고(高) 씨의 아들이었다. 13세에 옥천사(玉泉寺)로부터 육조를 찾아와 인사를 드리니 육조 대사께서 말씀하셨다.
"먼 곳에서 오느라 고생이 많았다. 근본은 갖고 왔느냐? 만약 근본이 있으면 마땅히 주인공을 알 것이다. 한번 말해 보라."
신회가 말했다.
"무주(無主)를 근본으로 삼으며, 보는 것이 곧 주인공입니다."
대사께서는 "이 사미승이 어찌 꼬박 꼬박 말대꾸를 하는가?"[269]

---

269) 합취차어(合取次語) : 말을 맞받아 대꾸하다. 말대꾸하다.

라고 하면서 주장자로 3번 때렸다. 신회가 이에 물었다.

"스님은 좌선(坐禪)하며 봅니까, 보지 않습니까?"

대사께서 말씀하셨다.

"내가 너를 때렸는데, 아프냐 아프지 않으냐?"

신회가 대답하였다.

"아프기도 하고 아프지 않기도 합니다"

대사께서 말씀하셨다.

"나 역시 보기도 하고 보지 않기도 한다."

신회가 물었다.

"어떤 것이 보기도 하고 보지 않기도 하는 것입니까?"

대사께서 말씀하셨다.

"내가 보는 것은 늘 자기 마음의 허물을 보는 것이니, 다른 사람의 옳음과 그름, 좋음과 싫음은 보지 않는다. 그러므로 보기도 하고 보지 않기도 한다.

네가 말한 아프기도 하고 아프지 않기도 한 것은 어떤 것이냐? 네가 만약 아프지 않다면 목석(木石)과 같고, 아프다면 범부와 같아서 곧 원통한 생각을 일으킬 것이다.

네가 앞서 말한 보는 것과 보지 않는 것은 양변(兩邊)이고, 아픈 것과 아프지 않은 것은 생멸(生滅)이다.

너는 자성도 보지 못하면서 감히 희론(戱論)[270]을 하느냐?"

---

270) 희론(戱論) : 희롱(戱弄)의 담론(談論). 부질없이 희롱하는, 아무 뜻도 이익도 없는 말. 여기에는 사물에 집착하는 미혹한 마음으로 하는 여러 가지 옳지 못

신회는 절을 올리고 뉘우치며 용서를 빌었다.

대사께서 다시 말씀하셨다.

"네가 만약 마음이 어리석어 자성을 보지 못한다면, 선지식에게 물어서 길을 찾아야 한다.

네가 만약 마음을 깨닫는다면, 곧 스스로 자성을 보아서 여법(如法)하게 수행(修行)할 것이다.

너는 스스로 어리석어 자기 마음을 보지 못하면서, 도리어 나에게 보는지 보지 않는지를 묻는 것이냐?

내가 자성을 보고 나 스스로 아는 것이, 어찌 너의 어리석음을 대신할 수 있겠느냐?

네가 만약 스스로 자성을 본다면, 역시 나의 어리석음을 대신할 수 없을 것이다.

어찌 스스로 알지도 못하고 스스로 보지도 못하면서, 나에게 보는지 보지 않는지를 묻느냐?"

신회가 거듭 절하기를 백여 번을 하고서 허물을 용서해 주길 원했다. 그리하여 시자(侍者)[271]를 맡아서[272] 대사를 모시고 곁을 떠나지 않았다.

한 언론인 애론(愛論)과, 여러 가지 치우친 소견으로 하는 의론인 견론(見論)의 2종이 있다. 둔근인(鈍根人)은 애론, 이근인(利根人)은 견론, 재가인(在家人)은 애론, 출가인(出家人)은 견론, 천마(天魔)는 애론, 외도(外道)는 견론, 범부(凡夫)는 애론, 2승(乘)은 견론을 고집함.

271) 급시(給侍) : 모시다. 시중들다. 보살펴 주다.
272) 복근(服勤) : 근무하다. 담당하다.

어느 날 대사께서 대중에게 말씀하셨다.

"나에게 한 물건이 있는데, 머리도 없고, 꼬리도 없고, 이름도 없고, 앞면도 없고, 뒷면도 없다. 여러분은 알겠는가?"

신회가 앞으로 나와서 말했다.

"모든 부처의 본원(本源)이요, 저의 불성(佛性)입니다."

대사께서 말씀하셨다.

"너에게 이름이 없다고 말했는데, 너는 곧 본원이요, 불성이라고 말하는구나. 너는 앞으로 개당(開堂)하더라도[273] 역시 단지 지해종도(知解宗徒)[274]가 될 것이다."

신회는 뒤에 낙양(洛陽)[275]으로 들어가서 조계(曹溪)의 돈교(頓敎)를 널리 알리고, 『현종기(顯宗記)』라는 글을 써서 후세에 남겼다.

(5) 언하자견(言下自見)

육조 대사는 여러 종파들이 의문을 제기하고[276] 함께 나쁜 마음을 일으켜 자주 법좌(法座) 밑에 모이는 것을 보고서, 불쌍히 여겨 그들에게 말씀하셨다.

---

273) 파묘개두(把茆蓋頭) : 파모개두(把茅蓋頭)와 같음. 파모(把茅), 파묘(把茆)는 띠풀로 지붕을 엮은 초가집. 개두(蓋頭)는 머리에 쓰는 두건. 승려가 독립하여 개당(開堂)함으로써 일가(一家)를 이룬다는 뜻.

274) 지해종도(知解宗徒) : 알음알이를 가지고 근본을 이해하는 무리. 참된 근본에 통달하지 못하고 지식으로 선(禪)을 이해하는 사람들.

275) 경락(京洛) : 하남성(河南省)의 낙양(洛陽).

276) 난문(難問) : 의문을 제기하다. 질문하다.

"도를 배우는 사람이라면 모든 좋은 생각 나쁜 생각을 마땅히 몽땅 없애야 한다.

이름 붙일 만한 이름이 없는 것을 일러 자성(自性)이라 하고, 둘 없는 자성을 일러 실성(實性)이라고 한다.

실성 위에 모든 가르침의 문을 세우니, 말을 듣고서 곧 스스로 보아야 한다."

모든 사람이 말씀을 듣고 모두 절을 하고서 스승으로 모시고자 청했다.

南頓北漸第七

時祖師居曹溪寶林, 神秀大師在荊南玉泉寺. 于時兩宗盛化, 人皆稱南能北秀. 故有南北二宗, 頓漸之分, 而學者莫知宗趣. 師謂衆曰:"法本一宗, 人有南北. 法卽一種, 見有遲疾. 何名頓漸? 法無頓漸, 人有利鈍, 故名頓漸."然秀之徒衆, 往往譏:'南宗祖師, 不識一字, 有何所長?'秀曰:"他得無師之智, 深悟上乘, 吾不如也. 且吾師五祖, 親傳衣法, 豈徒然哉? 吾恨不能, 遠去親近, 虛受國恩. 汝等諸人, 無滯於此, 可往曹溪參決."乃命門人志誠曰:"汝聰明多智, 可爲吾, 到曹溪聽法. 汝若聞法, 盡心記取, 還爲吾說."

志誠稟命, 至曹溪隨衆參請, 不言來處. 時祖師告衆曰:"今有盜法之人, 潛在此會!"志誠卽出禮拜, 具陳其事. 師曰:"汝從玉泉來, 應是細作!"對曰:"不是." 師曰:"何得不是?"對曰:"未說卽是, 說了不是."師曰:"汝師若爲示衆?"對曰:"常指誨大衆, 住心觀靜, 長坐不臥."師曰:"住心觀靜, 是病非禪. 長坐拘身, 於理何益? 聽吾偈."曰:

"生來坐不臥, 死去臥不坐.

一具臭骨頭, 何爲立功課?"

志誠再拜曰:"弟子在秀大師處, 學道九年不得契悟. 今聞和尙一說, 便契本心. 弟子生死事大, 和尙大慈更爲敎示."師曰:"吾聞汝師, 敎示學人, 戒定慧法. 未審汝師, 說戒定慧, 行相如何? 與吾說看."誠曰:"秀大師說, 諸惡不作名爲戒, 諸善奉行名爲慧, 自淨其意名爲定. 彼說如此, 未審和尙, 以何法誨人?"師曰:"吾若言有法與人, 卽爲誑汝. 但且隨方解縛, 假名三昧. 如汝師所說戒定慧, 實不可思議. 吾所見戒定慧, 又別." 志誠曰:"戒定慧只合一種, 如何更別?"師曰:"汝師戒定慧, 接大乘人, 吾戒定慧, 接最上乘人. 悟解不同, 見有遲疾. 汝聽吾說, 與彼同否? 吾所說法, 不離自性. 離體說法, 名爲相說, 自性常迷. 須知一切萬法, 皆從自性起用, 是眞戒定慧法. 聽吾偈."曰:

"心地無非自性戒,

心地無亂自性定.

心地無癡自性慧,

不增不減自金剛,

身去身來本三昧."

誠聞偈悔謝, 乃呈一偈:

"五蘊幻身, 幻何究竟?

廻趣眞如, 法還不淨."

師然之, 復語誠曰:"汝師戒定慧, 勸小根智人, 吾戒定慧, 勸大根智人. 若悟自性, 亦不立菩提涅槃, 亦不立解脫知見. 無一法可得, 方能建立萬法. 若解此意, 亦名佛身, 亦名菩提涅槃, 亦名解脫知見. 見性之人, 立亦得, 不立亦得, 去來自由, 無滯無碍, 應用隨作, 應語隨答. 普見化身, 不離自性, 卽得自在神通游戲三昧, 是名見性."志誠再啓師曰:"如何是不立義?"師曰:"自性無非無癡無亂. 念念般若觀照, 常離法相, 自由自在, 縱橫盡得, 有何可立? 自性自悟, 頓悟頓修, 亦無漸次. 所以不立一切法. 諸法寂滅, 有何次第?"志誠禮拜, 願爲執侍, 朝夕不懈.

(志誠吉州太和人也.)

一僧志徹, 江西人, 本姓張, 名行昌, 少任俠. 自南北分化, 二宗主, 雖亡彼我, 而徒侶競起愛憎. 時北宗門人, 自立秀師, 爲第六祖, 而忌祖師傳衣, 爲天下所聞, 乃囑行昌, 來剌於師. 師他心通, 預知其事, 卽置金十兩於座間. 時夜暮, 行昌入祖室, 將欲加害. 師舒頸就之, 行昌揮刃者三, 悉無所損. 師曰: "正劍不邪, 邪劍不正. 只負汝金, 不負汝命." 行昌驚仆, 久而方甦, 求哀悔過, 卽願出家. 師遂與金言: "汝且去. 恐徒衆, 翻害於汝. 汝可他日, 易形而來. 吾當攝受." 行昌稟旨宵遁. 後投僧出家, 一日憶師之言, 遠來禮覲. 師曰: "吾久念汝, 汝來何晚?" 曰: "昨蒙和尚捨罪. 今雖出家苦行, 終難報德, 其惟傳法度生乎. 弟子嘗覽『涅槃經』, 未曉常無常義. 乞和尚慈悲略爲解說." 師曰: "無常者卽佛性也, 有常者卽一切善惡諸法分別心也." 曰: "和尚所說, 大違經文." 師曰: "吾傳佛心印, 安敢違於佛經?" 曰: "經說佛性是常, 和尚却言無常. 善惡諸法乃至菩提心皆是無常, 和尚却言是常. 此卽相違, 令學人轉加疑惑." 師曰: "『涅槃經』, 吾昔聽尼無盡藏讀誦一徧, 便爲講說, 無一字一義不合經文. 乃至爲汝終無二說." 曰: "學人識量淺昧, 願和尚委曲開示." 師曰: "汝知否? 佛性若常, 更說什麽善惡諸法? 乃至窮劫無有一人發菩提心者. 故吾說無常正是佛說眞常之道也. 又一切諸法, 若無常者, 卽物物皆有自性, 容受生死, 而眞常性有不徧之處. 故吾說常者正是佛說眞無常義. 佛比爲凡夫外道, 執於邪常. 諸二乘人, 於常計無常, 共成八倒. 故於涅槃了義敎中, 破彼偏見, 而顯說眞常眞樂眞我眞淨. 汝今依言背義, 以斷滅無常, 及確定死常, 而錯解佛之圓妙最後微言, 縱覽千徧, 有何所益?" 行昌忽然大悟, 乃說偈言:

"因守無常心, 佛說有常性.

不知方便者, 猶春池拾礫.

我今不施功, 佛性而現前.

非師相授與, 我亦無所得."

師曰:"汝今徹也. 宜名志徹." 徹禮謝而退.

有一童子, 名神會, 襄陽高氏子. 年十三, 自玉泉來參禮, 師曰:"知識, 遠來艱辛. 還將得本來否? 若有本, 卽合識主. 試說看." 會曰:"以無住爲本, 見卽是主."師曰:"這沙彌, 爭合取次語?" 以柱杖打三下. 會乃問曰: "和尙坐禪, 還見不見?"師云:"吾打汝, 是痛不痛?" 對曰:"亦痛亦不痛." 師曰:"吾亦見亦不見." 神會問:"如何是亦見亦不見?"師言:"吾之所見, 常見自心過愆, 不見他人是非好惡. 是以亦見亦不見. 汝言亦痛亦不痛如何? 汝若不痛, 同其木石, 若痛, 則同凡夫, 卽起恚恨. 汝向前見不見是二邊, 痛不痛是生滅. 汝自性, 且不見, 敢爾戲論?" 神會禮拜悔謝. 師又曰: "汝若心迷不見, 問善知識覓路. 汝若心悟, 卽自見性, 依法修行. 汝自迷不見自心, 却來問吾見與不見. 吾見自知, 豈代汝迷? 汝若自見, 亦不代吾迷. 何不自知自見, 乃問吾見與不見?" 神會再禮百餘拜, 求謝過愆. 服勤給侍, 不離左右. 一日師告衆曰:"吾有一物, 無頭無尾, 無名無字, 無背無面. 諸人還識否?"神會出曰:"是諸佛之本源, 神會之佛性."師曰:"向汝道無名無字, 汝便喚作本源佛性. 汝向去有把茆蓋頭, 也只成箇知解宗徒." 會後入京洛, 大弘曹溪頓敎, 著『顯宗記』行于世.

師見, 諸宗難問, 咸起惡心, 多集座下, 愍而謂曰:"學道之人, 一切善念惡念, 應當盡除. 無名可名, 名於自性, 無二之性, 是名實性. 於實性上, 建立一切敎門, 言下便須自見." 諸人聞說, 總皆作禮, 請事爲師.

8. 당 황실에서 조서를 보내 법을 묻다

신룡(神龍) 2년(706년)[277] 정월 대보름날 측천무후(則天武后)[278]와 중종(中宗)은 조서(詔書)를 내려 말했다.

"짐은 숭악혜안(嵩嶽慧安),[279] 대통신수(大通神秀) 두 스님을 청하여 궁중에서 공양을 드리며, 온갖 일들[280]로 바쁜 틈틈이 매번 일승(一乘)[281]을 탐구하고자 하였습니다. 그런데 두 스님께서는 사양하

---

277) 신룡(神龍)은 당(唐)의 제4대 임금인 중종(中宗) 이현(李顯)의 연호로서, 신룡 2년은 서기 706년 병오(丙午)이다. 측천무후는 신룡원년인 705년 11월에 죽었으므로 측천무후가 조서를 내렸다는 것은 오류이다.

278) 측천무후(則天武后) : 624-705. 중국 당(唐)나라 고종(高宗)의 황후로서 고종을 대신하여 실권을 쥐었으며, 고종의 사후에는 자기 아들인 중종(中宗), 예종(睿宗)을 차례로 제위(帝位)에 오르게 하였다. 690년에 국호를 주(周)로 바꾸면서 스스로 성신 황제(聖神皇帝)라 칭하여 중국 사상 유일한 여제(女帝)가 되었다(재위 690-705). 705년 신하들이 정변을 일으켜 측천무후에게 양위를 강요하자, 아들인 중종(中宗)에게 양위한 뒤 그 해 11월에 죽었다.

279) 숭악혜안(嵩嶽慧安) : 642-709. 당대(唐代) 선승. 오조홍인(五祖弘忍)을 만나서 심요(心要)를 얻고, 숭악산(嵩嶽山)에 들어가 머물렀다. 당(唐) 중종(中宗)에게 자의(紫衣)를 하사받고, 입적 후 노안선사(老安禪師)라는 시호를 받았다.

280) 만기(萬機) : 왕이 나라를 다스리는 여러 가지 일들. 온갖 일들.

281) 일승(一乘) : 일불승(一佛乘)과 같음. 승(乘)은 타는 것, 곧 수레나 배(船)를 말하며, 우리들을 깨달음으로 실어 나르는 불교의 가르침 즉 교법(敎法)을 가리킴. 교법에는 소승·대승·3승·5승의 구별이 있는데, 일체 중생이 모두 성불한다는 입장에서 그 구제하는 교법이 하나뿐이고 또 절대 진실한 것이라고 주장하는 것이 일승(一乘)이다. 『법화경』에서 일불승(一佛乘)을 말한다.

면서²⁸²⁾ 말했습니다. '남방에 혜능(慧能) 선사(禪師)가 있는데, 오조 홍인 대사에게서 옷과 법을 비밀리에 받고서 부처님의 마음도장을 전하고 있습니다. 그를 청하여 물어 보시는 게 좋겠습니다.' 이제 내시(內侍) 설간(薛簡)을 시켜 조서를 전하고 선사를 맞이해 오도록 하니, 스님께서는 자비로운 마음으로 속히 서울로 오시길 원합니다."

그러나 혜능 대사는 표(表)를 올려 병을 핑계로 초청을 사양하고 산골에서 죽을 때까지 지내기를 원했다.

설간(薛簡)이 말했다.

"서울에 있는 선승(禪僧)들은 모두 말하기를 '도를 알려고 한다면 반드시 좌선하여 선정을 익혀야 한다. 선정으로 말미암지 않고 해탈을 얻은 자는 아직 없었다.'라고 하는데, 스님께서 말씀하시는 법은 어떻습니까?"

혜능 대사께서 말씀하셨다.

"도는 마음으로부터 깨닫는 것인데, 어찌 앉는 것에 있겠습니까? 경전에서 말했습니다. '만약 여래가 앉거나 눕는다고 말한다면, 이것은 삿된 도(道)를 행하는 것이다. 무슨 까닭인가? (여래는) 오지도 않고 가지도 않기 때문이다.'²⁸³⁾ 생겨나지도 않고 없어지지

---

282) 추양(推讓) : 양보하다. 사양하다.
283) 「금강경」 제29 위의적정분(威儀寂靜分)에 나오는 다음 내용을 문구를 변형시켜서 말하고 있다 : "수보리야, 만약 누가 여래는 오기도 하고 가기도 하고 앉기도 하고 눕기도 한다고 말한다면, 이 사람은 내가 말하는 뜻을 이해하지 못한 것이다. 무슨 까닭인가? 여래는 어디에서 오지도 않고 어디로 가지도 않는다. 그 까닭에 여래라 부른다."(須菩提, 若有人言 如來若來若去 若坐若臥 是人不解

도 않는 것이 여래의 깨끗한 선(禪)이요, 모든 법이 텅 비어 고요한 것이 여래의 깨끗한 좌(坐)입니다. 결국 깨달음도 없는데, 하물며 앉겠습니까?"

설간이 말했다.

"제가 서울로 돌아가면 임금께서 반드시 물으실 것입니다. 원컨대 스님께서는 자비를 베풀어 마음의 요체를 가르쳐 주십시오. 두 황궁과 서울에서 도를 배우는 사람들[284]에게 전하겠습니다. 비유하면 하나의 등불이 수만 개의 등에 불을 붙이면, 모두 밝아져서 밝음이 끝이 없는 것과 같습니다."

대사께서 말씀하셨다.

"도에는 밝고 어두움이 없습니다. 밝고 어두움은 서로 상대(相對)하는 뜻입니다. 밝고 밝아 끝이 없다는 것 역시 끝이 있습니다. 상대하여 세운 이름이기 때문입니다. 유마경(淨名經)에 이르기를 '법은 비교할 것이 없으니, 상대가 없기 때문이다.'[285]라고 하였습니다."

설간이 말했다.

"밝음은 지혜를 비유하고, 어둠은 번뇌를 비유하는 것입니다.

我所說義. 何以故? 如來者 無所從來 亦無所去 故名如來.)

284) 도학자(道學者) : ①도학(道學) 즉 성리학(性理學)을 공부하는 학자. ②도교(道教)를 공부하는 학자. 여기에서는 불도(佛道) 혹은 선도(禪道)를 공부하는 사람들이란 뜻.

285) 『유마힐소설경(維摩詰所說經)』「제자품(弟子品) 제3」에 나오는 구절.

도 닦는 사람이 만약 지혜로써 번뇌를 비추어 부수지 않는다면, 끝없는 생사윤회에서 무엇에 의지하여 벗어나겠습니까?"

대사께서 말씀하셨다.

"번뇌가 곧 깨달음이며, 둘이 없고 다름이 없습니다. 만약 지혜로써 번뇌를 비추어 부순다고 한다면, 이것은 이승(二乘)의 견해로서 양이나 염소 등의 근기입니다. 지혜가 뛰어난 대근기라면, 전혀 이와 같지 않습니다."

설간이 말했다.

"어떤 것이 대승의 견해입니까?"

대사께서 말씀하셨다.

"밝음과 밝지 않음을 범부는 둘로 보지만, 지혜로운 자는 그 자성에 둘이 없음을 깨닫습니다.[286] 둘 없는 자성이 바로 진실한 자성입니다. 진실한 자성은 어리석은 범부라고 줄어들지도 않고 현명한 성인이라고 불어나지도 않으며, 번뇌 속에서도 어지럽지 않고 선정 속에서도 고요하지 않습니다. 끊어지지도 않고 이어지지도 않으며, 오지도 않고 가지도 않으며, 중간에 있지도 않고 안이나 바깥에 있지도 않으며, 생겨나지도 않고 없어지지도 않습니다. 자성과 모습이 한결같아 늘 머물러 변하지 않음을 일러 도(道)라고 합니다."

설간이 말했다.

---

286) 요달(了達) : 철저히 깨닫다. 통달하다.

"스님께서는 불생불멸(不生不滅)을 말씀하시는데, 외도(外道)와 어떻게 다릅니까?"

대사께서 말씀하셨다.

"외도가 말하는 불생불멸은 멸을 가지고 생을 멈추고, 생을 가지고 멸을 드러내니, 멸이 오히려 멸이 아니요, 생에서 불생을 말합니다. 내가 말하는 불생불멸은 본래 생이 없고, 지금 역시 멸이 없습니다. 그러므로 외도와는 다릅니다. 그대가 만약 마음의 요체를 알고자 한다면, 다만 모든 좋고 나쁨을 전혀 생각하지 마십시오. 그러면 저절로 깨끗한 마음바탕에 들어갈 수 있으니, 깨끗한 마음바탕은 맑고 늘 고요하면서도 묘한 작용이 끝이 없습니다."

설간이 가르침을 받고서 문득 크게 깨달았다. 절을 올려 감사를 드리고는 대궐로 돌아가서 표(表)를 써서 육조의 말을 황제께 아뢰었다.

그 해 9월 3일에 황제가 조서를 내려 육조 대사를 칭찬하며[287] 말했다.

"스님께서는 늙음과 병을 핑계 삼아 서울로 오는 것을 사양하고, 산에서 짐을 위하여 도를 닦으시니 나라의 복밭입니다. 스님께서는 마치 유마거사가 병을 핑계 삼아 비야리 성에서 대승(大乘)을 크게 드날리고 부처님의 마음에 대한 말을 전하며 불이법(不二法)을 말한 것과 같습니다. 설간이 스님께서 가르치신 여래의 지

---

287) 장유(獎諭) : 황제가 신하를 혹은 상급자가 하급자를 표창하거나 상을 줌. 황제가 신하를 칭찬하고 격려함.

견을 전하였습니다. 짐은 선(善)을 쌓은 집에 경사스러운 일이 있듯이 오랫동안 선근(善根)을 심은 덕분인지, 마침 스님께서 세상에 나타나셔서 펼치시는 최상승(最上乘)의 돈오법문(頓悟法門)을 만났습니다. 스님의 은혜를 우러러 받들고[288] 감사함[289]이 끝이 없습니다."

아울러 붉은색 비단으로 만든 가사(袈裟)[290]와 수정(水晶)으로 만든 발우를 바치고는, 소주(韶州) 자사(刺史)에게 칙서(勅書)를 내려 절을 손질하게[291] 하고 대사의 옛집을 국은사(國恩寺)라는 절로 만들게 했다.

---

288) 감하(感荷) : =감대(感戴). (윗사람에게 쓰는 말) 감격하여 우러러 받들다. 고맙게 여기어 옹호하다.
289) 정대(頂戴) : 절하다. 절하여 공경을 표하다. 감사히 여기다.
290) 가사(袈裟) : 승려가 입는 법의(法衣). 산스크리트의 카사야(Kaṣāya)에서 나온 말로 부정색(不正色)이라는 뜻이다. 청·황·적·백·흑의 5정색 이외의 잡색으로만 염색하여 쓰도록 규정하였기 때문에 이렇게 부른다. 마납가사(磨衲袈裟)는 붉은색 비단으로 만든 가사(袈裟). 마(磨)는 자마(紫磨)로서 붉은색 비단이다.
291) 수식(修飾) : ①꾸미다. 단장하다. ②손질하다. 고치다.

唐朝徵詔第八

神龍二年上元日, 則天中宗詔云:"朕請安秀二師, 宮中供養, 萬機之暇, 每究一乘. 二師推讓云:'南方有能禪師, 密受忍大師衣法, 傳佛心印, 可請彼問.' 今遣內侍薛簡, 馳詔迎請, 願師慈念, 速赴上京." 師上表辭疾, 願終林麓. 薛簡曰:"京城禪德皆云:'欲得會道, 必須坐禪習定. 若不因禪定, 而得解脫者, 未之有也.' 未審師所說法如何?" 師曰:"道由心悟, 豈在坐也? 經云:'若言如來, 若坐若臥, 是行邪道. 何故? 無所從來, 亦無所去.' 無生無滅, 是如來清淨禪. 諸法空寂, 是如來清淨坐. 究境無證, 豈況坐耶?" 簡曰:"弟子回京, 主上必問. 願師慈悲, 指示心要. 傳奏兩宮, 及京城道學者. 譬如一燈然百千燈, 冥者皆明, 明明無盡." 師云:"道無明暗. 明暗是代謝之義. 明明無盡, 亦是有盡. 相待立名故. 『淨名經』云:'法無有比, 無相待故.'" 簡曰:"明喻智慧, 暗喻煩惱. 修道之人, 倘不以智慧照破煩惱, 無始生死, 憑何出離?" 師曰:"煩惱卽是菩提, 無二無別. 若以智慧照破煩惱者, 此是二乘見解, 羊鹿等機. 上智大根, 悉不如是." 簡曰:"如何是大乘見解?" 師曰:"明與無明, 凡夫見二, 智者了達其性無二. 無二之性, 卽是實性. 實性者, 處凡愚而不減, 在賢聖而不增, 住煩惱而不亂, 居禪定而不寂. 不斷不常, 不來不去, 不在中間, 及其內外, 不生不滅. 性相如如, 常住不遷, 名之曰道." 簡曰:"師說不生不滅, 何異外道?" 師曰:"外道所說不生不滅者, 將滅止生, 以生顯滅, 滅猶不滅, 生說不生. 我說不生不滅者, 本自無生, 今亦無滅. 所以不同外道. 汝若欲知心要, 但一切善惡都莫思量, 自然得入清淨心體, 湛然常寂, 妙用恒沙." 簡蒙指教, 豁然大悟. 禮辭歸闕, 表奏師語. 其年九月三日, 有詔獎諭師曰:"師辭老疾, 爲朕修道, 國之福田. 師若淨名, 托疾毘耶, 闡揚大乘, 傳語佛心, 談不二法. 薛簡傳師, 指授如來知見. 朕積善餘慶, 宿種善根, 值師出世, 頓悟上乘. 感荷師恩, 頂戴無已." 并奉磨衲袈裟, 及水晶鉢, 勅韶州刺史, 修飾寺宇, 賜師舊居, 爲國恩寺.

9. 법문(法門)을 상대(相對)하여 보이다

육조 대사께서 하루는 문인(門人)인 법해(法海), 지성(志誠), 법달(法達), 신회(神會), 지상(智常), 지통(智通), 지철(志徹), 지도(志道), 법진(法珍), 법여(法如) 등을 불러서 말씀하셨다.

"그대들은 나머지 사람들과는 다르다. 내가 죽은 뒤에 각자 한 지방의 스승이 될 것이다. 내가 이제 그대들에게 법을 말하는 방법을 가르쳐서, 우리의 종지(宗旨)를 잃어버리지 않도록 하겠다.

먼저 모름지기 삼과법문(三科法門)을 제시하고, 삼십육대법(三十六對法)을 사용하되,[292] 드러내고 감추고 할 때에는 양쪽을 벗어나거라.

모든 법을 말하면서 자성(自性)에서 벗어나지 마라.

만약 어떤 사람이 너희에게 법을 묻는다면, 말을 하되 모두 짝을 이루게 하여 서로 상대되는 대법(對法)을 취하고, 오고 감에 서로 원인이 되게 하여 마침내 상대되는 두 법을 모두 제거함으로써 다시는 갈 곳이 없게 하라.

삼과법문(三科法門)은 음(陰)·계(界)·입(入)이다.

음(陰)이라는 것은 오음(五陰)이니, 색(色)·수(受)·상(想)·행(行)·식(識)이다.

입(入)은 십이입(十二入)이니, 바깥의 육진(六塵)은 색(色)·성

---

[292] 동용(動用) : ①사용하다. ②일상생활에서 사용하는 기구(器具). =동사(動使), 동사(動事), 동구(動具), 동기(動器).

(聲)·향(香)·미(味)·촉(觸)·법(法)이고, 안의 육문(六門)은 안(眼)·이(耳)·비(鼻)·설(舌)·신(身)·의(意)이다.

계(界)는 곧 십팔계(十八界)이니, 육진(六塵)·육문(六門)·육식(六識)이다.

자성(自性)은 만법을 머금을 수 있기 때문에 제팔식(第八識)인 함장식(含藏識)[293]이라 일컫는다.

만약 생각하여 헤아린다면, 곧 칠식(七識)으로 전변(轉變)[294]하니 육식(六識)이 생겨나 육문으로 나아가 육진을 만난다.

이와 같이 십팔계는 모두 자성으로부터 일어나 작용하는 것이다.

자성이 만약 삿되면 18가지 삿됨을 일으키고, 자성이 만약 바르면 18가지 바름을 일으킨다.

악한 마음을 품고 사용하면 중생이 사용하는 것이고, 선한 마음을 품고 사용하면 부처가 사용하는 것이다.

사용은 무엇으로 말미암는가?

자성으로부터 말미암는다.

대법(對法)에는 무정물(無情物)인 외부 경계에 5가지 상대(相對)가 있으니, 하늘과 땅, 해와 달, 밝음과 어둠, 음과 양, 물과 불 등이 바로 5가지 상대이다.

---

293) 함장식(含藏識) : 장식(藏識) 즉 제팔식(第八識)인 아뢰야식을 말함.

294) 전식(轉識) : 8식에서 장식(藏識)인 제8아뢰야식을 제외하고 현재 드러나 작용하는 안·이·비·설·신·의·말나(末那)의 7식. 이 7식은 제8식으로부터 전생(轉生) 변현(變現)하는 식이므로 전식이라 함.

법의 모습과 언어(言語)에 12가지 상대가 있으니, 말과 지칭 대상, 있음과 없음, 유색(有色)과 무색(無色), 유상(有相)과 무상(無相), 유루(有漏)와 무루(無漏), 색(色)과 공(空), 움직임과 고요함, 맑음과 탁함, 범부와 성인, 승가(僧家)와 속가(俗家), 늙은이와 젊은이, 큼과 작음 등이 12가지 상대이다.

자성이 일어나 작용함에는 19가지 상대가 있으니, 길고 짧음, 삿됨과 바름, 어리석음과 지혜로움, 우둔함과 똑똑함, 어지러움과 안정됨, 자비로움과 악독함, 계율에 맞음과 어긋남, 곧음과 굽음, 진실과 허위, 험악함과 평화로움, 번뇌와 깨달음, 항상(恒常)함과 무상(無常)함, 도움과 해로움, 기쁨과 성냄, 베풂과 아낌, 나아감과 물러남, 생겨남과 소멸함, 법신(法身)과 색신(色身), 화신(化身)과 보신(報身) 등이 19가지 상대이다."

대사께서 말씀하셨다.

"이 삼십육대법(三十六對法)을 만약 쓸 줄 안다면, 모든 경전의 법을 관통하는 것이니,[295] 나오고 들어감에는 양쪽을 떠나 자성이 사용한다.

사람들과 말을 할 때는 밖으로 모습에서 모습을 벗어나고, 안으로 공(空)에서 공을 벗어난다.

만약 온전히 모습에 집착한다면 사견(邪見)을 기를 것이고, 만약 온전히 공(空)에 집착한다면 무명(無明)을 기를 것이다.

---

295) 도(道) : -이다. =시(是).

공에 집착한 사람은 경전을 비방하면서 문자를 쓰지 않는다고 곧장 말하지만, 이미 문자를 쓰지 않는다고 말한다면 이 사람도 자기의 말과 맞지 않으니, 단지 이렇게 말하는 것만으로도 벌써 문자의 모습이기 때문이다."

다시 말씀하셨다.

"문자를 세우지 않는다고 곧장 말한다면, 바로 이 '세우지 않는다.'라는 구절이 역시 문자이다.

남이 말하는 것을 보면 곧 그를 비난하면서 문자에 집착한다고 말하지만, 그대들은 모름지기 알아야 한다.

스스로 어리석은 것은 오히려 괜찮지만 다시 불경을 비방해서는 안 되니, 경전을 비방하는 죄업(罪業)의 장애는 헤아릴 수 없이 크다.

만약 모습에 집착하여 밖으로 법을 만들어 진리를 구하거나, 혹은 절을 크게 세우고서 있느니 없느니 하는 이분법(二分法)의 허물을 말한다면, 이러한 사람은 아무리 오랜 세월이 지나도 견성(見性)할 수 없다.

다만 법에 따라[296] 수행하라는 말을 받아들이기만 할 뿐, 다시 아무것도 생각하지 않아서 깨달음인 자성을 가로막지 않게 하라.

만약 말을 듣고서도 수행하지 않는다면, 사람들로 하여금 도리어 삿된 생각을 내게 만들 것이다.

---

296) 의법(依法) : 법처럼. 법과 같이. 법에 따라. 여법(如法)과 같음.

단지 법에 따라 수행하고, 모습에 머묾 없이 법을 베풀어 주어라.[297]

그대들이 만약 깨달아 이것에 의지하여 말하고, 이것에 의지하여 사용하고, 이것에 의지하여 행하고, 이것에 의지하여 행동한다면, 우리의 종지(宗旨)를 잃지 않을 것이다.

만약 누가 그대들에게 뜻을 묻는다면, 있음을 물으면 없음으로써 대답하고, 없음을 물으면 있음으로써 대답하고, 범부를 물으면 성인으로써 대답하고, 성인을 물으면 범부로써 대답하여, 두 말이 서로 원인이 되게 하여 중도(中道)의 뜻을 내도록 하라.

그대들은 한 번 묻고 한 번 답하되, 나머지 물음도 한결같이 이처럼 한다면, 도리(道理)를 잃지 않을 것이다.

가령 어떤 사람이 묻기를 '무엇을 일러 어둠이라고 하는가?'라고 한다면, 답하기를 '밝음이 인(因)이고 어둠이 연(緣)[298]이니 밝음이 사라지면 어둡다.'라고 말하여, 밝음으로써 어둠을 드러내고 어둠으로써 밝음을 드러냄으로써 오고 감에 서로 원인이 되어 중도의 뜻을 이루도록 하라.

나머지 물음도 모두 이와 같다. 그대들은 뒷날 법을 전함에, 이

---

297) 법시(法施) : 3가지 보시(布施)의 하나. 다른 이에게 교법(敎法)을 말하여 선근(善根)을 자라게 하는 것. 법을 말해 줌.
298) 인(因)과 연(緣) : 결과를 내는 직접 원인은 인(因), 결과를 내는 데 도움이 되는 간접 원인은 연(緣). 쌀과 보리는 그 종자를 인으로 하고, 노력(勞力)·우로(雨露)·비료(肥料) 등을 연으로 하여 생긴다. 인연이란 일이 이루어짐에 개별적 실재성은 없고 상호 관계되어 나타나는 상대적인 것들을 가리킴. 연기(緣起)는 인연에 의하여 나타남.

것에 의지하여 번갈아 서로 가르쳐서 종지를 잃지 않도록 하라."

法門對示第九

師一日喚, 門人法海, 志誠, 法達, 神會, 智常, 智通, 志徹, 志道, 法珍, 法如等, 曰:"汝等不同餘人. 吾滅度後, 各爲一方師. 吾今教汝說法, 不失本宗. 先須舉三科法門, 動用三十六對, 出沒卽離兩邊. 說一切法, 莫離自性. 忽有人問汝法, 出語盡雙, 皆取對法, 來去相因, 究竟二法盡除, 更無去處. 三科法門者, 陰界入也. 陰是五陰, 色受想行識, 是也. 入是十二入, 外六塵色聲香味觸法, 內六門眼耳鼻舌身意, 是也. 界是十八界, 六塵六門六識, 是也. 自性能含萬法, 名含藏識. 若起思量, 卽是轉識, 生六識, 出六門, 見六塵. 如是一十八界, 皆從自性起用. 自性若邪, 起十八邪, 自性若正, 起十八正. 含惡用, 卽衆生用, 善用, 卽佛用. 用由何等? 由自性. 有對法, 外境無情五對, 天與地對, 日與月對, 明與暗對, 陰與陽對, 水與火對, 此是五對也. 法相語言十二對, 語與法對, 有與無對, 有色與無色對, 有相與無相對, 有漏與無漏對, 色與空對, 動與靜對, 清與濁對, 凡與聖對, 僧與俗對, 老與少對, 大與小對, 此是十二對也. 自性起用十九對, 長與短對, 邪與正對, 癡與慧對, 愚與智對, 亂與定對, 慈與毒對, 戒與非對, 直與曲對, 實與虛對, 險與平對, 煩惱與菩提對, 常與無常對, 悲與害對, 喜與瞋對, 捨與慳對, 進與退對, 生與滅對, 法身與色身對, 化身與報身對, 此是十九對也." 師言:"此三十六對法, 若解用, 卽道貫一切經法, 出入卽離兩邊, 自性動用. 共人言語, 外於相離相, 內於空離空. 若全著相, 卽長邪見, 若全執空, 卽長無明. 執空之人, 有謗經, 直言不用文字, 旣云不用文字, 人亦不合語言, 只此語言, 便是文字之相." 又云:"直道不立文字, 卽此不立兩字, 亦是文字. 見人所說, 便卽謗他, 言著文字. 汝等 須知. 自迷猶可, 又謗佛經不要, 謗經罪障無數. 若著相於外而作法求眞, 或廣立道場, 說有無之過患, 如是之人, 累劫不可見性. 但聽依法修行, 又莫百物不思而於道性窒碍. 若聽說不修, 令人反生邪念. 但依法修行, 無住相法施. 汝等若悟, 依此說依此用, 依此行依此作, 卽不失本宗. 若有人問汝義, 問有將無對, 問無將有對, 問凡以聖對, 問聖以凡對, 二道相因, 生中道義. 汝一問一對, 餘問一依此作, 卽不失理也. 設有人問: '何名爲暗?' 答云: '明是因, 暗是緣, 明沒卽暗.' 以明顯暗, 以暗顯明, 來去相因, 成中道義. 餘問悉皆如此. 汝等於後傳法, 依此迭相敎授, 勿失宗旨."

10. 부촉하여 유통케 하다

대사께서는 태극(太極) 원년(元年; 712년)[299]인 임자(壬子) 7월에 (원주(原註) : 현종(玄宗) 8월에 즉위하여 바야흐로 선천원년(先天元年)을 개창하고, 다음 해에 드디어 개원(開元)으로 고쳤으니 선천이라는 연호에는 2년이 없다. 다른 판본에 선천 2년이라고 되어 있지만, 이것은 잘못된 것이다.) 문인(門人)에게 명하여 신주(新州)의 국은사(國恩寺)로 가서 탑을 세우도록 하고 공사를 자주 재촉하여 다음 해 늦여름에 탑을 완성하도록 했다. 7월 1일에 따르는 무리들을 모아 놓고 말씀하셨다.

"나는 8월이 되어 세상을 떠나고자 한다. 그대들에게 의문이 있으면 모름지기 일찍 물어보아라. 그대들의 의문을 부수어서 그대들의 어리석음이 끝나도록 하겠다. 내가 가고 난 뒤라면 그대들을 가르칠 사람이 없을 것이다."

법해 등은 그 말을 듣고서 모두 눈물을 흘렸는데, 오직 신회만이 정신이 흔들리지 아니하고 울지도 않았다.

대사께서 말씀하셨다.

"어린 스님인 신회가 도리어 좋음과 좋지 않음이 같음을 알고 비난과 칭찬에 흔들리지 아니하고 슬픈 마음과 즐거운 마음을 내지 않는구나.

나머지 사람들은 그렇지 못하니, 수년 동안 산에 머물면서 결국

---

299) 당(唐)의 제5대 임금인 예종(睿宗)의 연호. 태극 원년은 712년 임자(壬子)이다.

무슨 도를 닦았는가?

그대들이 지금 슬퍼하는 것은 누구를 염려하기 때문인가?

만약 내가 갈 곳을 알지 못한다고 염려한다면, 나는 스스로 나의 갈 곳을 알고 있다.

내가 만약 갈 곳을 알지 못한다면, 그대들에게 미리 알리지 못했을 것이다.

그대들이 슬퍼하는 것은 아마도 나의 갈 곳을 알지 못하기 때문일 것이다.

만약 나의 갈 곳을 안다면, 슬퍼할 필요가 없다.

법성(法性)에는 본래 생겨나고 사라짐이 없고 가고 옴도 없다.

그대들은 모두 앉아라.

내가 그대들에게 게송을 하나 주겠으니, 진가동정게(眞假動靜偈: 진실과 거짓, 움직임과 고요함이라는 상대적 개념을 이용하여 법을 보이는 글)라고 일컫는다.

그대들은 이 게송을 외워서 나와 뜻을 같게 하고, 이것에 의지해 수행하여 종지(宗旨)를 잃지 않도록 하라."

여러 승려들은 절을 올리고 대사에게 게송을 말씀하시라고 청했다.

게송을 말씀하셨다.

"모든 것에는 참됨이 없으니
　참됨을 볼 수는 없다.

만약 참됨을 본다면
이렇게 보는 것은 모두 참됨이 아니다.

만약 스스로에게 참됨이 있을 수 있다면
거짓됨을 벗어나면 곧 마음이 참될 것이다.
자기 마음이 거짓됨을 벗어나지 못한다면
참됨이 없으니 어느 곳이 참되겠는가?

유정(有情)이라면 움직일 줄 알고
무정(無情)이라면 움직이지 못한다.
만약 움직이지 않는 행(行)을 닦는다면
무정이 움직이지 않는 것과 같을 것이다.

만약 참으로 움직이지 않음을 찾는다면
움직임 위에 움직이지 않음이 있다.
움직이지 않음은 움직이지 않음이니
무정에는 깨달음의 종자가 없다.

모습을 잘 분별할 줄 알면서도
 제일의(第一義: 우주의 첫째가는 진리. 진제(眞諦) · 성제(聖諦) · 승의제(勝義諦))에서 움직이지 않는다.

다만 이와 같은 견해를 낸다면
곧 진여(眞如)를 쓰는 것이다.

모든 배우는 사람들에게 알리노니
노력하여 모름지기 신경을 쓰고,[300]
대승(大乘)의 문(門)에서
도리어 생사(生死)의 지혜에 집착하지 마라.

만약 말을 듣고 곧장 맞아떨어진다면
더불어 부처의 뜻을 논할 수 있으나,
만약 진실로 맞아떨어지지 못한다면
합장하여 즐거워하도록 하겠다.

우리 선종에서는 본래 말다툼이 없으니
다툰다면 도의 뜻을 잃는다.
법문(法門)을 거역하여 말다툼에 집착한다면
자성(自性)이 삶과 죽음 속으로 들어갈 것이다."

그때 따르는 무리들은 게송을 듣고 모두 함께 절을 하고는 더불어 스님의 뜻을 살펴서[301] 각자 마음을 가다듬고 법에 따라 수행

---

300) 용의(用意) : ①마음을 쓰다. 신경을 쓰다. 걱정하다. ②의도적으로. 일부러.
301) 체(體) : ①세심하게 살피다. ②체득하다. 이해하다. ③모방하다.

하여 다시는 감히 논쟁하지 않았다. 그리고 육조 대사께서 세상에 오랫동안 머물지 않으실 것을 알았다. 법해(法海) 상좌가 거듭 절하고 물었다.

"스님께서 돌아가신 뒤에 옷과 법은 누구에게 부촉(付囑)[302]하시겠습니까?"

대사께서 말씀하셨다.

"나는 대범사(大梵寺)에서 설법하여 지금에 이르렀다. 나의 설법을 간추려 적어 널리 전하되, 그 이름을 법보단경(法寶壇經)이라고 하여라. 그대들은 이 법보단경을 잘 수호하고 번갈아 전해 주어 중생들을 제도하라. 나의 이 말에 의지하기만 하면 그것을 일러 바른 법이라고 한다. 지금 그대들에게 법을 말해 주지만, 옷은 주지 않겠다. 그대들의 믿음의 뿌리가 맑게 익어서 의심이 전혀 없다면, 큰 일을 감당할 수 있을 것이다. 그러나 조사이신 달마 대사께서 분부하여 주신 게송의 뜻에 의거한다면, 옷을 전해 주지 말아야 한다. 달마 대사의 게송은 다음과 같다.

'내가 본래 이 땅에 온 것은

---

302) 부촉(付囑) : 부촉(付囑)이라고도 함. 다른 이에게 부탁함. 부처님은 설법한 뒤 청중 가운데 어떤 이를 가려 내어 그 법의 유통(流通)을 부탁하는 것이 상례(常例)였다. 이것을 부촉·촉루(囑累)·누교(累敎) 등이라 함. 경문 가운데 부촉하는 일을 말한 부분을 촉루품(囑累品), 또는 부촉단(付囑段)이라 하니, 흔히 경의 맨 끝에 있음. 『법화경』과 같은 것은 예외(例外).

법을 전하여 어리석은 중생을 구제하기 위함이다.
한 개의 꽃에 다섯 개의 꽃잎이 생겨나니
열매를 맺는 일은 저절로 이루어질 것이다.'[303]"

대사께서 다시 말씀하셨다.

"그대들이 깨달음의 지혜[304]를 성취하고자 한다면, 모름지기 일상삼매(一相三昧)와 일행삼매(一行三昧)에 통달해야 한다.

만약 모든 곳에서 모습에 머무르지 아니하여 그 모습 속에서 싫어하고 좋아하는 마음을 내지 아니하고, 또 취하고 버림이 없고, 이익을 생각하지 아니하고, 이루어짐과 부서짐을 같은 일로 보고, 안락하고 한가롭고 편안하고 고요하고, 텅 비어 걸림 없이 통하고 담담하고 욕심이 없다면, 이것을 일러 일상삼매라고 한다.

만약 모든 곳에서 가고 머무르고 앉고 눕는 모든 행위에서 순수하고 한결같이 곧은 마음이면, 도량(道場)에서 움직이지 아니하고 정토(淨土)를 참으로 이룰 것이니, 이것을 일러 일행삼매라고 한다.

만약 사람이 이 두 가지 삼매를 갖춘다면, 마치 땅에 있는 종자가 크게 성장할 잠재력이 있어서 그 열매를 익게 만드는 것처럼, 일상삼매와 일행삼매 역시 이와 같다.

---

303) 『조당집(祖堂集)』 제2권 '제이십팔조보리달마화상(第二十八祖菩提達摩和尙)'에 이 게송이 나온다.
304) 종지(種智) : 일체종지(一切種智)의 준말. 일제종지란 최고의 지혜란 뜻으로서 깨달음을 가리킨다.

내가 지금 법을 말하는 것은 마치 때에 알맞은 비가 내려 대지를 두루 적시는 것과 같고, 그대들의 불성은 비유하면 온갖 종자와 같으니, 이 비를 만나 젖게 되면 모두가 싹을 틔울 것이다.

나의 뜻을 계승한다면 반드시 깨달음을 얻을 것이요, 나의 수행에 의지한다면 반드시 묘한 깨달음[305]을 얻을 것이다.

나의 게송을 들어라."

게송을 말씀하셨다.

"마음땅이 모든 종자를 다 품고 있는데
두루 내리는 비에 모두 싹이 튼다.
돈오(頓悟)의 꽃[306]이 피어나면
깨달음의 열매가 저절로 이루어진다."

대사께서 다시 말씀하셨다.
"법에는 둘이 없고, 마음 역시 그러하다.
도는 깨끗하고, 또한 여러 가지 모습이 없다.
그대들은 삼가 고요함을 보지도 말고 그 마음을 비우지도 마라.
이 마음은 본래 깨끗하여 취하거나 버릴 수 없다.
각자 노력하고, 인연에 따라서 잘 가거라."

그때 무리들은 절을 하고서 물러갔다.

---

305) 묘과(妙果) : 묘행(妙行)에 의하여 얻은 증과(證果). 즉 불과(佛果), 깨달음.
306) 화정(花情) : 꽃의 정취(情趣). 꽃의 운치. 꽃의 멋.

대사께서는 7월 8일에 문득 문인들에게 말씀하셨다.

"나는 신주(新州)로 돌아가고 싶으니, 그대들은 속히 배와 노를 마련하도록 하여라."

대중이 슬퍼하며 매우 굳세게 만류하였으나, 대사께서는 말씀하셨다.

"모든 부처가 나타났지만 도리어 열반을 보였다. 온 것은 반드시 가게 되어 있으니, 도리 역시 그러하다. 나의 이 몸뚱이도 돌아갈 때는 반드시 그 장소가 있다."

대중이 말했다.

"스님께서 지금 가시면, 언제[307] 돌아오실 수 있습니까?"

대사께서 말씀하셨다.

"낙엽이 떨어져 뿌리로 돌아가면, 돌아올 때를 말할 수 없다."

대중이 또 물었다.

"정법안장(正法眼藏)은 누구에게 전해서 부촉하실 겁니까?"

대사께서 말씀하셨다.

"도가 있는 자가 얻을 것이요, 마음이 없는 자가 통할 것이다."

또 물었다.

"뒤에 재난이 없겠습니까?"

대사께서 말씀하셨다.

"내가 입멸한 지 5-6년 뒤에 어떤 사람이 와서 나의 머리를 가

---

307) 조만(早晩) : 언제. 어느 때. 어느 날(의문사).

져갈 것이다. 나의 예언을 들어라."

예언을 말씀하셨다.

"머리 위에서 부모를 봉양하면서도
입 속에서는 밥을 먹어야 한다.
만(滿)의 재난을 만나지만
양유(楊柳)가 관(官)이 되리라."[308]

또 말씀하셨다.

"내가 가고 난 뒤 70년이 지나면 두 분 보살[309]이 동방으로부터 올 것이다. 한 사람은 출가에서 한 사람은 재가에서 동시에 널리 교화를 펼치며 나의 종지(宗旨)를 세울 것이고, 가람(伽藍)을 짓고 수리하며 법을 이은 제자들을 많이 배출할 것이다."

대중이 물었다.

"옛날 부처님과 조사께서 세간에 몸을 드러내신[310] 이래 몇 대를 전해 내려왔는지 모르겠습니다. 가르쳐 주시기 바랍니다."

대사께서 말씀하셨다.

"옛 부처님께서 세상에 나타나신 것은 이미 무수히 많아서 헤아릴 수가 없다. 이제 칠불(七佛)을 시초로 삼는다면, 과거 장엄

---

308) 육조혜능의 시신에서 머리를 훔치려는 이야기는 『육조단경』의 부록에 자세히 소개되어 있다. 이 예언의 내용은 부록의 이야기를 보면 이해할 수 있다.
309) 누구를 가리키는지 알 수 없다. 마조도일과 방거사를 가리키는 것 같으나 연도가 맞지 않다.
310) 응현(應現) : 불처와 보살이 중생의 소질과 근기에 따라 몸을 드러내는 것.

겁(莊嚴劫)³¹¹⁾의 비바시불(毘婆尸佛), 시기불(尸棄佛), 비사부불(毘舍浮佛)과 지금 현겁(賢劫)³¹²⁾의 구류손불(狗留孫佛), 구나함모니불(狗那含牟尼佛), 가섭불(迦葉佛), 석가문불(釋迦文佛) 등이 칠불이시다.

석가문불께선 먼저 마하가섭존자(摩訶迦葉尊者)에게 전하셨고,

제2는 아난존자(阿難尊者)요,

제3은 상나화수존자(商那和修尊者)요,

제4는 우바국다존자(優波麴多尊者)요,

제5는 제다가존자(提多迦尊者)요,

제6은 미차가존자(彌遮迦尊者)요,

---

311) 장엄겁(莊嚴劫) : vyuha-kalpa. 과거·현재·미래의 3대겁 가운데, 현재를 현겁(賢劫), 미래를 성수겁(星宿劫)이라 함에 대하여 과거의 대겁을 장엄겁이라 하며, 이 장엄겁의 주겁(住劫) 동안에 화광불(華光佛)로부터 비사부불(毘舍浮佛)까지 천 불이 나셨다 함.

312) 현겁(賢劫) : bhadra-kalpa. 발타겁(跋陀劫)·파타겁(波陀劫)이라 음역. 현시분(賢時分)·선시분(善時分)이라 번역. 3겁의 하나. 세계는 인수(人壽) 8만 4천 세 때부터 백 년을 지날 때마다 1세씩 줄어들어 인수 10세에 이르고, 여기서 다시 백 년마다 1세씩 늘어나서 인수 8만 4천 세에 이르며, 이렇게 1증(增) 1감(減)하는 것을 20회 되풀이하는 동안, 곧 20증감(增減) 하는 동안에 세계가 성립되고(成), 다음 20증감하는 동안에 머물러(住) 있고, 다음 20증감하는 동안에 무너지고(壞), 다음 20증감하는 동안은 텅 비어(空) 있음. 이렇게 세계는 성(成)·주(住)·괴(壞)·공(空)을 되풀이하니, 이 성·주·괴·공의 4기(期)를 대겁(大劫)이라 함. 과거의 대겁을 장엄겁(莊嚴劫), 현재의 대겁을 현겁(賢劫), 미래의 대겁을 성수겁(星宿劫)이라 함. 현겁의 주겁(住劫) 때에는 구류손불(拘留孫佛)·구나함모니불(拘那含牟尼佛)·가섭불(迦葉佛)·석가모니불(釋迦牟尼佛) 등 1천 부처님이 출현하여 세상 중생을 구제하는데, 이렇게 많은 부처님이 출현하는 시기이므로 현겁이라 이름.

제7은 바수밀다존자(婆須密多尊者)요,

제8은 불태난제존자(佛馱難提尊者)요,

제9는 복태밀다존자(伏馱密多尊者)요,

제10은 협존자(脇尊者)요,

제11은 부나야사존자(富那夜奢尊者)요,

제12는 마명대사(馬鳴大士)요,

제13은 가비마라존자(迦毘摩羅尊者)요,

제14는 용수대사(龍樹大士)요,

제15는 가나제바존자(迦那提婆尊者)요,

제16은 라훌라다존자(羅睺羅多尊者)요,

제17은 승가나제존자(僧伽難提尊者)요,

제18은 가야사다존자(伽耶舍多尊者)요,

제19는 구마라타존자(鳩摩羅多尊者)요,

제20은 사야다존자(闍耶多尊者)요,

제21은 바수반두존자(婆修般頭尊者)요,

제22는 마나라존자(摩拏羅尊者)요,

제23은 학륵나존자(鶴勒那尊者)요,

제24는 사자존자(師子尊者)요,

제25는 바사사다존자(婆舍斯多尊者)요,

제26은 불여밀다존자(不如密多尊者)요,

제27은 반야다라존자(般若多羅尊者)요,

제28은 보리달마존자(菩提達摩尊者)니 이 땅(중국)의 초조가 된다.

제29는 혜가대사(慧可大師)요,

제30은 승찬대사(僧璨大師)요,

제31은 도신대사(道信大師)요,

제32는 홍인대사(弘忍大師)니,

나는 제33조이다.

과거의 모든 조사께서는 각자 스승의 법을 이어받은[313] 것이니, 그대들도 향후 대대로 전해 주어 어긋나지 않게 하라."

대사는 개원(開元) 원년(元年; 713년)[314] 계축(癸丑) 8월 3일에 국은사(國恩寺)에서 재(齋)[315]가 끝나고 여러 무리들에게 말씀하셨다.

"그대들은 각자 자기 자리에 앉아라. 나는 그대들과 이별하고자 한다."

법해(法海)가 말씀드렸다.

"스님께서는 어떤 교법(敎法)을 남기셔서 후대에 헤매는 사람들로 하여금 불성을 볼 수 있게 하시겠습니까?"

대사께서 말씀하셨다.

---

313) 품승(稟承) : 웃사람의 명령을 받다. 명령을 따르다.
314) 개원(開元)은 당(唐) 6대 임금인 현종(玄宗)의 연호로서 서기 713년-741년 사이에 해당한다. 개원 원년은 서기 713년 계축년(癸丑年)이다.
315) 재(齋) : upoṣadha, poṣadha. 오포사타(烏脯沙陀)라 음역. 본래는 신·구·의 3업(業)을 깨끗하게 하여 악업을 짓지 않는 것을 의미하였다가 차츰 식사를 법도에 맞게 하는 뜻으로 쓰이게 되어, 정오를 지나지 않은 식사를 의미하게 되었다. 또한 법회 때 스님네나 속인들에게 음식을 대접하는 것을 의미하는 말이 되었다.

"그대들은 잘 들어라.

뒷날 헤매는 사람이 만약 중생(衆生)을 안다면, 곧 불성이다.

만약 중생을 알지 못한다면, 아무리 오랫동안 부처를 찾아다녀도 만나기가 어렵다.

내가 이제 그대들로 하여금 자기 마음의 중생을 알아서 자기 마음의 불성을 보도록 해 주겠다.

부처를 보고자 한다면, 단지 중생을 알기만 하면 된다.

중생이 부처에 어둡지 부처가 중생에 어두운 것은 아니기 때문이다.

자성을 깨달으면 중생이 바로 부처요, 자성에 어두우면 부처가 곧 중생이다.

자성이 평등하면 중생이 곧 부처요, 자성이 삿되고 비뚤면 부처가 곧 중생이다.

그대들의 마음이 비뚤고 굽어 있다면 부처가 중생 속에 있는 것이고, 한 순간 평등하고 곧으면 중생이 부처가 되는 것이다.

나의 마음에 본래 부처가 있으니, 나의 부처가 참된 부처이다.

나에게 부처의 마음이 없다면, 어느 곳에서 참된 부처를 찾겠는가?

그대들 스스로의 마음이 부처이니, 다시 여우처럼 의심하지 마라.

밖에는 만들어 세울 한 물건도 없고, 모두가 본래 마음이 온갖 종류의 법을 만드는 것이다.

그러므로 경에서 말했다. '마음이 생기면 온갖 법이 생기고, 마음이 사라지면 온갖 법도 사라진다.'[316]

내가 이제 게송 하나를 남기고 그대들과 이별을 하겠다. 자성진불게(自性眞佛偈)라고 부르는 것인데, 후대의 사람들이 이 게송의 뜻을 안다면 스스로 본심(本心)을 보고 스스로 불도(佛道)를 이룰 것이다."

게(偈)를 말씀하셨다.

"진여자성(眞如自性)이 참된 부처요,
삿된 견해와 삼독(三毒)[317]이 마왕이다.
삿되어 헤맬 때는 마왕이 집에 있고
바른 견해를 가질 때는 부처가 집에 있다.
자성 속에 삿된 견해와 삼독이 생기면
곧 마왕이 집에 와서 머문다.
바른 견해를 가지면 저절로 삼독심을 제거하게 되니
마왕이 변하여 부처가 되어 진실일 뿐 거짓은 없다.
법신(法身)과 보신(報身)과 화신(化身)의
삼신(三身)은 본래 하나의 몸이다.

---

316) 『대승기신론(大乘起信論)』에 나오는 구절.
317) 삼독(三毒) : 탐욕(貪欲; 욕심) · 진에(瞋恚; 분노) · 우치(愚癡; 어리석음) 셋을 말한다. 중생을 해롭게 하는 악의 근원이라고 하며, 삼불선근(三不善根), 삼화(三火), 삼구(三垢)라고도 한다.

만약 자성 속에서 스스로 볼 수 있다면
이것이 바로 깨달아 부처가 되는 원인이다.
본래 화신에게서 깨끗한 자성이 생기니
깨끗한 자성은 항상 화신 속에 있다.
자성이 화신으로 하여금 바른 길로 가게 하니
미래에 두루 가득하고 참되어서 끝이 없을 것이다.
더러운 자성이 본래 깨끗한 자성의 원인이니
더러움을 없애면 곧 깨끗한 자성인 법신(法身)이다.
자성 속에서 각자가 오욕(五欲)[318]을 떠나
자성을 보는 순간, 곧 진실하다.
지금 만약 돈교문(頓敎門)을 만난다면
문득 자성을 깨달아 세존(世尊)을 볼 것이다.
만약 수행을 하여 부처가 되고자 한다면
어느 곳에서 참됨을 구할지 알지 못할 것이다.
만약 마음속에서 스스로 참됨을 볼 수 있다면
그 참됨이 곧 부처가 되는 원인이다.
자성을 보지 못하고 밖으로 부처를 찾아
마음을 일으킨다면, 모두가 크게 어리석은 사람이다.
돈교법문(頓敎法門)을 이미 남겨 두었으니

---

318) 오욕(五欲): 색욕(色欲)·성욕(聲欲)·향욕(香欲)·미욕(味欲)·촉욕(觸欲) 등 다섯 가지 욕망을 가리키거나, 재욕(財欲)·색욕(色欲)·음식욕(飮食欲)·명예욕(名譽欲)·수면욕(睡眠欲) 등 다섯을 가리킨다.

세상 사람을 구원하려면 모름지기 스스로 돈교법문을 실천해야 한다.
그대들에게 말하노니, 후대에 도를 배우는 사람들이
이러한 견해[319]를 짓지 말아야 크게 한가로울 것이다."

대사께서 게(偈)를 말하고서 대중에게 말씀하셨다.
"그대들은 잘 있거라.
내가 죽은 뒤에 세속의 정을 따라 울면서 눈물 흘리지 마라.
조문객을 받고 몸에 상복을 입는 것은 나의 제자가 아니며 바른 법도 아니다.
다만 자기의 본래 마음을 알고 자기의 본성을 보기만 하면, 움직임도 없고 고요함도 없고, 태어남도 없고 사라짐도 없고, 오는 것도 없고 가는 것도 없고, 옳은 것도 없고 그른 것도 없고, 머무는 것도 없고 가는 것도 없다.
그대들 마음이 어리석어서 내 뜻을 이해하지 못할까 염려되어, 이제 다시 그대들에게 부탁하여 그대들로 하여금 본성을 보도록 하겠다.
내가 죽은 뒤에 이것에 의지해서 수행하면, 내가 살아 있던 때와 같을 것이다.
만약 나의 가르침에 어긋난다면, 비록 내가 세상에 있다고 하더

---

319) 자성을 보지 못하고 밖으로 부처를 찾아 마음을 일으키는 것.

라도 이익 될 게 없을 것이다."

다시 게송을 말씀하셨다.

"우뚝하여[320] 선(善)을 닦지 아니하고
느긋하여[321] 악(惡)을 짓지 아니한다.
고요하여[322] 보고 듣는 것을 끊어 버리고
거침없어[323] 마음에 집착이 없다."

대사는 게송을 말씀하시고서 단정히 앉아 있다가 3경에 이르자 문득 문인들에게 "나는 간다."고 말씀하시고는 즉시[324] 세상을 떠나셨다.[325]

그때 특이한 향기가 방 안에 가득 찼고 흰 무지개[326]가 땅에 뻗쳤으며, 수풀의 나무들이 하얀 색으로 변하고 날짐승과 들짐승들

---

320) 올올(兀兀) : 고요히 멈춘 모습. 우뚝 서서 움직이지 않는 모습. =올연(兀然), 올이(兀爾).
321) 등등(騰騰) : 술에 취한 모양. 잠자는 모양. 느릿느릿한 모양.
322) 적적(寂寂) : 고요한 모양. 꼼짝하지 않는 모양.
323) 탕탕(蕩蕩) : 거침없는 모양. 막힘 없는 모양.
324) 엄연(奄然) : 즉시. 갑자기. =엄홀(奄忽).
325) 천화(遷化) : 천이화멸(遷移化滅). 이 사바세계의 중생들을 교화할 인연이 끝나서 다른 국토의 중생들을 교화하러 가는 일, 곧 승려의 죽음을 가리키는 말. 귀적(歸寂)·입적(入寂)과 같음.
326) 백홍(白虹) : 흰 무지개. 중대한 사건이나 난리가 날 징조를 나타내거나, 정성이 지극함을 나타냄.

이 슬피 울었다.

11월에 광주(廣州)·소주(韶州)·신주(新州) 3개 군의 관료들과 문인들과 승려들과 백성[327]들에 이르기까지 다투어 나와 대사의 진신(眞身)[328]을 맞아들였으나, 갈 곳을 결정치 못하자 향을 피우고 빌면서 말했다.

"향불의 연기가 가리키는 곳이 스님이 돌아갈 곳입니다."

그때 향의 연기가 곧장 조계(曹溪)를 꿰뚫었다. 11월 13일에 대사의 진신을 감실(龕室)[329]로 옮기고[330] 더불어 전해진 옷과 발우를 되돌려 받았다.

다음 해 7월 25일에 감실에서 대사의 진신을 끄집어내어, 제자인 방변(方辯)이 향수로 이긴 진흙을 그 위에 칠했다.

그때 문인들은 머리를 끊어 갈 것이라는 예언을 생각해 내고서 먼저 쇠비늘과 옻칠한 베를 가지고 대사의 목을 단단히 보호한 뒤에 탑 속에 안치하였는데, 문득 탑 속에서 하얀 빛이 나타나 곧바로 위로 올라가 하늘을 꿰뚫었다가 3일이 지나서야 사라졌다.

---

327) 치백(緇白) : 치(緇)는 잿빛 승복, 백(白)은 흰색 백성의 옷을 가리킴. 승려와 일반 백성.
328) 진신(眞身) : 죽은 승려의 시신(屍身)을 가리키는 말.
329) 감(龕) : ①감실(龕室). 바위 절벽을 파 방으로 만들고 불보살의 상(像)을 안치하는 장소. ②불상을 안치하는 상자. ③시체를 넣는 관(棺).
330) 천신(遷神) : 신위(神位)를 옮기다. 여기에서는 진신(眞身) 즉 육조 대사의 시신을 옮겼다는 말.

소주(韶州)에서 황제에게 상소를 올려서³³¹⁾ 황제의 명령을 받들어 비(碑)를 세우고 대사의 깨달음과 행적³³²⁾을 적었다.

대사의 나이는 76살이었는데, 24살에 의발(衣鉢)을 전해 받고, 39세에 머리를 깎았다.

법을 말하여 중생을 이롭게 한 37년 동안 종지를 얻어서 법을 이어받은 자가 43인이었고, 도를 깨달아서 범부(凡夫)를 벗어난 자의 수효는 헤아릴 수 없었다.

달마(達摩)가 전해 준 신표의 옷과 (원주(原註) : 서역(西域)의 굴현포(屈眴布)³³³⁾ 계통이다.) 중종(中宗)이 하사한 마납가사(磨衲袈裟)³³⁴⁾와 보배 발우, 그리고 방변(方辯)이 흙으로 빚어 만든 대사의 진상(眞相)³³⁵⁾과 아울러 사용하던 각종 도구 등을 탑을 관리하는 시자(侍者)³³⁶⁾가 맡아서³³⁷⁾ 보림(寶林)의 도량(道場)³³⁸⁾을 영원히 지키게 하였고, 『단경(壇經)』을 대대로 전함으로써 선종의 종지를 드러내고,

---

331) 주문(奏聞) : =문주(聞奏). 천자에게 아뢰다. 임금에게 알리다.
332) 도행(道行) : 도(道) 즉 깨달음과 행적.
333) 굴현포(屈眴布) : 서역에서 나는 발이 고운 무명천.
334) 마납가사(磨衲袈裟) : 비단으로 만든 가사(袈裟). 법복(法服)의 한 가지. 마(磨)는 자마(紫磨)로서 붉은색 비단. 705년(당나라 신룡 1) 9월 중종(中宗)이 혜능(慧能)에게 마납가사와 수정주(水晶珠)를 주었다.
335) 진상(眞相) : 신불(神佛)의 화상(畫像)이나 소상(塑像).
336) 주탑시자(主塔侍者) : 탑주(塔主)와 같음. 탑주(塔主)는 선원(禪院)의 개산조(開山祖)나 주지가 입적한 이후 그 문도들이 고인의 탑 주변에 탑을 관리하기 위하여 세운 작은 절인 탑원(塔院; 탑중(塔中), 탑두(塔頭), 탑처(塔處)라고도 함)의 주지(住持).
337) 시(尸) : 맡다. 주관하다. 자리에 임하다.
338) 조계(曹溪)의 보림사(寶林寺)를 가리킴.

삼보(三寶)를 크게 부흥시키고, 널리 중생을 이롭게 하였다.

『육조선사법보단경(六祖禪師法寶壇經)』을 마친다.

付囑流通第十

師於太極元年壬子七月,(玄宗八月卽位, 方改先天元年, 次年遂改爲開元, 先天卽無二年. 他本作先天二年者非.) 命門人往新州國恩寺建塔, 仍命促工, 次年夏末落成. 七月一日, 集徒衆曰:"吾至八月, 欲離世間. 汝等有疑, 早須相問. 爲汝破疑, 令汝迷盡. 吾若去後, 無人敎汝." 法海等聞, 悉皆涕泣, 惟有神會, 不動神精, 亦無涕泣. 師曰:"神會小師, 却得善不善等, 毁譽不動, 哀樂不生. 餘者不得, 數年在山, 竟修何道? 汝今悲泣, 爲憂阿誰? 若憂吾不知去處, 吾自知去處. 吾若不知去處, 終不預報於汝. 汝等悲泣, 蓋爲不知吾去處. 若知吾去處, 卽不合悲泣. 法性本無生滅去來. 汝等盡坐. 吾與汝等一偈. 名曰:'眞假動靜偈.'汝等誦取此偈, 與吾意同, 依此修行, 不失宗旨." 衆僧作禮, 請師說偈. 偈曰:

"一切無有眞, 不以見於眞.

若見於眞者, 是見盡非眞.

若能自有眞, 離假卽心眞.

自心不離假, 無眞何處眞.

有情卽解動, 無情卽不動.

若修不動行, 同無情不動.

若覓眞不動, 動上有不動.

不動是不動, 無情無佛種.

能善分別相, 第一義不動.

但作如此見, 卽是眞如用.

報諸學道人, 努力須用意.

莫於大乘門, 却執生死智.

若言下相應, 卽共論佛義.

若實不相應, 合掌令歡喜.

此宗本無諍, 諍則失道義.

執逆諍法門, 自性入生死."

時徒衆聞說偈已, 普皆作禮, 竝體師意, 各各攝心, 依法修行, 更不敢諍. 乃知大師, 不久住世. 法海上座, 再拜問曰:"和尙入滅之後, 衣法當付何人?"師曰:"吾於大梵寺說法, 以至于今. 抄錄流行, 目曰法寶壇經. 汝等守護, 遞相傳授, 度諸群生. 但依此說, 是名正法. 今爲汝等說法, 不付其衣. 蓋爲汝等, 信根淳熟, 決定無疑, 堪任大事. 然據先祖達摩大師, 付授偈意, 衣不合傳. 偈曰:

'吾本來玆土, 傳法救迷情.

一花開五葉, 結果自然成.'"

師復曰:"汝等若欲成就種智, 須達一相三昧一行三昧. 若於一切處而不住相, 於彼相中 不生憎愛, 亦無取捨, 不念利益, 成壞等事, 安閑恬靜, 虛融澹泊, 此名一相三昧. 若於一切處行住坐臥, 純一直心, 不動道場, 眞成淨土, 此名一行三昧. 若人具二三昧, 如地有種, 含藏長養, 成熟其實, 一相一行, 亦復如是. 我今說法, 猶如時雨, 普潤大地, 汝等佛性, 譬諸種子, 遇玆霑洽, 悉得發生. 承吾旨者, 決獲菩提, 依吾行者, 定證妙果. 聽吾偈."曰:

"心地含諸種, 普雨悉皆萌.

頓悟花情已, 菩提果自成."

師說偈已曰: "其法無二, 其心亦然. 其道清淨, 亦無諸相. 汝等愼勿觀靜, 及空其心. 此心本淨, 無可取捨. 各自努力, 隨緣好去." 爾時徒衆, 作禮而退. 大師七月八日忽謂門人曰: "吾欲歸新州, 汝等速理舟楫." 大衆哀留甚堅, 師曰: "諸佛出現, 猶示涅槃. 有來必去, 理亦常然. 吾此形骸, 歸必有所." 衆曰: "師從此去, 早晚可回." 師曰: "葉落歸根, 來時無口." 又問曰: "正法眼藏, 傳付何人?" 師曰: "有道者得, 無心者通." 又問: "後莫有難否?" 師曰: "吾滅後五六年, 當有一人, 來取吾首. 聽吾記." 曰: "頭上養親, 口裡須飡. 遇滿之難 楊柳爲官." 又云: "吾去七十年, 有二菩薩, 從東方來. 一出家, 一在家, 同時興化, 建立吾宗, 締緝伽藍, 昌隆法嗣." 問曰: "未知從上佛祖應現已來, 傳授幾代? 願垂開示." 師云: "古佛應世, 已無數量, 不可計也. 今以七佛爲始, 過去莊嚴劫, 毘婆尸佛, 尸棄佛, 毘舍浮佛, 今賢劫, 狗留孫佛, 狗那含牟尼佛, 迦葉佛, 釋迦文佛, 是爲七佛. 釋迦文佛, 首傳摩訶迦葉尊者. 第二阿難尊者, 第三商那和修尊者, 第四優波麴多尊者, 第五提多迦尊者, 第六彌遮迦尊者, 第七婆須密多尊者, 第八佛馱難提尊者, 第九伏馱密多尊者, 第十脇尊者, 十一富那夜奢尊者, 十二馬鳴大士, 十三迦毘摩羅尊者, 十四龍樹大士, 十五迦那提婆尊者, 十六羅睺羅多尊者, 十七僧伽難提尊者, 十八伽耶舍多尊者, 十九鳩摩羅多尊者, 二十闍耶多尊者, 二十一婆修般頭尊者, 二十二摩拏羅尊者, 二十三鶴勒那尊者, 二十四師子尊者, 二十五婆舍斯多尊者, 二十六不如密多尊者, 二十七般若多羅尊者, 二十八菩提達摩尊者, 此土是爲初祖. 二十九慧可大師, 三十僧璨大師, 三十一道信大師, 三十二弘忍大師, 惠能是爲三十三祖. 從上諸祖, 各有稟承, 汝等向後, 遞代流傳, 母令乖悞." 大師開元元年, 癸丑歲八月初三日, 於國恩寺齋罷, 謂諸徒衆曰: "汝等各依位坐, 吾與汝別." 法海白言: "和尚留何教法, 令後代迷人, 得見佛性?" 師言: "汝等諦聽. 後代迷人, 若識衆生, 卽是佛性. 若不識衆生, 萬劫覓佛難逢. 吾今教汝, 識自心衆生, 見自心佛性. 欲求見佛, 但識衆生. 只爲衆生迷佛, 非是佛迷衆生. 自性若悟, 衆生是佛, 自性若迷, 佛是衆生. 自性平等, 衆生是佛, 自性邪險, 佛是衆生. 汝等心若險曲, 卽佛在衆生中, 一念平直, 卽是衆生成佛. 我心自有佛, 自佛是眞佛. 自若無佛心, 何處求眞佛? 汝等自心是佛, 更莫狐疑. 外無一物, 而能建立, 皆是本心, 生萬種法. 故經云: '心生種種法生, 心滅種種法滅.' 吾今留一偈, 與汝等別. 名自性眞佛偈, 後代之人, 識此偈意, 自見本心, 自成佛道." 偈曰:

"眞如自性是眞佛, 邪見三毒是魔王.

邪迷之時魔在舍, 正見之時佛在堂.

性中邪見三毒生, 卽是魔王來住舍.

正見自除三毒心, 魔變成佛眞無假.

法身報身及化身, 三身本來是一身.

若向性中能自見, 卽是成佛菩提因.

本從化身生淨性, 淨性常在化身中.

性使化身行正道, 當來圓滿眞無窮.

婬性本是淨性因, 除婬卽是淨性身.

性中各自離五欲, 見性刹那卽是眞.

今生若遇頓教門, 忽悟自性見世尊.

若欲修行覓作佛, 不知何處擬求眞.

若能心中自見眞, 有眞卽是成佛因.

不見自性外覓佛, 起心總是大癡人.

頓敎法門今已留, 救度世人須自修.

報汝當來學道者, 不作此見大悠悠."

師說偈已告曰:"汝等好住. 吾滅度後, 莫作世情, 悲泣雨淚. 受人弔問, 身著孝服, 非吾弟子, 亦非正法. 但識自本心, 見自本性, 無動無靜, 無生無滅, 無去無來, 無是無非, 無住無往. 恐汝等心迷, 不會吾意, 今再囑汝, 令汝見性. 吾滅度後, 依此修行, 如吾在日. 若違吾敎, 縱吾在世, 亦無有益." 復說偈曰:

"兀兀不修善, 騰騰不造惡.

寂寂斷見聞, 蕩蕩心無著."

師說偈已, 端坐至三更, 忽謂門人曰:"吾行矣." 奄然遷化. 于時異香滿室, 白虹屬地, 林木變白, 禽獸哀鳴. 十一月廣韶新三郡官僚, 洎門人緇白, 爭迎眞身, 莫決所之, 乃焚香禱曰:"香煙指處, 師所歸焉." 時香煙直貫曹溪. 十一月十三日遷神龕, 倂所傳衣鉢而回. 次年七月二十五日出龕, 弟子方辯, 以香泥上之. 門人憶念取首之記, 須先以鐵葉漆布, 固護師頸入塔, 忽於塔內, 白光出現, 直上衝天, 三日始散. 韶州奏聞, 奉勅立碑, 紀師道行. 師春秋七十有六, 年二十四傳衣, 三十九祝髮. 說法利生三十七載, 得旨嗣法者, 四十三人, 悟道超凡者, 莫知其數. 達摩所傳信衣(係西域屈眴布也), 中宗賜磨衲寶鉢, 及方辯 塑師眞相, 幷道具等, 主塔侍者尸之, 永鎭寶林道場, 流傳壇經, 以顯宗旨, 興隆三寶, 普利群生者.

六祖禪師法寶壇經終.

부록 1

부록 1 목차

1. 후기
   (1) 후기 1
   (2) 후기 2
   (3) 후기 3
2. 옛 사람들의 간행 발문
   (1) 소남옹의 발문
   (2) 서광경첨의 발문
   (3) 지눌의 발문
   (4) 회당안기의 발문
   (5) 지환당 무주자 행사의 발문
   (6) 중화자 태헌의 발문
3. 단경 간행의 후발
   (1) 용명사미 봉기의 발문
   (2) 주석

1. 후기(後記)[339]

(1) 후기 1

대사의 시신을 탑에 넣은 뒤 개원(開元) 10년(722년) 임술(壬戌)[340]에 이르러, 8월 3일 한밤중에 문득 탑 속에서 마치 쇠줄을 끄는 듯한 소리가 들렸다. 대중이 놀라 일어나 보니 상복(喪服)을 입은 사람이 탑 속에서 달려 나왔다. 대중은 대사의 목에 상처가 있음을 살펴보고는 도적의 소행을 낱낱이 주(州)에 고발하였다. 현령(縣令) 양간(楊侃)과 자사(刺史) 유무첨(柳無忝)이 고발장을 받고는 긴급히 사로잡으라고 명했는데, 석각촌(石角村)에서 도적을 붙잡았다. 소주(韶州)로 압송하여 국문(鞠問)하니, 그 도적이 말했다.

"성은 장(張)이고 이름은 정만(淨滿)이며, 여주(汝州) 양현(梁縣)

---

339) 이것은 『단경(壇經)』 원문이 끝나고 그 뒤에 작은 글씨로 후기(後記)처럼 적혀 있는 글이다.
340) 개원 10년 임술년은 서기 722년이다.

사람입니다. 홍주(洪州)의 개원사(開元寺)에서 신라(新羅)의 승려 김대비(金大悲)에게 2만 전(錢)을 받고서 육조 대사의 머리를 가져오기로 하였습니다. 신라로 가지고 돌아가 공양한다고 하였습니다."

태수(太守) 유무첨은 그 소장(訴狀)을 받고서 즉시 형(刑)을 집행하지는 않고, 몸소 조계(曹溪)로 가서 육조 대사의 제자[341]인 영도(令韜)에게 물었다.

"어떻게 처단해야 할까요?"

영도가 말했다.

"만약 국법으로써 논한다면 마땅히 오랑캐의 목을 베어야 할 것입니다. 그러나 불교의 자비로써 본다면 원수와 부모가 평등합니다. 하물며 그는 스님의 머리를 얻어 공양하려고 하였으니, 죄를 용서해 주는 것이 좋겠습니다."

태수 유무첨이 감탄하며 말했다.

"불문(佛門)이 드넓음을 지금에야 알겠군요."

그리하여 드디어 그를 놓아주었다.

상원(上元) 원년(元年; 760년)[342]에 숙종(肅宗)이 사신을 보내어 대사의 의발(衣鉢)을 궁내로 가져와 공양하고 싶다고 청했다. 영태(永泰) 원년(元年; 765년)[343] 5월 5일에 대종(代宗)이 육조 대사가

---

341) 상족(上足) : 제자 가운데 상석(上席)인 자. 상수(上首)의 제자. 고제(高第).
342) 상원(上元)은 당(唐) 제7대 임금인 숙종(肅宗)의 연호. 상원 원년(元年)은 서기 760년이다.
343) 영태(永泰)는 당(唐) 제8대 임금인 대종(代宗)의 연호. 영태 원년은 서기 765년

의발을 돌려달라고 청하는 꿈을 꾸고는 7일에 자사(刺史) 양함(楊緘)에게 칙령을 내렸다.

"짐의 꿈에 혜능(慧能) 선사(禪師)가 나타나서 전해 온 옷인 가사(袈裟)를 조계(曹溪)로 되돌려 달라고 청하였다. 이제 진국대장군(鎭國大將軍) 유숭경(劉崇景)을 시켜 그 가사를 받들어 돌려드리려 한다. 짐은 그것을 국보(國寶)로 여기니 경(卿)은 본래의 절에 여법(如法)하게 안치하고, 그곳의 대중에게는 직접 대사의 종지(宗旨)를 계승한 자가 가사를 엄중하게 수호하여 잃어버리는 일이 없도록 하라고 전하라."

뒷날 간혹 가사를 훔치려는 사람이 있었으나 모두들 멀리 도망가지 못하고 잡혔는데, 이런 일이 네 번이나 있었다. 헌종(憲宗)[344]은 대감선사(大鑑禪師)라는 시호(諡號)를 내리고, 탑의 이름을 원화영조(元和靈照)라고 지었다. 그 나머지의 사적(事蹟)은 당(唐) 상서(尙書) 왕유(王維),[345] 자사(刺史) 유종원(柳宗元),[346] 자사(刺史) 유

이다.

344) 헌종(憲宗)은 당(唐) 제11대 임금인 이순(李純). 제위 연도는 805년-820년이다.
345) 왕유(王維) : ?-759. 성당(盛唐) 시대의 대표적 자연시인. 자는 마힐(摩詰). 만년의 관명을 따라 왕우승(王右丞)이라고도 부른다. 벼슬이 상서우승(尙書右丞)에 이르렀다. 시(詩)뿐 아니라 음악의 명수(名手)이기도 하고 남화(南畵)의 시조(始祖)로 일컬어질 정도로 산수화에도 능했다.
346) 유종원(柳宗元) : 773-819. 중국 당대(唐代)의 문인, 철학자. 산서성(山西省) 동관(潼關) 사람. 한유(韓愈)와 함께 고문운동(古文運動)을 제창하여 거의 1,000년 동안 귀족 출신의 문인들에게 애용된 변려문(騈儷文)에서 작가들을 해방시키려고 했다. 한유와 함께 당송8대가에 속하여 '한·유'(韓柳)라고 병칭된

우석(劉禹錫)[347] 등의 비석(碑石)에 관계되는 사실들이 실려 있다.

수탑사문(守塔沙門)[348] 영도(令韜) 기록함.

(師入塔後, 至開元十年壬戌, 八月三日夜半, 忽聞塔中, 如曳鐵索聲. 衆僧驚起, 見一孝子從塔中走出. 尋見師頸有傷, 具以賊事, 聞於州. 縣令楊侃刺史柳無忝得牒, 切加擒捉五日, 於石角村捕得賊人. 送韶州鞠問, 云:"姓張, 名淨滿, 汝州梁縣人. 於洪州開元寺, 受新羅僧金大悲錢二十千, 令取六祖大師首. 歸海東供養."柳守聞狀, 未卽加刑, 乃躬至曹溪, 問師上足令韜曰:"如何處斷?"韜曰:"若以國法論, 理須誅夷, 但以佛敎慈悲, 冤親平等. 况彼求欲供養, 罪可恕矣."柳守嘉歎曰:"始知佛門廣大."遂赦之. 上元元年, 肅宗遣使, 就請師衣鉢, 歸內供養. 至永泰元年五月五日, 代宗夢六祖大師請衣鉢, 七日勅刺史楊緘云:"朕夢感能禪師, 請傳衣袈裟, 却還曹溪. 今遣鎭國大將軍劉崇景, 頂戴而送. 朕謂

다. 그러나 철학상으로는 한유와 큰 견해 차이를 보여, 천(天)의 의지유무(意志有無)에 관해 논쟁을 벌였다.
347) 유우석(劉禹錫) : 772-842. 중국 당대(唐代)의 문인·철학자. 자는 몽득(夢得). 하남성(河南省) 낙양(洛陽) 사람이다. 별호(別號)는 유빈객(劉賓客). 유종원(柳宗元)과 교분이 매우 두터워서 '유유'(劉柳)라고 병칭되기도 했으며, 항상 백거이(白居易)와 시문(詩文)을 주고받는 등 사이가 좋았기 때문에 '유백'(劉白)이라고도 병칭되었다. 그의 시는 통속적이면서도 청신하며 〈죽지사 竹枝詞〉가 유명하다. 철학저작인 〈천론 天論〉에서는 천·인(天人)의 구별에 대해 논증했다.
348) 수탑사문(守塔沙門) : 주탑시자(主塔侍者)와 같음. 주탑(主塔) 혹은 탑주(塔主)라고도 함. 선원(禪院)의 개산조(開山祖)나 주지가 입적한 이후 그 문도들이 고인의 탑 주변에 탑을 관리하기 위하여 세운 작은 절인 탑원(塔院; 탑중(塔中), 탑두(塔頭), 탑처(塔處)라고도 함)의 주지(住持).

之國寶, 卿可於本寺, 如法安置, 傳令僧衆, 親承宗旨者, 嚴加守護, 勿令遺墜." 後或爲人偸竊, 皆不遠而獲, 如是者數四. 憲宗諡大鑑禪師, 塔曰元和靈照. 其餘事蹟, 係在載唐尙書王維, 刺史柳宗元, 刺史劉禹錫等碑. 守塔沙門令韜錄.)

(2) 후기 2

송(宋) 태조(太祖)[349]가 개국한 초기 왕의 군사가 남해(南海)를 평정하였는데, 유(劉) 씨의 잔병(殘兵)이 대사의 탑묘(塔廟)를 가로막고서[350] 심문하여 잿더미로 만들었다. 그러나 대사의 진신(眞身)은 수탑승(守塔僧)이 보호하여 전혀 손상을 입지 않았다. 얼마 후에[351] 천자의 명령[352]이 있어서 대규모 공사를 일으켰으나,[353] 아직 공사가 끝나기 전에 송 태조가 즉위하였다. 태조는 선문(禪門)에 관심을 두고서[354] 새로 대사의 탑을 7층으로 세우도록 하고, 대감진공선사태평흥국지탑(大鑑眞空禪師太平興國之塔)이라는 탑호를 내렸다. 송(宋) 인종(仁宗) 천성(天聖) 10년(1032년)에[355] 수레[356]를 마련해[357] 대사의 진신(眞身)과 의발(衣鉢)을 궁궐 안으로 맞아들여 공양(供養)을 올리고 대감진공보각선사(大鑑眞空普覺禪師)라는 시호(諡號)를

---

349) 북송(北宋)의 태조(太祖) 조광윤(趙匡胤). 생몰년도는 927년-976년. 재위 기간은 960년-976년.
350) 작경(作梗) : 방해하다. 훼방하다.
351) 심(尋) : ①뒤이어. 잠시 후. ②계속하여. 연달아.
352) 제(制) : 천자(제왕)의 명령
353) 흥수(興修) : 대규모 공사를 일으키다. 건조(建造)하다.
354) 유심(留心) : 마음을 쏟다. 관심을 가지다.
355) 천성(天聖)은 북송 4대 임금인 인종(仁宗; 1022-1063년 재위) 조정(趙禎)의 연호. 천성 10년은 서기 1032년임.
356) 안여(安輿) : 안거(安車). 앉아 갈 수 있게 만든 수레.
357) 구(具) : 준비하다. 마련하다.

더하였다. 송(宋) 신종(神宗)은 대감진공보각원명선사(大鑑眞空普覺圓明禪師)라는 시호를 더하였다. 소주(韶州)[358]에서는 사찰(寺刹)과 사적(事蹟)을 다시 세웠는데, 원헌공(元獻公) 안수(晏殊)가 지은 탑기(塔記)에 낱낱이 기재(記載)되어 있다. 육조 대사가 당(唐) 개원(開元) 원년(元年; 713년) 계축세(癸丑歲)[359]에 시적(示寂)한 때로부터 대원(大元) 지원(至元) 27년(1290년) 경인세(庚寅歲)[360]까지는 이미 578년이 지났다.[361]

(宋太祖開國之初, 王師平南海, 劉氏殘兵作梗, 師之塔廟, 鞠爲煨燼. 而眞身, 爲守塔僧保護, 一無所損. 尋有制興修, 功未畢, 會宋太祖卽位. 留心禪門, 詔新師塔七層, 加諡大鑑眞空禪師太平興國之塔. 宋仁宗天聖十年, 具安輿迎師眞身及衣鉢入內供養, 加諡大鑑眞空普覺禪師. 宋

---

358) 여기에서 본주(本州)란 곧 육조 대사의 진신이 안치된 소주(韶州)이다.
359) 개원(開元)은 당(唐) 6대 임금인 현종(玄宗; 712년–756년 재위) 이융기(李隆基)의 연호. 개원 원년 계축세는 서기 713년이다.
360) 지원(至元)은 원(元)의 제1대 임금인 세조(世祖; 1260년–1294년 재위) 홀필렬(忽必烈)의 연호. 지원 27년 경인세(庚寅歲)는 서기 1290년이다. 이 책의 맨 앞에 나오는 고균비구 덕이(德異)의 서문에 보면 지원 27년 경인세에 오중(吳中)의 휴휴선암(休休禪庵)에서 『단경』을 간행하였음을 알 수 있다. 즉 지원 27년(서기 1290년)은 중국에서 몽산덕이(蒙山德異)가 『단경』의 고본(古本)을 찾아내 처음으로 간행한 연도이다. 이때는 고려(高麗) 충렬왕(忠烈王) 16년이다.
361) 원(元) 지원(至元) 27년 경인(庚寅)은 서기 1290년이고, 육조(六祖)가 시적(示寂)한 당(唐) 개원(開元) 원년(元年) 계축(癸丑)은 713년이므로 이 사이는 577년이 지난 것이다.

神宗, 加諡大鑑眞空普覺圓明禪師. 本州復興梵刹事蹟, 元獻公晏殊所作碑記具載. 六祖禪師, 自唐開元元年癸丑歲示寂, 至大元至元二十七年庚寅歲, 已得五百七十八年矣.)

(3) 후기 3

　성화(成化) 15년(1479년) 기해(己亥)[362] 5월에 백운산(白雲山) 병풍암(屛風庵)[363]에서 간행한 것을 지금 대청(大淸) 광서(光緖) 9년(1883년) 계미(癸未)[364] 5월에 가야산(伽耶山) 해인사(海印寺)에서 다시 집필하여 간행하니, 그 사이의 연수(年數)가 무릇 373년이다.[365] 지원(至元) 경인(庚寅)[366]에서 성화(成化) 기해(己亥)에 이르기까지는 몇 년이나 지났던가?[367] 글이 없어서 살펴볼 수가 없다. 육조 대사가 돌아가신 때로부터 오늘에 이르기까지 몇 백 년이 지

---

[362] 성화(成化)는 명(明)나라 9대 임금인 헌종(憲宗)의 연호. 성화 15년 기해(己亥)는 서기 1479년이다.

[363] 순천 선암사 승보박물관의 기록에는 백운산 병풍암이 곧 전남(全南) 광양(光陽)에 있는 백운산(白雲山)의 병풍암(屛風庵)이라고 한다. 그러나 현재의 백운산에는 병풍암이라는 암자가 없다.

[364] 광서(光緖)는 청(淸)나라 제11대 임금인 덕종(德宗)의 연호. 광서 9년은 서기 1883년 계미(癸未)년이다.

[365] 성화(成化) 15년(1479년)에서 광서(光緖) 9년(1883년)까지의 연수는 404년이다. 그러므로 연수의 계산에 착오가 있다. 만약 성화(成化) 15년(1479년)에서 373년이 지난 해라면 1852년이니, 이때는 청(淸) 함풍(咸豊) 2년 신사(辛巳)가 된다.

[366] 지원(至元)은 원(元)의 제1대 임금인 세조(世祖)의 연호. 지원 경인(庚寅)은 지원 27년인 서기 1290년이다. 몽산덕이는 지원 27년 경인에 오중(吳中) 휴휴선암에서 이『법보단경(法寶壇經)』을 처음 간행하였다.

[367] 지원(至元) 경인(庚寅; 1290년)에서 성화(成化) 기해(己亥; 1479년)까지는 189년이다.

났으나 그 발자취는 온전히 보전되어 있으니, 그렇게 목판을 새겨 책을 찍은368) 공덕(功德)이 지대함을 알 수 있다.

(成化十五年己亥五月日, 白雲山屛風庵, 所開刊者, 而今大淸光緖九年癸未五月日, 伽耶山海印寺, 重修刊板, 其間年數, 凡三百七十三年矣. 至元庚寅, 至成化己亥, 凡爲幾年乎? 無文不可考矣. 自師滅度至于今日幾百年載, 而其蹟完存, 可知其剞劂之功, 至大矣夫.)

---

368) 기궐(剞劂) : ①조각칼. ②목판에 글자를 새김. 목판을 새겨 책을 찍음.

2. 옛 사람들의 간행 발문

(1) 소남옹(所南翁)의 발문(跋文)

『단경(壇經)』은 육조선사(六祖禪師)의 일생과 지도했던 제자들과 문답(問答)한 말을 기록한 것이다. 그 말씀이 단순 명쾌하고[369] 활짝 드러나 있어 분명하게 사람에게 보여 주고 숨긴 말이 전혀 없으니, 달마(達摩) 이하에서 최고로 훌륭하여 직지인심(直指人心)·견성성불(見性成佛)의 지름길이라고 할 만하다. 다만 그 사이에 따로 한 구절이 있는데, 이것은 비록 문자언어 밖에서 드러나는 것은 아니지만 또한 문자언어 속에 있는 것도 아니다. 여러분에게 묻노라. 이 한 구절을 읽을 수 있는가? 만약 읽어 낼 수 있다면, 당장[370] 범부를 바꾸어 부처를 이룰 것이다. 만약 아직 그렇지 못하다면, 우선 다만 죽 훑어 읽으면서[371] 뜻은 모르고 글자만 세고

---

369) 직절(直截) : 곧장. 단도직입적으로. 단순 명쾌하게. 시원시원하게.
370) 입지(立地) : (부사) 당장. 즉시.
371) 순행(循行) : 열독(閱讀)함. 죽 훑어 읽다.

³⁷²⁾있더라도 역시 복(福)을 헛되이 버리진³⁷³⁾ 않을 것이다. 추곡장로(秋谷長老)께서 재물을 내놓아 『단경』을 간행하여³⁷⁴⁾ 여러분 앞에 배포하였으니, 그야말로³⁷⁵⁾ 노파심(老婆心)이 간절한 것이다. 모르겠구나. 누가 이 뜻을 자세히³⁷⁶⁾ 알까?

소남옹(所南翁)³⁷⁷⁾이 발(跋)³⁷⁸⁾하다.

古者刊跋

壇經乃述六祖禪師本末, 與夫接門弟子問答之語. 其辭直截豁露分明示人, 更無隱語, 達摩而下最爲奇特, 可爲直指人心見性成佛之捷徑. 但其間別有一句, 雖不出於文字語言之外, 却不在於文字語言之中. 試問諸人. 還讀得麽? 若讀得出, 立地化凡成聖. 其或未然, 且只循行數墨亦福不唐捐. 秋谷長老, 捐財

---

372) 수묵(數墨) : 책을 건성으로 읽으면서 단지 글자만 세고 뜻을 밝히지 않는 것을 이르는 말.
373) 당연(唐捐) : 헛되이 없애다. 헛되이 버리다.
374) 입재(入梓) : 판각(板刻)하여 서적을 간행함. 재(梓)는 판각용 나무를 가리킴.
375) 직시(直是) : 그야말로. 전혀. 정말. 실로.
376) 체실(體悉) : 자기의 몸과 마음을 꿰뚫어 보고 분명하게 깨닫는 것을 의미한다. 일반적으로는 상대의 심중을 충분하게 파악하고, 또 자신을 그 사람의 처지에 두어서 상세하게 그 마음을 살펴서 아는 것을 뜻한다. 같은 입장이 되어 사정을 이해하다는 뜻.
377) 박상국(朴相國)이 쓴 「육조단경(六祖壇經)의 간행(刊行)과 유통(流通)」(김지견(金知見) 편(編) 『육조단경의 세계』 민족사. pp.159-194)이라는 논문에서는 소남옹(所南翁)이 원(元)나라 사람이며, 이 발문은 1316년에 씌어진 것이라고 한다.
378) 발(跋) : 후발(後跋). 책의 끝에 본문 내용이나 간행에 관계되는 사항을 간략하게 적은 글.

入梓, 流通撒向諸人面前, 直是老婆心切. 不知. 誰解體悉此意耶?

所南翁跋.

(2) 서광경첨(瑞光景瞻)의 발문

『법보단경(法寶壇經)』은 곧 불조(佛祖)의 골수이며 곧장 근원에 이르며 지엽말단이 전혀 없다. 마치 태양이 하늘에 걸려서 비추지 않는 곳이 없는 것과 같고, 물이 바다로 흘러들어 가서 동일한 짠맛이 되는 것과 같으니, 태양을 보는 자와 바닷물을 마시는 자는 모든 것을 보게 되고 모든 것을 맛보게 되는 것과 같다. 보국추곡(報國秋谷) 노스님이 판각(板刻)하고 인쇄하고 배포하여 널리 전함으로써 배우는 자로 하여금 마치 보살이 마음의 근원을 문득 깨닫는 것과 같이 깨달음으로 나아가게 하였다. 비록 그렇지만, "낙엽이 떨어져 뿌리로 돌아가면 돌아올 때를 말할 수 없다"[379]를 육조(六祖)의 마지막[380] 말씀이라고 한다면, 이『단경(壇經)』은 어디에서 얻었는가?

　　연우(延祐) 병진(丙辰)[381] 3월. 서광경첨(瑞光景瞻)[382]이 삼가 쓰다.

---

379) 『육조법보단경(六祖法寶壇經)』「부촉유통제십(付囑流通第十)」에 나오는 구절. 육조가 죽음을 예견하고 "모든 부처가 나타났지만 도리어 열반을 보였다. 온 것은 반드시 가게 되어 있으니, 도리 역시 그러하다. 나의 이 몸뚱이도 돌아갈 때는 반드시 그 장소가 있다."라고 말하자 대중이 "스님께서 지금 가시면, 언제 돌아오실 수 있습니까?"라고 물었는데, 여기에 대한 육조의 대답이다.

380) 말후(末後) : 최후. 마지막.

381) 연우(延祐)는 원(元) 4대 임금인 인종(仁宗)의 연호. 연우(延祐) 병진(丙辰)은 연우 3년으로서 서기 1316년이다.

382) 박상국(朴相國)이 쓴「육조단경(六祖壇經)의 간행(刊行)과 유통(流通)」(김지견(金知見) 편(編)『육조단경의 세계』민족사. pp.159-194)이라는 논문에서는 서

法寶壇經, 乃是佛祖骨髓, 直截根源, 了無枝葉. 如日麗天靡所不照, 如水歸海同一醎味, 見者飮者, 莫不具足. 報國秋谷老師, 刊板印施, 以廣其傳, 欲令學者, 若菩薩頓悟心宗, 令趣覺地. 雖然, '葉落歸根, 來時無口.' 若謂老盧末後句, 此卷向甚處得來?

延祐丙辰三月日. 瑞光景瞻 拜書.

광경첨(瑞光景瞻)이 원(元)나라 사람이라고 한다.

(3) 지눌(知訥)의 발문

태화(泰和) 7년[383] 12월 어느 날 사내(社內)[384]의 승려 담묵(湛默)이 책 한 권을 가지고 조실(祖室)로 찾아와 말했다.

"근래 법보기단경(法寶記壇經)[385]을 얻었습니다. 장차 그것을 중각(重刻)하여 널리 전하고자 합니다. 스님께서 그 발문을 좀 써 주십시오."

나는 기뻐하면서 대답하였다.

"이것은 내가 평생 동안 우러러 받든[386] 배움의 귀감(龜鑑)이다. 그대가 판각하고 인쇄하여 유포함으로써 후세에 길이 전하려 한다니, 노승(老僧)의 뜻에 매우 흡족하다. 그러나 여기에는 하나의 의문이 있다. 남양혜충(南陽慧忠) 국사가 선객에게 말했다. '나의 이곳에선 몸과 마음이 한결같고 마음 밖에 나머지가 없다. 그러므로 전혀 생멸(生滅)이 없다. 그대들 남방(南方)에선 몸은 무상(無常)하고 정신(精神)의 본성(本性)은 항상(恒常)하다고 하니, 반은 생

---

383) 태화(泰和)는 금(金)나라 6대 임금인 장종(章宗)의 연호. 태화 7년은 정묘(丁卯)년인 서기 1207년이다. 이때는 고려 희종(熙宗) 3년이다.
384) 조계산(曹溪山) 수선사(修禪社), 즉 현재의 송광사(松廣寺)를 가리킨다.
385) 『법보기단경(法寶記壇經)』이라는 명칭은 덕이본(德異本) 이전에 고려에 전해졌던 단경(壇經)의 이름이다. 고려의 보조지눌과 회당안기의 발문에서는 모두 『법보기단경』이라고 부르고 있다. 덕이본에서는 『육조법보단경(六祖法寶壇經)』 혹은 『육조선사법보단경(六祖禪師法寶壇經)』이라는 이름만 등장한다.
386) 종승(宗承) : 우러러 받들다.

멸하고 반은 생멸하지 않는 것이다.' 다시 말했다. '나는 이전에[387] 남방을 다니면서 이런 상황을 많이 보았는데, 근래에 더욱 성행하고 있다. 저 단경(壇經)을 붙잡고 말하기를 "남방(南方)의 종지(宗旨)이다."라고 하면서, 어리석은 말을 덧붙이고 성인의 뜻을 삭제함으로써 후학들을 혼란하게 만들었다.'[388] 그대가 지금 얻은 것은

---

387) 비(比) : 이전에. 종전에.
388) 『경덕전등록』 제28권 '남양혜충국사(南陽慧忠國師)'에 나오는 대화의 일부. 그 내용은 다음과 같다 : 남양혜충 국사가 선객(禪客)에게 물었다. "어느 지방에서 왔습니까?" "남쪽 지방에서 왔습니다." 혜충 국사가 물었다. "남쪽 지방에는 어떤 선지식이 있습니까?" "선지식들이 매우 많습니다." 혜충 국사가 물었다. "그들은 사람들에게 무엇을 보여 줍니까?" 선객이 말했다. "그 지방의 선지식들은 배우는 사람들에게 곧장 이렇게 가리킵니다. '이 마음이 곧 부처이다. 부처는 깨달음이라는 뜻이다. 그대들은 지금 보고 · 듣고 · 느끼고 · 아는 본성을 완전히 갖추고 있다. 이 본성은 눈썹을 찌푸릴 줄도 알고, 눈을 깜박일 줄도 알고, 오고 갈 줄도 알고, 몸 속에서 두루 운용(運用)할 줄도 잘 안다. 머리를 두드리면 머리가 알고, 다리를 두드리면 다리가 안다. 그러므로 일러 정편지(正遍知)라고 한다. 이것 이외에 다시 다른 부처는 없다. 이 몸은 생겨나거나 사라지지만, 심성(心性)은 애초부터 생겨나거나 사라진 적이 없다. 몸이 생겨나고 사라지는 것은 마치 용(龍)이 뼈를 바꾸는 것과 같고 뱀이 허물을 벗는 것과 같고, 사람이 살던 집에서 나오는 것과 같다. 그러므로 몸은 무상(無常)하지만, 그 본성은 항상(恒常)하다.' 남쪽 지방에서 말하는 것은 대략 이와 같습니다." 국사가 말했다. "만약 그렇다면, 저 선니외도(先尼外道)와 차이가 없습니다. 그 외도는 말합니다. '나의 이 몸 속에 하나의 신령스러운 본성이 있다. 이 본성은 아픈 줄도 알고 가려운 줄도 안다. 몸이 부서질 때 정신은 밖으로 빠져나가니, 마치 집이 불타면 집주인은 밖으로 빠져나가는 것과 같다. 집은 무상(無常)하지만, 집주인은 항상(恒常)하다.' 이와 같은 것은 살펴보면, 삿된 법과 바른 법을 구분할 수 없으니, 누가 옳겠습니까? 내가 이전에 사방을 돌아다닐 때 이러한 모습을 흔히 보았는데, 요즈음에는 더욱 성행하고 있습니다. 사오백 대중을 모아 놓고

눈으로는 은하수를 바라보며 말하기를 '이것이 남방(南方)의 종지(宗旨)이다.'라고 하고, 저 단경(壇經)을 뜯어고쳐 비루한 말을 덧붙이고 성인의 뜻을 잘라 내어 후학들을 속이고 있으니, 어찌 가르침의 말씀이 되겠습니까? 괴롭도다! 우리 선종(禪宗)이 죽어가는구나. 만약 보고·듣고·느끼고·아는 것이 불성(佛性)이라면, 유마힐은 이렇게 말하지 말아야 할 것입니다. '법은 보고·듣고·느끼고·아는 것을 벗어났다. 만약 보고·듣고·느끼고·아는 수행을 한다면, 이것은 곧 보고·듣고·느끼고·아는 것이지, 법을 구하는 것이 아니다.'"(南陽慧忠國師問禪客: "從何方來?" 對曰: "南方來." 師曰: "南方有何知識?" 曰: "知識頗多." 師曰: "如何示人?" 曰: "彼方知識, 直下示學人. 卽心是佛. 佛是覺義. 汝今悉具見聞覺知之性, 此性善能揚眉瞬目去來運用遍於身中. 挃頭頭知挃脚脚知. 故名正遍知. 離此之外更無別佛. 此身卽有生滅, 心性無始以來未曾生滅. 身生滅者, 如龍換骨, 蛇脫皮, 人出故宅. 卽身是無常, 其性常也. 南方所說大約如此." 師曰: "若然者, 與彼先尼外道無有差別. 彼云: '我此身中有一神性. 此性能知痛癢. 身壞之時神則出去, 如舍被燒舍主出去. 舍卽無常, 舍主常矣.' 審如此者, 邪正莫辨, 孰爲是乎? 吾比遊方, 多見此色, 近尤盛矣. 聚卻三五百衆, 目視雲漢云: '是南方宗旨.' 把他壇經改換, 添糅鄙譚, 削除聖意, 惑亂後徒, 豈成言敎? 苦哉! 吾宗喪矣. 若以見聞覺知是佛性者, 淨名不應云: '法離見聞覺知. 若行見聞覺知, 是則見聞覺知, 非求法也.'") 승려가 다시 물었다. 법화(法華)의 요의(了義)에선 부처의 지견(知見)을 연다고 하는데, 이것은 또 어떻습니까?" 국사가 말했다. "그곳에서는 '부처의 지견을 연다'라고 말하지만, 여전히 보살과 이승(二乘)을 말하지는 않습니다. 어찌 중생의 어리석음이 곧장 부처의 지견과 같겠습니까?" 승려 : "어떤 것이 부처의 마음입니까?" 국사 : "담장, 벽, 기와, 조약돌입니다." 승려 : "경전과는 크게 어긋납니다. 열반경(涅槃經)에서는 '담장이나 벽 같은 무정물(無情物)을 벗어났기 때문에 불성(佛性)이라 부른다.'라고 하였는데, 지금 바로 그런 무정물이 곧 부처의 마음이라고 하시니, 마음과 본성(本性)은 다릅니까? 다르지 않습니까?" 국사 : "어리석으면 다르고, 깨달으면 다르지 않습니다." 승려 : "경전에서는 '불성은 항상하고, 마음은 무상하다.'라고 하였는데, 지금 다르지 않다고 하시니, 무슨 까닭입니까?" 국사 : "당신은 언어에만 의지하고 뜻에는 의지하지 않는군요. 비유하면 추울 때는 물이 얼어서 얼음이 되고,

더울 때는 얼음이 녹아서 물이 되는 것과 같습니다. 중생이 어리석을 때는 본성을 얼려서 마음을 이루고, 중생이 깨달을 때는 마음을 녹여서 본성을 이룹니다. 만약 무정물(無情物)에 불성이 없다고 고집한다면, 경전에선 응당 '삼계(三界)가 오직 마음이다.'라는 말을 하지 않았을 것입니다. 분명히 당신 자신이 경전과 어긋난 것이지, 내가 어긋난 것은 아닙니다." 승려 : "무정물에 마음과 본성이 있다면, 법도 말할 줄 압니까?" 국사 : "그것들은 또렷이 언제나 법을 말하면서 쉼이 없습니다." 승려 : "저는 어찌하여 그 설법을 듣지 못합니까?" 국사 : "당신 자신이 듣지 않는 것입니다." 승려 : "어떤 사람이 들을 수 있습니까?" 국사 : "모든 부처님들이 들을 수 있습니다." 승려 : "중생들은 들을 수 없겠군요." 국사 : "나는 중생을 위하여 말하지, 부처를 위하여 말하지 않습니다." 승려 : "저는 귀가 멀고 눈이 멀어서 무정물의 설법을 듣지 못합니다만, 국사께선 당연히 들으시겠지요?" 국사 : "나 역시 듣지 못합니다." 승려 : "국사께서도 듣지 못하시면서, 무정물이 법을 말하는지를 어떻게 아십니까?" 국사 : "내가 만약 듣는다면 모든 부처님들과 같을 것이니, 당신은 내가 법을 말하는 것을 듣지 못할 것입니다."(僧又問: "法華了義, 開佛知見, 此復若爲?" 師曰: "他云: '開佛知見.' 尙不言菩薩二乘. 豈以衆生癡倒便同佛之知見耶?" 僧又問: "阿那箇是佛心?" 師曰: "牆壁瓦礫是." 僧曰: "與經大相違也. 涅槃云: '離牆壁無情之物故名佛性.' 今云: '是佛心.' 未審心之與性爲別不別." 師曰: "迷卽別悟卽不別." 曰: "經云: '佛性是常, 心是無常.' 今云: '不別.' 何也?" 師曰: "汝但依語, 而不依義. 譬如寒月水結爲冰, 及至暖時冰釋爲水. 衆生迷時結性成心, 衆生悟時釋心成性. 若執無情無佛性者, 經不應言三界唯心. 宛是汝自違經, 吾不違也." 問: "無情旣有心性, 還解說法否?" 師曰: "他熾然常說無有間歇." 曰: "某甲爲什麼不聞?" 師曰: "汝自不聞." 曰: "誰人得聞?" 師曰: "諸佛得聞." 曰: "衆生應無分邪?" 師曰: "我爲衆生說, 不爲聖人說." 曰: "某甲聾瞽不聞無情說法, 師應合聞." 師曰: "我亦不聞." 曰: "師旣不聞, 爭知無情解說?" 師曰: "我若得聞, 卽齊諸佛, 汝卽不聞我所說法.") 승려 : "중생들도 결국은 듣게 됩니까?" 국사 : "중생이 만약 듣는다면, 중생이 아니지요." 승려 : "무정물이 법을 말한다는 주장에는 어떤 경전의 근거가 있습니까?" 국사 : "화엄경(華嚴經)에서 '국토가 말하고 중생이 말하고 삼세의 모든 것들이 말한다.'라는 구절을 보지 못했습니까? 중생은 유정(有情)입니다."

승려 : "국사께선 다만 무정물에 불성이 있다고 말씀하셨습니다만, 유정(有情)의 경우에는 어떻습니까?" 국사 : "무정물에도 불성이 있는데, 하물며 유정이야 말할 것이 있겠습니까?" 승려 : "그렇다면, 아까 언급한 남방 선지식의 '보고 듣는 것이 곧 불성이다.'란 말이 외도와 같다고 판단해서는 안 될 것입니다." 국사 : "그들에게 불성이 없다고 말한 것이 아닙니다. 외도에게 어찌 불성이 없겠습니까? 다만 보는 것에 관련하여 일법(一法) 속에서 이견(二見)을 내는 잘못이 있기 때문에 옳지 않은 것입니다." 승려 : "만약 불성을 완전히 갖추고 있다면, 유정을 죽이면 업을 맺어 그 손해에 대한 댓가를 치러야 합니다만, 무정을 죽여 과보를 받았다는 말은 듣지 못했습니다." 국사 : "유정은 정보(正報)이므로 나와 나의 것을 따져서 원한을 맺으면 죄의 과보가 있습니다. 무정은 의보(依報)이므로 원한을 맺는 마음이 없습니다. 이 까닭에 과보가 있다고 말하지 않습니다."(曰:"衆生畢竟有聞否?" 師曰:"衆生若聞卽非衆生." 曰:"無情說法有何典據?" 師曰:"不見華嚴云:'刹說衆生說三世一切說.' 衆生是有情乎." 曰:"師但說無情有佛性, 有情復若爲?" 師曰:"無情尙爾, 況有情耶?" 曰:"若然者, 前擧南方知識云:'見聞是佛性.' 應不合判同外道." 師曰:"不道他無佛性. 外道豈無佛性耶? 但緣見錯於一法中而生二見故非也." 曰:"若俱有佛性, 且殺有情卽結業互酬損害, 無情不聞有報." 師曰:"有情是正報計我我所而懷結恨卽有罪報. 無情是其依報無結恨心. 是以不言有報.") 승려 : "경전 속에서는 다만 유정이 부처가 되는 것을 볼 뿐, 무정이 수기(授記)를 받는 것은 보지 못합니다. 그런데 현겁(賢劫)의 천 부처 가운데 누가 무정이 부처가 된 것입니까?" 국사 : "마치 황태자가 아직 왕위를 받지 않았을 때는 다만 한 개 몸일 뿐이지만, 왕위를 받은 뒤에는 국토가 모두 왕에게 속하는 것과 같습니다. 어찌 국토와 따로 왕위를 받겠습니까? 지금 다만 유정이 수기를 받아 부처가 될 때는 온 우주의 불국토가 모두 저 부처의 몸을 뒤덮는데, 어찌 다시 무정이 수기를 받겠습니까?" 승려 : "모든 중생들이 전부 불신(佛身)의 위에 머물면서 불신을 쉽사리 더럽히기도 하고 불신을 짓밟고 불신에 구멍을 내기도 하는데, 어찌 죄가 없겠습니까?" 국사 : "중생이 전체로서 부처인데, 무엇을 하려 한들 죄가 되겠습니까?" 승려 : "경전에서 말하기를 '부처의 몸에는 장애가 없다.'라고 하였는데, 이제 유위(有爲)의 질애(質碍)가 되는 물건이 불신이 된다면, 어찌 성인의 뜻과 어긋나지 않겠습니까?"

국사 : "대품경(大品經)에서 말하기를 '유위(有爲)를 떠나 무위(無爲)를 말할 수는 없다.'라고 하였는데, 당신은 색(色)이 곧 공(空)임을 믿습니까?" 승려 : "부데, 어찌 장애가 있겠습니까?"(曰: "教中但見有情作佛, 不見無情受記. 且賢劫千佛, 孰是無情佛耶?" 師曰: "如皇太子未受位時唯一身爾, 受位之後國土盡屬於王, 寧有國土別受位乎? 今但有情受記作佛之時, 十方國土悉是遮那佛身, 那得更有無情受記耶?" 曰: "一切衆生盡居佛身之上, 便利穢汚佛身, 穿鑿踐蹋佛身, 豈無罪耶?" 師曰: "衆生全體是佛, 欲誰爲罪?" 曰: "經云: '佛身無罣礙.' 今以有爲質礙之物而作佛身, 豈不乖於聖旨?" 師曰: "大品經云: '不可離有爲而說無爲.' 汝信色是空否?" 曰: "佛之誠言, 那敢不信." 師曰: "色既是空, 寧有罣礙?") 승려 : "중생과 부처의 본성이 이미 같다면, 다만 한 부처의 수행에 모든 중생들이 응할 때에 해탈입니다. 지금 이미 그렇지 않다면, 중생과 부처의 본성이 같다는 뜻이 어디에 있겠습니까?" 국사 : "당신은 보지도 못했습니까? 화엄육상(華嚴六相)의 뜻에서 말했습니다. '같음 속에 다름이 있고, 다름 속에 같음이 있다. 성상(成相)·괴상(壞相)·총상(總相)·별상(別相)의 유례(類例)가 모두 그렇다.' 중생과 부처가 비록 동일한 본성이지만, 각각 스스로 수행하고 스스로 깨달음을 얻는 것을 방해하지 않습니다. 남이 밥을 먹는데, 내가 배부른 경우는 본 적이 없습니다."(曰: "衆生佛性既同, 只用一佛修行, 一切衆生應時解脫. 今既不爾同義安在?" 師曰: "汝不見? 華嚴六相義云: '同中有異異中有同. 成壞總別類例皆然.' 衆生佛雖同一性, 不妨各各自修自得. 未見他食我飽.") 승려 : "선지식이 학인에게 가리키기를, '다만 스스로 본성을 알아서 무상(無常)을 깨달을 때, 육신(肉身)은 한쪽으로 내던져 버리고 마음은 멀리 가 버리니, 일컬어 해탈이라 한다.'라고 하니, 이것은 또 어떻습니까?" 국사 : "앞서 이미 말했듯이, 여전히 이승(二乘)과 외도(外道)의 일입니다. 이승은 생사(生死)를 싫어하고 열반을 좋아하며, 외도도 말하기를 '나에게 큰 걱정거리가 있으니 나에게 육신이 있기 때문이다.'라 하고는 명제(冥諦)로 나아갑니다. 수다원과(須陀洹果)의 사람은 8만 겁, 나머지 3과(果)의 사람은 각각 6만 겁, 4만 겁, 2만 겁, 벽지불(辟支佛)은 1만 겁 동안 선정(禪定) 속에 머물러 있고, 외도 역시 8만 겁을 비비상천(非非想天) 속에 머물러 있습니다. 이승은 겁(劫)이 다하면 도리어 소승의 마음을 돌려

대승으로 향합니다만, 외도는 윤회(輪廻)로 되돌아가 버립니다." 승려 : "불성 (佛性) 한 종류는 다릅니까?" 국사 : "한 종류도 얻지 못합니다." 승려 : "왜 그렇습니까?" 국사 : "혹은 전혀 생멸(生滅)하지 않고, 혹은 반은 생멸하며 반은 생멸하지 않습니다." 승려 : "이것을 풀어 말씀해 주십시오." 국사 : "나의 여기에선 불성이 전혀 생멸하지 않습니다만, 당신들 남방에선 불성이 반은 생멸하고 반은 생멸하지 않습니다." 승려 : "어떻게 그렇게 구분합니까?" 국사 : "이곳에선 몸과 마음이 한결같아서 마음밖에 남은 것이 없으니, 그 때문에 모두가 생멸하지 않습니다. 당신들 남방에선 몸은 무상하고 마음은 항상하니, 그 때문에 반은 생멸하고 반은 생멸하지 않는 것입니다."(曰 : "有知識示學人, '但自識性了無常時, 抛卻殼漏子一邊著, 靈臺智性迴然而去, 名爲解脫.' 此復若爲?" 師曰 : "前已說了, 猶是二乘外道之量. 二乘厭離生死欣樂涅槃, 外道亦云 : '吾有大患爲吾有身.' 乃趣乎冥諦. 須陀洹人八萬劫, 餘三果人六四二萬, 辟支佛一萬劫住於定中, 外道亦八萬劫住非非想中. 二乘劫滿猶能迴心向大, 外道還卻輪廻." 曰 : "佛性一種爲別?" 師曰 : "不得一種." 曰 : "何也?" 師曰 : "或有全不生滅, 或半生半滅半不生滅." 曰 : "執爲此解." 師曰 : "我此間佛性全不生滅, 汝南方佛性半生半滅半不生滅." 曰 : "如何區別?" 師曰 : "此則身心一如心外無餘, 所以全不生滅. 汝南方身是無常神性是常, 所以半生半滅半不生滅.") 승려 : "스님의 색신(色身)이 어떻게 곧장 법신(法身)과 같아서 생멸하지 않을 수 있습니까?" 국사 : "당신은 어찌하여 사도(邪道)에 들어갔습니까?" 승려 : "제가 언제 사도에 들어갔습니까?" 국사 : "당신은 보지도 못했습니까? 금강경에서 말했습니다. '색깔로써 보고 소리로써 구하는 것은 모두 사도를 행하는 것이다.' 지금 당신의 소견이 그렇지 않습니까?" 승려 : "저는 일찍이 대승과 소승의 경론(經論)을 읽었습니다. '생하지도 않고 멸하지도 않는 중도(中道)의 바른 본성을 말하는 곳이 있음을 보았고, 또 이 오온(五蘊)이 소멸하고 저 오온이 생겨나니 몸은 새로운 것과 낡은 것이 교대하지만 마음은 소멸하지 않는다고 말한 문장이 있는 것도 보았습니다. 어찌하여 외도의 단상이견(斷常二見)과 같다고 모두 내버릴 수 있겠습니까?" 국사 : "당신은 출세간의 위없이 바르고 참된 도를 배웁니까? 세간의 생사(生死)와 단상이견을 배웁니까? 당신은 보지 못했습니까? 승조(僧肇)가 말했습니다. '참됨을 말하면 속됨을 거역하게 되고, 속됨을 따르면 참됨에 위배된다. 참됨에 위배되는 까

바로 본문(本文)이고 첨가한 기록이 아니니, 국사의 꾸짖음을 면할 만하다. 그렇지만 상세한 본문에도 역시 몸은 생멸하고 마음은

> 닭에 본성에 어두워 돌이키질 못하고, 속됨을 거역하기 때문에 맑음을 말하여 맛이 없다.' 중근기의 사람은 도가 있는 듯이 없는 듯이 소홀히 대하고, 하근기는 손뼉을 치고 비웃으며 돌아보지 않는다고 하였는데, 당신은 지금 하근기가 대도를 비웃는 것을 배우려 하십니까?" 승려 : "스님께서도 이 마음이 곧 부처라고 말씀하시고, 남방의 선지식들 역시 그렇게 말하니, 어찌 차이가 있겠습니까? 스님께선 스스로는 옳고 그들은 틀렸다고 하시면 안 될 것입니다." 국사 : "이름은 다르나 본바탕은 같은 경우가 있고, 이름은 같으나 바탕이 다른 경우가 있으니, 이 때문에 마구잡이로 혼란되는 것입니다. 예컨대 보리(菩提)·열반(涅槃)·진여(眞如)·불성(佛性) 등은 이름은 다르나 바탕은 같은 것이고, 진심(眞心)·망심(妄心)·불지(佛智)·세지(世智)는 이름은 심(心)과 지(智)로 같으나 바탕이 다릅니다. 남방에선 망심을 착각하여 진심이라고 말하기 때문에 도둑을 자식으로 여기는 것이고, 세지(世智)를 불지(佛智)라고 잘못 말하게 된 것입니다. 마치 물고기의 눈알을 밝은 구슬이라고 오해하는 것과 같으니, 그들의 말을 반성 없이 따라하지 말고 일에서는 모름지기 잘 판단하여 가려내야 합니다."(曰: "和尙色身, 豈得便同法身不生滅耶?" 師曰: "汝那得入於邪道?" 曰: "學人早晚入邪道?" 師曰: "汝不見?『金剛經』'色見聲求皆行邪道.' 今汝所見不其然乎?" 曰: "某甲曾讀大小乘敎. 亦見有說不生不滅中道正性之處, 亦見有說此陰滅彼陰生身有代謝而神性不滅之文. 那得盡撥同外道斷常二見?" 師曰: "汝學出世無上正眞之道, 爲學世間生死斷常二見耶? 汝不見? 肇公云: '譚眞則逆俗, 順俗則違眞. 違眞故迷性而莫返, 逆俗故言淡而無味.' 中流之人如存若亡, 下士拊掌而不顧, 汝今欲學下士笑於大道乎?" 曰: "師亦言卽心是佛, 南方知識亦爾, 那有異同? 師不應自是而非他." 師曰: "或名異體同, 或名同體異, 因茲濫矣. 只如菩提涅槃眞如佛性名異體同, 眞心妄心佛智世智名同體異. 緣南方錯將妄心言是眞心, 認賊爲子, 有取世智稱爲佛智. 猶如魚目而亂明珠, 不可雷同事須甄別.") 이로써 보건대 여기 번역한 『육조단경』은 단상이견(斷常二見)에 떨어짐을 분명히 경계하면서 가르치고 있으므로, 혜충 국사가 지적한 허물에는 해당하지 않는 것으로 보인다.

생멸하지 않는다는 뜻이 있다. 예컨대 '진여자성이 스스로 생각을 일으키고, 눈·귀·코·혀가 생각을 일으킬 수는 없다.'[389]는 등의 문장은 바로 국사가 꾸짖는 뜻이다. 마음을 닦는 자가 여기에 이르면, 의심이 없을 수 없다. 어떻게 이해하여야[390] 그가 깊게 믿도록 하고 또 성인의 가르침이 유통되도록 하겠느냐?"

담묵(湛黙)이 말했다.

"그렇다면 훤히 통하는[391] 뜻을 말씀해 주실 수 있으신지요?"

내가 말했다.

---

389) 『육조법보단경』「정혜일체제삼(定慧一體第三)」에 나오는 내용. 전체 내용은 다음과 같다 : "도반들이여, 없다는 것은 무슨 일이 없다는 것이고, 생각한다는 것은 무슨 물건을 생각한다는 것인가? 없다는 것은 두 개의 모습이 없다는 것이며, 모든 번뇌하는 마음이 없다는 것이다. 생각한다는 것은 진여(眞如)인 본성(本性)을 생각한다는 것이다. 진여는 곧 생각의 바탕이며, 생각은 곧 진여의 작용이다. 진여인 자성이 생각을 일으키는 것이고, 눈·귀·코·혀가 생각을 일으킬 수는 없다. 진여에는 자성이 있는 까닭에 생각을 일으킬 수 있다. 진여가 없다면 눈과 귀, 색깔과 소리가 즉시 소멸될 것이다. 도반들이여, 진여인 자성이 생각을 일으키니, 육근(六根)이 비록 보고·듣고·느끼고·알고 하지만, 온갖 경계에 물들지 아니하고 진성(眞性)은 늘 자재(自在)하다. 그러므로 경전에서는 '모든 법의 모습을 잘 분별하면서도, 근본바탕에서 움직이지 않는다.'라고 말한 것이다."(善知識, 無者無何事? 念者念何物? 無者, 無二相, 無諸塵勞之心. 念者, 念眞如本性. 眞如卽是念之體, 念卽是眞如之用. 眞如自性起念, 非眼耳鼻舌能念. 眞如有性, 所以起念. 眞如若無, 眼耳色聲當時卽壞. 善知識, 眞如自性起念, 六根雖有見聞覺知, 不染萬境, 而眞性常自在. 故云: '能善分別諸法相, 於第一義而不動.')
390) 소견(消遣) : 이해하다. 소화하다.
391) 회통(會通) : 훤히 알다. 자세히 알다. 정통(精通)하다.

"노승은 앞서[392] 이 경(經)에 의지하여 마음이 즐거워서 싫어할 줄 몰랐다. 그러므로 조사께서 베푼 좋은 방편의 뜻이 무엇인지 알았다. 조사께선 회양(懷讓)과 행사(行思) 등을 위하여 심인(心印)을 비밀리에 전한 이외에 위거(韋據) 등 승속(僧俗) 천 여 명을 위하여 무상심지계(無相心地戒)를 말씀하셨다. 그러므로 내내[393] 진실만을 말하여 세속을 등질 수도 없고, 또 내내 세속을 좇아서 진실에 위배될 수도 없다. 따라서 절반은 그 뜻을 따르고 절반은 스스로의 깨달음을 말한다. '진여(眞如)가 생각을 일으키고 눈과 귀가 생각을 일으킬 수는 없다.'는 등의 말을 하여, 승속의 사람들로 하여금 먼저 몸 속의 보고 듣는 자성(自性)을 돌이켜 보아 진여를 깨닫게 한 연후에 비로소 조사의 몸과 마음이 한결같다는 비밀한 뜻을 알도록 한 것일 뿐이다. 만약 이와 같은 좋은 방편 없이 곧장 몸과 마음이 한결같다고 말한다면, 눈으로 말미암아 몸을 보니 생멸이 있을 것이다. 그러므로 출가하여 도를 닦는 사람들도 오히려 의혹을 일으킬 것인데, 하물며 세속의 온갖 사람들이 어떻게 믿고 받아들이겠느냐? 이는 곧 조사께서 근기(根機)에 따라 범부를 이끄는 말씀인 것이다. 혜충 국사가 남방(南方) 불법(佛法)의 병통을 꾸짖은 것은, 무너진 벼리를 다시 정돈하여 성인의 뜻을 드러내도록 도움으로써, 갚을 수 없는 은혜를 갚을 수 있었다고 할 만하다. 우리들 아득히 먼 자손들은 이미 비밀리에 전한 뜻을 직접 이어받

---

392) 낭자(曩者) : 앞서. 이전. 접때.
393) 일왕(一往) : ①한때. ②전부. 일률적으로. ③내내. 종래. 원래.

지는 못했으니, 마땅히 이렇게 드러내어 전한 종문의 진실한 말씀에 의지하여 자기 마음이 본래 부처임을 비추어 보고 단상이변(斷常二邊)에 떨어지지 않아야만 허물을 벗어날 수 있을 것이다. 만약 마음은 생멸하지 않는다고 보고 몸은 생멸한다고 본다면, 하나의 법 위에서 두 개의 견해를 일으키는 것이니 본성과 모습이 걸림없이 회통되는 것이 아니다. 이에 이 한 권의 신령스런 문장에 의지하여 자세한 뜻을 얻는다면, 오랜 세월을 거치지 않고 신속히 깨달음을 얻을 것임을 알 수 있다. 그러니 이책을 발간하여 유포하는 것이 큰 이익이 되지 않을 수 있겠는가?"

담묵(湛黙)은 "예! 예!" 하고 말했다. 이에 글을 쓴다.

해동(海東) 조계산(曹溪山) 수선사(修禪社) 사문(沙門) 지눌(知訥)[394] 발(跋)하다.

泰和七年十二月日, 社內道人湛黙, 持一卷文, 到室中曰:"近得法寶記壇經. 將重刻之, 以廣其傳. 師其跋之."子欣然對曰:"此子平生, 宗承修學之龜鑑也. 子其彫印流行, 以壽後世, 甚愜老僧意. 然此有一段疑焉. 南陽忠國師謂禪客曰:'我此間, 身心一如, 心外無餘. 所以全不生滅. 汝南方, 身是無常, 神性是常. 所以半生半滅, 半不生滅.' 又曰:'吾比遊方, 多見此色, 近尤盛矣. 把他壇經云:「是南方宗旨.」添糅鄙談, 削除聖意, 惑亂後徒.'子今所得, 正是本文, 非其沾記, 可免國師所訶. 然細詳本文, 亦有身生滅心不生滅之義. 如云'眞

---

394) 지눌(知訥) : 보조지눌(普照知訥). 1158(의종 12)-1210(희종 6). 고려 중기의 고승(高僧)이자 선종(禪宗)의 중흥조.

如性自起念, 非眼耳鼻舌能念'等, 正是國師所訶之義. 修心者到此, 不無疑念. 如何道³⁹⁵⁾遣, 令其深信, 亦令聖敎流通也?" 黙曰: "然則會通之義, 可得聞乎?" 予曰: "老僧曩者, 依此經心, 翫味忘歎. 故得祖師, 善權之意何者. 祖師爲懷讓行思等, 密傳心印外, 爲韋據等道俗千餘人, 說無相心地戒. 故不可以一往談眞而逆俗, 又不可一往順俗而違眞. 故半隨他意, 半稱自證. 說'眞如起念, 非眼耳能念'等語, 要令道俗等, 先須返觀身中見聞之性, 了達眞如然後, 方見祖師身心一如之密意耳. 若無如是善權, 直說身心一如, 則緣目觀身有生滅. 故出家修道者, 尙生疑惑, 況千人俗士, 如何信受? 是乃祖師隨機誘引之說也. 忠國師訶破南方佛法之病, 可謂再整頹綱, 扶現聖意, 堪報不報之恩. 我等雲孫, 旣未親承密傳, 當依如此顯傳門誠實之語, 返照自心本來是佛, 不落斷常, 可爲離過矣. 若觀心不生滅, 而見身有生滅, 則於³⁹⁶⁾法上而生二見, 非性相融會者也. 是知依此一卷靈文, 得意參詳, 則不歷僧祇, 速證菩提. 可不彫印流行作大利益耶?" 黙曰: "唯! 唯!" 於是乎書.

　海東曹溪山修禪社, 沙門知訥跋.

---

395) 消
396) 一

(4) 회당안기(晦堂安其)의 발문

『법보기단경(法寶記壇經)』은 조계(曹溪) 육조(六祖)가 견성성불(見性成佛)의 결정적이고 의심 없는 법을 말씀한 것이다.[397] 이 경에 의지하면 부처가 집에 있을 것이고 이 경을 등지면 마귀가 집에 있을 것이니, 마귀와 부처의 구분이 모름지기[398] 이 경에서 말미암을 뿐이다. 만약 눈으로 찾아보고 귀로 듣고도 도리어 마귀와 부처에게서 말미암는다고 한다면, 나는 그것을 어찌할 수 없을[399] 뿐이다. 보조(普照) 조옹(祖翁)[400]께서 이 경에 의지하여 스스로 눈 속의 티끌을 제거하셨고, 사람들의 눈을 가린 꺼풀을 벗겨 내신 것도 이 경으로 말미암았다. 그 까닭에 이 경이 해동(海東)에 널리 퍼졌으니, 다른 책들과는 다르다.[401] 영숙(永淑) 스님[402]은 과문(科文)[403]이 바른 판본을 얻고서 인연(因緣)을 얻어 판각(板刻)하여 널

---

397) 『법보기단경(法寶記壇經)』이란 이름의 뒤에는 '조계육조설견성성불결정무의법(曹溪六祖說見性成佛決定無疑法)'이 부제(副題)처럼 붙어 있는 경우가 많다.
398) 막(莫) : 마땅히. 모름지기. =응(應), 수(須).
399) 말여지하(末如之何) : 그것을 어찌할 수 없다. 말(末)은 없다, 아니다, 않다는 부정·금지의 뜻.
400) 조옹(祖翁) : 할아버지.
401) 이호(異乎) : -와 다르다.
402) 도인(道人) : 출가 수행자. 사문(沙門).
403) 과문(科文) : 경론(經論)을 해석하기 위해 내용에 따라 문단(文段)을 구별하는 것을 말한다. 경전은 일반적으로 서분(序分)·정종분(正宗分, 本論)·유통분(流通分)의 형식으로 과판한다.

리 베풀고자 하니, 그가 보물이 있는 곳을 알고서 사람들과 나누기 바라는 것을 기뻐한 까닭에 이렇게 글을 써 발문(跋文)으로 삼는다.

병진(丙辰)[404] 음력 3월[405] 2일 회당안기(晦堂安其)[406] 씀.

法寶記壇經, 是曹溪六祖, 說見性成佛決定無疑法. 依此經者, 佛在堂, 背此經者, 魔在舍, 魔佛之辨, 莫由此經矣. 其或目究耳聞, 而尙由魔佛者, 吾末如之何也矣. 普照祖翁, 依此經而自除眼眚, 與人刮膜, 亦由此經. 故此經之流播海東也, 異乎他書. 道人永淑, 得科正本, 撫緣鋟梓, 欲廣印施, 嘉其知寶在所, 與人共之, 故書而爲跋.

柔兆執徐, 病月淸明二日, 晦堂安其 書.

---

404) 유조집서(柔兆執徐) : 유조(柔兆)는 태세(太歲)에서 천간(天干)에 병(丙)이 든 해. 집서(執徐)는 태세(太歲)에서 지지(地支)에 진(辰)이 든 해. 유조집서(柔兆執徐)는 곧 병진(丙辰)이다. 여기에서 병진(丙辰)은 1256년으로서 고려(高麗) 고종(高宗) 43년이다.(박상국(朴相國)의 「육조단경(六祖壇經)의 간행(刊行)과 유통(流通)」에 따름)
405) 병월(病月) : 음력 3월의 다른 이름. 청명(淸明) 역시 음력 3월이다.
406) 회당안기(晦堂安其) : 인물에 대해서는 자세히 알 수 없다.

(5) 지환당(知幻堂) 무주자(無住子) 행사(行思)의 발문

하늘에는 앞뒤가 없는데, 도(道)에 어찌 남북(南北)이 있겠는가? 느림과 빠름에 다름이 있어서 돈(頓)과 점(漸)으로 나누어지지만, 날카롭고 우둔함은 사람에게 있을 뿐 법(法)에는 관련이 없다. 이에 큰 지혜를 지닌 상근기가 한 번의 깨우침에 곧장 깨달아[407] 먼저 그 근원을 얻고 더욱 궁구(窮究)하여 그 말씀의 흔적을 따르면서도 취하고 버리는 마음을 일으키지 않고 종지(宗旨)를 모아 융합하여 자기 마음으로 돌아가면, 이미 부처와 조사의 지위에 도달한 것이니 역시 쉽지 않겠는가? 옛 사람의 지극한 이치와 묘한 말씀이 비록 사찰(寺刹)[408]에 가득 쌓여 있다고 하더라도, 만약 간행하여 베풀지 않는다면 어떻게 유포(流布)되겠는가? 문자(文字)로 전해 온 것이니 나도 볼 수 있다. 나는 다행히 천 년 뒤에[409] 태어나 선문(禪門)의 맛을 잠시 보았으니, 과거세[410]의 인연이 아니라면 어떻게 오늘 선문과의 감격적인 만남이 있겠는가? 우리 조

---

407) 일발변전(一撥便轉) : 일발(一撥)은 조금 알려 주다, 한 번 깨우쳐 주다는 뜻. 한 번의 깨우침에 곧장 깨닫다. 한 번 깨우쳐 주자 곧장 깨닫다.
408) 용궁(龍宮) : 사찰(寺刹). 절을 이르는 말. 용왕이 영취산(靈鷲山)에서 석가모니의 설법을 듣고서 감동하여 석가모니를 용궁으로 초청하여 공양하고 설법을 들었다고 하는 이야기에서 유래한다.
409) 무주자(無住子)가 이 발문을 쓴 것이 1574년이니, 천 년 전이면 574년이므로 아마도 달마가 중국에 들어와 선(禪)을 전한 것을 염두에 둔 말인 듯하다.
410) 숙세(宿世) : 지난 세상의 생애. 곧 과거세.

계(曹溪) 대사(大士)⁴¹¹⁾께서 일생 동안 곳곳에서⁴¹²⁾ 묻고 답하고 한 현묘(玄妙)한 언구(言句)가 다시⁴¹³⁾ 모여 한 권의 책이 되어 후세에 유포되었다. 참으로 영취산에서 미소 지은⁴¹⁴⁾ 뜻이 이로부터 흥성(興盛)하게 되어, 청원(淸源)⁴¹⁵⁾과 남악(南嶽)⁴¹⁶⁾의 후손들이 직지인

---

411) 대사(大士) : 마하살(摩訶薩)의 번역. 보살(菩薩)과 같은 뜻. 여기에선 육조혜능(六祖慧能)을 가리킨다.
412) 수연(隨緣) : 인연에 따라. 곳곳에서. 수처(隨處)와 같음.
413) 잉(仍) : 다시. 또. =우(又), 차(且), 갱(更).
414) 염화미소(拈花微笑) : 영산회상(靈山會上)의 염화미소(拈花微笑)를 가리킨다. 『오등회원(五燈會源)』제1권에 보면 세존이 영산회상에서 가섭에게 정법안장을 전한 염화시중의 이야기가 다음과 같이 나온다 : "세존(世尊)이 영산(靈山)의 회상(會上)에서 꽃을 들어 대중에게 보였다. 그때 대중은 모두 묵묵히 입을 다물고 있었는데 오직 가섭존자(迦葉尊者)만이 빙그레 웃었다. 세존이 말하였다. '나에게 있는 정법안장(正法眼藏)의 열반묘심(涅槃妙心)과 실상무상(實相無相)의 미묘법문(微妙法門)을 불립문자(不立文字)의 교외별전(敎外別傳)으로 마하가섭(摩訶迦葉)에게 부촉(咐囑)하노라.'"
415) 청원(淸源)은 곧 청원행사(淸源行思, 靑原行思; ?-741)이다. 청원행사는 당대(唐代) 선승으로서, 청원(靑原)은 머문 산 이름. 강서성(江西省) 길주(吉州) 안성(安城) 출신. 육조혜능(六祖慧能)에게서 법을 받아 남악회양(南嶽懷讓)과 함께 2대 제자로 불림. 청원산(靑原山) 정거사(靜居寺)에 머물면서부터 문도가 운집함. 문하에서 석두희천(石頭希遷)을 배출함. 시호는 홍제선사(弘濟禪師).
416) 남악(南嶽)은 남악회양(南嶽懷讓; 677-744)이다. 남악회양은 당대(唐代) 선승. 남악(南嶽)은 머문 산 이름. 속성은 두(杜)씨. 산동성(山東省) 금주(金州) 출신. 15세에 호북성 형주(荊州) 옥천사(玉泉寺)의 홍경(弘景) 율사(律師)를 찾아가 출가하여 율장을 공부함. 그 뒤에 숭산(嵩山)의 숭악혜안(嵩嶽慧安)을 만나 그의 권유에 의하여 조계(曹溪)의 육조혜능을 찾아가 5년간 그 문하에서 공부하고 육조의 법을 이었다. 당(唐) 선천(先天) 2년(713)에 남악의 반야사(般若寺)에 머물렀고, 개원(開元) 연간(713-741)에 마조도일(馬祖道一)을 가르쳐 법을

심(直指人心)·견성성불(見性成佛)의 지름길을 끊임없이 이어 오
며[417] 재물을 내놓아 『단경』을 간행하여 끝없이 유통시켰다. 이것
은 곧 법해(法海)의 공(功)이며, 추곡(秋谷)의 덕(德)이다. 아! 나운
(拏雲) 장로가 주신 당본(唐本) 법보단경(法寶壇經)에는 발문(跋文)
이 갖추어져 있었는데 바로 우리나라 조계산(曹溪山)[418]의 목우자
(牧牛子)[419]께서 쓴 것이었다. 기쁨의 손뼉을 치지[420] 않을 수 없었
으나, 나 역시 얕은 식견을 가지고 헤아리는[421] 일을 피할 수 없어
서 함께 즐거워하면서[422] 다시 판각(板刻)하여 약간의 책을 간행하
여 배포한다. 바라는 것은 후학들이 마음과 마음이 서로 들어맞고
등불과 등불이 서로 이어 가게[423] 하여 온 세상에서 끝날 날이 없

전하였다. 청원행사(靑原行思)와 더불어 혜능의 2대 제자이다. 그의 문하에서
임제종(臨濟宗)과 위앙종(潙仰宗)이 출현하여 중국 선종의 주류를 이룸. 시호는
대혜선사(大慧禪師).
417) 승승(繩繩) : ①줄줄이 이어지는 모양. ②무궁무진하여 끝이 없는 모양.
418) 조계산(曹溪山) : 지금의 송광사가 있는 산 이름. 보조지눌은 만년에 송광산(松
廣山) 길상사(吉祥寺)를 중창한 뒤 송광산을 육조혜능이 머물렀던 조계(曹溪)
보림사(寶林寺)의 '조계(曹溪)'를 따서 조계산(曹溪山)으로 고쳤다.
419) 목우자(牧牛子) : 보조지눌(普照知訥)의 별호(別號).
420) 경변(慶抃) : 기뻐서 손뼉을 치다.
421) 여측(蠡測) : 표주박을 가지고 바닷물을 헤아림. 얕은 식견(識見)을 가지고 사
물을 헤아리다.
422) 수희(隨喜) : 기쁨을 같이 하다. 선행을 같이 하다.
423) 등(燈)이 꺼지지 않고 차례차례 켜지듯이 정법(正法)의 등불이 계계승승(繼繼承
承)하여 끊어지지 않는 것. 법을 이어 전수하는 의식을 전등식(傳燈式)이라 하
고 법을 상승하는 순서를 기록한 것을 전등록(傳燈錄)이라 한다.

도록 하는 것이다.

만력(萬歷) 2년(1574년)[424] 갑술(甲戌) 8월 15일에 조계(曹溪) 후학 지환당(知幻堂) 무주자(無住子) 행사(行思) 머리 숙여 삼가 발(跋)하다.

天無先後, 道何南北? 遲速有異, 頓漸斯分, 利鈍在人, 不關於法. 於此有上根大智, 一撥便轉, 先得其源, 窮之又究, 隨其言迹, 不生取捨之心, 會融宗旨, 歸就自心, 則已到佛祖之地, 不亦易乎? 古人之至理妙言, 雖載於龍宮滿藏, 若不刊施, 如何流布? 文字傳來, 我亦得見. 無住幸生千載之後, 暫嘗禪門之味, 非宿世之因緣, 豈今日之感遇? 我曹溪大士, 一生所至, 隨緣問答, 玄言妙句, 仍成一卷, 流于後世. 實靈山微笑之旨, 自此盛興, 淸源南嶽後裔繩繩, 直指人心成佛捷徑, 損財入梓, 流通無窮. 此乃法海之功, 秋谷之德. 噫! 長老拏雲, 授唐本法寶壇經具跋文, 是我國曹溪牧牛子所述. 不勝慶抃, 而無住亦不揆螽測, 而隨喜重彫, 印施若干. 所冀, 使後之學者, 心心相印, 燈燈相續, 與天地無盡也云.

萬歷二年甲戌仲秋, 曹溪後學知幻堂無住子行思, 稽首謹跋.

---

424) 만력(萬曆)은 명(明) 제14대 임금 신종(神宗)의 연호. 만력 2년은 1574년 갑술(甲戌)이다. 원문(原文)의 만력(萬歷)은 만력(萬曆)의 오기(誤記)이다.

(6) 중화자(中華子) 태헌(太憲)의 발문

산승(山僧) 보정(普淨)은 범행(梵行)이 남다른 자이다. 세속을 멀리 벗어나겠다고 말하고는 운암산(雲巖山) 속 천영대(天影臺) 위에 암자를 짓고 머문 지 12년이 되었다. 하루는 보정이 한 권의 책을 가지고 내 방으로 와서 말했다. "최근에 법보기단경(法寶記壇經)을 얻었는데, 성화(成化) 15년[425]이라고 하니 이것은 백운산(白雲山) 병풍암(屛風庵)에서 판각(板刻)한[426] 것입니다. 오랜 세월이 지난[427] 것과는 달리 손으로 잡고 눈으로 보게 되니 참으로 인연이 있는 것입니다. 앞으로 다시 판각하여 널리 전하고자 하니, 스님께서 발문을 써 주십시오." 내가 말했다. "알았습니다. 만약 옛 사람이 간행하여 전하지 않았다면, 어찌 가르침이 오늘까지 이르렀겠습니까? 오늘 만약 전하지 않는다면, 뒷 사람들이 어찌 가르침을 볼 수 있겠습니까? 뒤에 가르침을 볼 수 없다면, 견성성불(見性成佛)의 법은 사라질 것입니다." 나는 이 까닭에 함께 기뻐하면서[428] 발문을 쓴다.

---

425) 성화(成化)는 명(明)의 제9대 임금인 헌종(憲宗)의 연호. 성화(成化) 15년은 1479년 기해(己亥)이다. 1479년은 백운산 병풍암에서 단경을 판각하여 간행한 해이다.
426) 개판(開板) : 목판에 글자를 새기다.
427) 다력연기(多歷年紀) : 오랜 세월이 지나다.
428) 수희(隨喜) : 기쁨을 같이 하다. 선행을 같이 하다.

강희(康熙) 42년(1703년) 계미(癸未)[429] 8월 일, 조계(曹溪) 후학(後學) 중화자(中華子) 태헌(太憲) 쓰다.

　山之僧普淨, 梵行異常者也. 高超俗表白, 雲岩間天影臺上, 結庵居者, 十二年矣. 一日淨持一卷文, 而到室中曰: "近得法寶記壇經, 乃成化十五年, 此白雲山屛風庵, 開板也. 異乎多歷年紀, 而手接目覩, 實爲有緣. 將重鏤板, 以廣其傳, 師其跋之." 余曰: "諾. 若無古人之刊傳, 豈至于今日乎? 今若不傳, 後之者何可得見? 後不可見, 則見性成佛之法, 已矣." 余故隨喜而跋.
　康熙四十二年癸未八月日, 曹溪後學, 中華子, 太憲, 誌.

---

[429] 강희(康熙)는 청(淸) 제4대 임금 성조(聖祖)의 연호. 강희 42년은 1703년 계미(癸未)이다.

3. 단경 간행의 후발(後跋)

(1) 용명사미(龍溟沙彌) 봉기(鳳機)의 발문

단경(壇經)을 간행한 후발(後跋)

광서(光緖) 9년(1883년) 계미(癸未)[430] 여름에 절의 스님인 인봉서공(茵峰西公)이 인연을 모아서 다시 판각하여 약간 인쇄하면서 나에게 발문을 부탁하였습니다. 나는 흔쾌히 말했습니다. "이 문장의 고준(高峻)함과 뜻의 심원함은 옛 사람의 서문과 발문에 환히 밝혀져 있으니 번거로이 되풀이할 필요는 없습니다."[431] 그러나 육조(六祖)께서 말씀하시길 "내가 죽은 뒤에 이것에 따라 수행하면, 내가 살아 있을 때와 같다. 만약 나의 가르침과 어긋난다면, 내가 세상에 살아 있더라도 이익이 없을 것이다."[432]라고 하셨고,

---

430) 광서(光緖)는 청(淸) 제11대 임금인 덕종(德宗)의 연호. 광서 9년은 1883년 계미(癸未)이다.
431) 불수(不須) : -할 필요 없다.
432) 『육조단경』 부촉유통제십(付囑流通第十)의 마지막 부분에 나오는 구절.

또 말씀하시길 "마음이라는 하나의 법은 머리도 꼬리도 없고 모습도 없고 원래 이름을 붙일 수도 없다. 다만 중생들이 스스로 자기의 본성에 어두워서 허망한 생각으로 집착하여 여러 가지로 분별하기 때문에, 내가 임시로 문자를 세워서 어리석은 사람을 제도하는 것이다."[433]라고 하셨으니, 노파심(老婆心)의 간절함이 지극하고 한량이 없습니다. 그렇지만 물론 판각(板刻)하여 전하지 않았다면, 조사께서 가신 뒤에 가르침이 오랜 세월을 지나 그 말씀을 뚜렷이[434] 이어받음이 어찌 오늘과 같겠습니까? 아아! 우리들은 천년 뒤에 태어나 비록 그 비밀한 가르침을 직접 이어받지는 못했으나, 이렇게 그 문장을 눈으로 보게 되니 더 이상 다행일 수 없습니다. 만약 이것에 따라 수행하여 이름 없는 마음을 말없이 얻는다면, 우리 조사께서 간곡히 하신 말씀이 진실로 헛되지 않을 것이고, 오늘 재산을 내어 판각한 공덕도 헛된 물거품이 되지는 않을 것입니다. 이미 이와 같다면, 육조 대사와 우리들은 먼저 『단경(壇經)』의 문장이 세상에 전해지지 않을 것을 걱정하고, 다음에는 세상 사람들이 이것에 따라 수행하지 않을 것을 걱정해야 할 것입니다.

---

[433] 이 구절은 덕이본 『육조단경』에서 동일하게 등장하지는 않으나, 예컨대 "摩訶是大, 心量廣大, 猶如虛空, 無有邊畔, 亦無方圓大小, 亦非青黃赤白, 亦無上下長短, 亦無嗔無喜, 無是無非, 無善無惡, 無有頭尾. 諸佛刹土, 盡同虛空. 世人妙性本空, 無有一法可得. 自性眞空 亦復如是." 등처럼 『육조단경』에 나오는 육조의 가르침의 요점을 간추려 적은 문장이다.

[434] 혁혁(赫赫) : 성대하다. 현저하다. 뚜렷하다.

신해(信海)의 문인인 용명(龍溟)의 사미(沙彌) 봉기(鳳機)가 머리를 조아리며 삼가 씁니다.

刊行壇經後跋

光緒九年癸未之夏, 山之道人茵峰西公, 募其緣而重修刊板, 印施若干, 謂余其跋. 余欣然曰: "此文之高峻, 義趣之深遠, 昭在於古師之序跋, 不須煩重." 然祖云: '吾滅度後, 依此修行, 如吾在日. 若違吾敎, 縱吾在世, 亦無利益.' 又云: '心之一法, 無頭尾, 無形相, 元無名字可立, 但以衆生, 自迷其性, 妄想執著, 種種分別故, 吾假設文字, 以度迷人.' 是老婆心切, 至矣盡矣. 然固非剙傳, 祖去後敎百歲, 承其言赫赫, 若今日乎? 噫! 吾曹生于千載之下, 雖未親承密傳, 如此目覩其文, 幸莫大矣. 若依此修行, 黙得乎無名字之心, 則吾祖之苦口丁說, 眞不歸虛矣, 今日之損財剙功, 亦不虛浪矣. 旣然如是, 則師與吾等, 先憂其文之不傳世, 而次憂其人之不依修行乎.

信海門人, 龍溟沙彌, 鳳機, 稽首謹書.

(2) 주석(註釋)[435]

원(元)나라 지원(至元) 27년(1290년) 경인(庚寅)[436]년에서 비롯하여, 연우(延祐) 병진(丙辰; 1316년)[437]년에 이르러 중간(重刊)하였고, 태화(泰和) 7년(1207년)[438]에 중간(重刊)하였으며, 명(明)나라 성화(成化) 15년(1479년) 기해(己亥)[439]년에 다시 간행하였다. 그러나 지원(至元) 경인(庚寅)에서 성화(成化) 기해(己亥)에 이르기까지는 이와 같이[440] 원(元)을 지나 명(明)에 이르렀지만, 연대(年代)를 기록하지 않았으니 그 사이 몇 년이 지났는지 알 수가 없다. 성화(成化) 기해(己亥)로부터 96년이 지나 만력(萬曆) 2년(1574년) 갑술(甲戌)[441]에 이르러 다시 간행하였고, 만력(萬曆) 3년(1575년) 을해(乙亥)로부터 129년이 지나 숭정(崇禎)[442] 뒤에 청(淸)나라 강희(康熙)

---

435) 봉기(鳳機)의 후발(後跋) 뒤에 작은 글씨로 주석되어 있는 글이다.
436) 지원(至元) 27년 경인세(庚寅歲; 1290년)는 몽산덕이(蒙山德異)가 『육조단경』의 서문을 쓴 해이다. 중국에서 덕이본『육조단경』을 간행한 해이다.
437) 연우(延祐) 병진(丙辰; 1316년)년은 서광경첨(瑞光景瞻)이 발문을 쓴 해인데, 원(元)나라 승려인 보국추곡(報國秋谷)이 단경을 중간(重刊)한 해이다.
438) 태화 7년은 정묘(丁卯)년인 서기 1207년으로서 고려(高麗) 희종(熙宗) 3년인데, 보조지눌이 발문을 쓴 해이다.
439) 성화(成化) 15년(1479년) 기해(己亥)는 우리나라 백운산(白雲山) 병풍암(屛風庵)에서『육조단경』을 간행한 해이다.
440) 어언(於焉) : ①이에. 이와 같이. ②그래서. 이리하여.
441) 만력(萬曆) 2년 갑술(甲戌, 1574년)은 지환당(知呕丁堂) 무주자(無住子) 행사(行思)가 발문을 쓴 해이다. 만력(萬歷)은 만력(萬曆)의 오기(誤記)이다.
442) 숭정(崇禎) : 명(明)나라 17대 임금인 장렬제(莊烈帝)의 연호(年號). 숭정(崇禎)

42년(1703년) 계미(癸未)⁴⁴³⁾에 다시 간행하였고, 강희(康熙) 43년 (1704년) 갑신(甲申)으로부터 181년이 지나 광서(光緒) 9년(1883년) 계미(癸未) 여름인 지금 이렇게 다시 간행한다. 아아! 성화(成化) 기해(己亥)로부터 올해에 이르기까지 무릇 406년이 흘렀으나 그 문장이 완전하게 남아 있구나. 또 육조 대사께서 적멸하신 때로부터 성화(成化) 기해(己亥)년까지는 몇 백 년이 흘렀던가? 석가세존께서 적멸하신 때로부터 육조 대사가 입멸한 때까지는 또 몇 백 년이 흘렀을까? 불법(佛法)이 고금(古今)에 두루 미치고 미래 세월이 다할 때까지 늘 사라지지 않을 것임을 비로소 알겠다.

(自大元至元二十七年庚寅歲, 至延祐丙辰重刊, 至泰和七年重刊, 至大明成化十五年己亥重刊. 然而自至元庚寅, 至成化己亥, 於焉過元至明, 無紀年代, 中間年數, 不知幾何矣. 自成化己亥, 過九十六年, 而至於萬歷二年甲戌重刊, 自三年乙亥, 過一百二十九年, 而至崇禎後大淸康熙四十二年癸未重刊, 自三年甲申, 過一百八十一年, 而至光緒九年癸未夏, 今此重刊. 嗚呼! 自成化己亥, 至今年, 凡爲四百有六年, 而其文完存. 又自師滅, 至成化己亥, 凡經幾百年代? 自釋尊冰⁴⁴⁴⁾後, 至六祖入滅, 又經幾許百年? 始知佛法, 亘古亘今, 盡未來際, 常住不滅也.)

　　은 1628년 무진(戊辰)이 1년이고 1644년 갑신(甲申)이 17년으로서 17년 동안 사용된 연호이다.
443) 강희(康熙) 42년(1703년) 계미(癸未)는 조계(曹溪) 후학(後學) 중화자(中華子) 태헌(太憲)이 발문을 쓴 해이다.
444) 冰는 滅과 같은 글자임.

부록 2

*이 글은 원래 지은이의 저서인 『간화선 창시자의 선』(상권, 침묵의 향기 발행)에 실린 글이나, 육조혜능의 돈교법문에 대한 이해를 돕기 위해 여기에 옮긴다.

육조혜능(六祖慧能)의 돈교법문(頓敎法門)

돈교(頓敎)의 불이법문(不二法門)

시장에서 나무를 팔다가 『금강경』의 구절을 듣고서 깨달음을 얻은 혜능은 기주(州)의 황매산(黃梅山)으로 오조홍인(五祖弘忍)을 찾아가 8개월만에 오조가 설법하는 『금강경』 구절을 듣고서 다시 크게 깨달았다. 깨달음을 얻은 혜능이 오조에게서 물려받은 것은 달마에게서 전해 온 돈교(頓敎)와 의발(衣鉢)이었다.[445] 옷과 발우는 돈교를 전해 받았다는 신표이니, 옷과 발우가 나타내는 내용은 바로 돈교이다. 혜능이 돈교를 받은 까닭은 오조가 말해 주는 『금강경』 구절을 듣고서 문득 깨달아 온갖 법이 자성에서 벗어나지 않

---

[445] "오조께서는 제가 본성(本性)을 깨달았음을 아시고서 곧 대장부(大丈夫)요, 천인사(天人師)인 부처(佛)라고 이름하셨습니다. 삼경(三更)에 법을 받으니 사람들이 아무도 알지 못했는데, 오조께서는 곧 돈교(頓敎)와 의발(衣鉢)을 전해 주셨습니다."(祖知悟本性, 卽名丈夫天人師佛. 三更受法, 人盡不知, 便傳頓敎, 及衣鉢.)(『육조대사법보단경』)

음을 알았기 때문이다.[446] 이때 혜능이 오조에게 자신의 깨달음을 말한 구절이 『육조단경』에는 이렇게 실려 있다.

"어찌 자성이 본래 깨끗함을 기대했겠습니까?
어찌 자성이 본래 생멸(生滅)하지 않음을 기대했겠습니까?
어찌 자성이 본래 모자람 없이 완전함을 기대했겠습니까?
어찌 자성이 본래 흔들리지 않음을 기대했겠습니까?
어찌 자성이 만법(萬法)을 만들어 낼 수 있음을 기대했겠습니까?"[447]

자성이 본래 깨끗하니 다시 닦을 필요가 없고, 자성이 본래 생겨나거나 사라지지 않으니 다시 생멸에서 벗어날 이유가 없고, 자성이 본래 모자람 없이 완전하니 보충해 넣을 것이 없고, 자성이 본래 흔들리지 않으니 고요함을 찾을 필요가 없고, 자성이 만법을 만들어 내니 자성을 깨달으면 만법을 깨닫는 것이다. 견성(見性), 즉 자성만 깨달으면 그뿐, 달리 수행은 말하고 있지 않다. 이것이 돈교의 기본적 태도이다.

의발을 물려받은 뒤에 혜능은 한동안 사냥꾼들을 따라서 숨어

---

446) "『금강경』을 말씀해 주셨는데, '마땅히 머묾 없이 그 마음을 내어야 한다.'라는 구절에 이르자 저는 그 말씀에서 크게 깨달았는데, 온갖 법이 모두 자성(自性)에서 벗어나지 않았습니다."(爲說『金剛經』, 至'應無所住而生其心.' 能言下大悟, 一切萬法, 不離自性.)(『육조대사법보단경』)

447) 何期自性, 本自淸淨? 何期自性, 本不生滅? 何期自性, 本自具足? 何期自性, 本無動搖? 何期自性, 能生萬法?(『육조대사법보단경』)

살다가 광주(廣州)의 법성사(法性寺)에서 『열반경』을 강의하는 인종(印宗) 법사(法師)를 만나 자신이 의발을 물려받은 육조(六祖)임을 밝혔다. 그때에 인종이 오조는 어떤 법을 가르치느냐고 혜능에게 묻는데, 혜능은 말하기를 "다만 견성(見性)을 말할 뿐이고, 선정(禪定)과 해탈(解脫)은 말하지 않는다."[448]라고 한다. 인종이 왜 선정과 해탈을 말하지 않느냐고 묻자, 혜능은 "(선정과 해탈을 말하면) 이법(二法)이기 때문에 불법(佛法)이 아니다. 불법은 불이법(不二法)이다."[449]라고 말한다. 다시 인종이 불이법이 무엇이냐고 묻자 혜능은 "불성은 선하지도 않고 선하지 않지도 않으니, 이것을 일컬어 불이(不二)라고 한다. 오온(五蘊)과 십팔계(十八界)를 범부는 둘로 보지만, 지혜로운 자는 그 자성(自性)에 둘이 없음을 밝게 안다. 둘이 없는 자성(自性)이 곧 불성(佛性)이다."[450]라고 한다.

  자성은 둘이 없는 불이법이고, 불이법인 자성을 깨닫는 것이 돈교인 것이다. 세계의 모든 법의 자성은 둘이 없는 불이법이고, 세계의 온갖 법을 볼 때 불이법으로 보는 것이 견성이다. 다만 언제나 어디서나 불이법을 보는 견성이 바로 돈교인 것이다. 불이이므로 당연히 선정을 닦아 해탈을 이룬다고 하지 않으며, 유루니 무루니 하고 나누지도 않으며, 유위니 무위니 하고 나누지도 않으

---

448) 唯論見性, 不論禪定解脫. (『육조대사법보단경』)
449) 爲是二法, 不是佛法. 佛法是不二之法. (『육조대사법보단경』)
450) 佛性非善非不善, 是名不二. 蘊之與界, 凡夫見二, 智者了達其性無二. 無二之性卽是佛性. (『육조대사법보단경』)

며, 중생이니 부처니 하고 나누지도 않으며, 수행이니 깨달음이니 하고 나누지도 않는다. 언제나 모든 경우에 다만 둘로 분별됨이 없을 뿐이다. 그리하여 혜능은 이렇게 말한다.

"자성에는 잘못됨도 없고 어리석음도 없고 어지러움도 없다. 순간순간 반야로써 비추어 보아 늘 법의 모습에서 벗어나 자유자재하게 마음대로 할 수 있는데, 세울 무엇이 있겠는가? 자성을 스스로 깨달으면, 문득 깨닫고 문득 수행하니, 점차(漸次)는 없다. 그러므로 어떤 법도 세우지 않는 것이다. 모든 법이 적멸(寂滅)한데 어찌 점차 닦을 일이 있겠는가?"[451]

이처럼 돈교에서는 문득 깨달음만 있을 뿐, 점진적인 수행은 없다. 문득 깨달아 불이법문(不二法門)에 들어가면, 만법을 대함에 언제나 불이법문 속에 있으니 늘 한결같고 차별이 없다. 그러므로 혜능은 이렇게 노래한다.

"바른 견해를 일러 출세간이라 하고,
삿된 견해를 일러 세간이라 한다.
삿됨과 바름을 모두 물리쳐 버리면,

---

451) "自性無非無癡無亂. 念念般若觀照, 常離法相, 自由自在, 縱橫盡得, 有何可立? 自性自悟, 頓悟頓修, 亦無漸次. 所以不立一切法. 諸法寂滅, 有何次第?"(『육조대사법보단경』)

깨달음의 본성은 완전하여 흠이 없다.
이 게송은 돈교(頓教)이며,
또 큰 진리의 배라 부른다.
어리석게 들으면 오랜 세월이 걸리겠지만,
깨달으면 찰나 사이일 뿐이다."[452]

"지금 만약 돈교문(頓敎門)을 만난다면
문득 자성을 깨달아 세존(世尊)을 본다.
만약 수행을 하여 부처가 되고자 한다면
어느 곳에서 부처를 찾을 수 있겠는가?"[453]

남돈북점(南頓北漸)

『육조단경』에 다음의 내용이 있다.

"그때 육조(六祖)는 조계(曹溪)의 보림사(寶林寺)에 머물렀고, 신수대사(神秀大師)는 형남(荊南)의 옥천사(玉泉寺)에 있었다. 그때에

---

452) 正見名出世, /邪見是世間. /邪正盡打却, /菩提性完然. /此頌是頓教, /亦名大法船. /迷聞經累劫, /悟則刹那間.(『육조대사법보단경』)
453) 今生若遇頓敎門, /忽遇自性見世尊. /若欲修行覓作佛, /不知何處擬求眞?(『육조대사법보단경』)

두 종파(宗派)가 성대하게 사람들을 교화하였는데, 사람들이 모두 말하기를 남쪽의 혜능과 북쪽의 신수라고 하였다. 그러므로 남쪽과 북쪽의 두 종파가 있어서 돈교(頓敎)와 점교(漸敎)로 나누어졌으나, 배우는 사람들은 그 종파의 취지를 알지 못하였다. 육조가 대중에게 말했다.

'법에는 본래 하나의 근본이 있지만, 사람에게는 남쪽과 북쪽이 있다. 법이라면 하나의 종류밖에 없지만, 법을 보는 것에는 빠르고 느림이 있다. 무엇을 일러 돈점(頓漸)이라고 하는가? 법에는 돈점이 없는데, 사람의 근기에 날카롭고 둔함이 있기 때문에 돈점이라고 한다.'"454)

육조의 문하는 남종(南宗)이라 하였고 신수의 문하는 북종(北宗)이라 하였는데, 육조 문하의 선은 돈교(頓敎)이고 신수 문하의 선은 점교(漸敎)라고 하였다. 점교는 점차 한 단계 한 단계 닦아 나가서 마침내 깨닫는다는 뜻이고, 돈교는 닦음과 깨달음이 문득 이루어진다는 뜻이다. 점교에서는 한 단계 한 단계 점차 닦아 나가는 수행의 과정을 거쳐야 하고, 돈교에서는 수행의 과정 없이 문득 깨달음을 이룬다. 점교에서는 깨달음을 얻기 위한 과정으로서의 수행이 곧 참선(參禪)이지만, 돈교에서는 수행이 따로 없고 평

---

454) 時祖師居曹溪寶林, 神秀大師在荊南玉泉寺. 于時兩宗盛化, 人皆稱南能北秀. 故有南北二宗, 頓漸之分, 而學者莫知宗趣. 師謂衆曰: '法本一宗, 人有南北. 法卽一種, 見有遲疾. 何名頓漸? 法無頓漸, 人有利鈍, 故名頓漸.'(『육조대사법보단경』)

상심(平常心)이 곧 도(道)이며, 깨달음이 곧 참선(參禪)이다.

혜능 이전의 초조(初祖) 달마(達摩)에서 오조(五祖) 홍인(弘忍)까지의 중국의 선은 주로 좌선관행(坐禪觀行)의 수행을 말하는 점교(漸敎)였다. 좌선(坐禪)과 관법(觀法)을 통한 점수(漸修)를 말하는 북종 신수의 선은 이전의 전통을 충실히 계승하고 있는 것이다. 반면에 선정 수행 없이 견성(見性)만 말하는 혜능의 돈교는 이전과는 전혀 다른 새로운 선이다.[455]

혜능은 스스로 선정 수행을 통하여 깨달은 것이 아니었다. 혜능은 처음 시장에서 나무를 팔다가 『금강경』의 구절을 듣고서 곧장 깨달았고, 뒤에 오조홍인의 『금강경』 설법(說法)을 듣고서 더욱 확실한 깨달음을 얻었다. 신수가 "그는 스승 없이 지혜를 얻어서 최상승의 진리를 깊이 깨달았으니, 나는 그에게 미치지 못한다."[456] 라고 말했듯이, 혜능은 스승인 오조의 법을 계승한 것이 아니라 스스로의 깨달음에 의거한 법을 펼친 것이다. 오조홍인이 혜능을 인가한 까닭은 자신이 가르친 수행을 잘 실천해서가 아니라, 혜능이 법을 보는 안목이 바름을 인정하였기 때문이다. 깨달음을 얻어 법을 보는 안목을 갖추지 못하면, 아무리 수행을 잘 하더라도 불법(佛法)은 아닌 것이다.

『육조단경』을 통하여 북종의 가르침과 대비하여 혜능의 남종선

---

455) 이 주제에 관해서는 졸저 『조사선의 실천과 사상』(장경각. 2001년)에서 자세히 구명하였다. 자세한 내용은 이 책을 참고하기 바란다.
456) 秀曰: "他得無師之智, 深悟上乘, 吾不如也."(『육조대사법보단경』)

(南宗禪)이 어떤 것인가를 살펴보자. 신수의 선은 사조도신(四祖道信)과 오조홍인(五祖弘忍)의 동산법문(東山法門)의 선을 계승하였으므로, 신수가 말하는 선은 이전까지의 전통적인 선법(禪法)이라고 해도 좋을 것이다. 이에 반하여 혜능이 어떤 선을 말하는지를 살펴보면 혜능의 돈교법문(頓敎法門)을 알 수 있을 것이다. 『육조단경』에서 북종의 신수와 대비하여 혜능의 선을 말하는 부분은 대개 다음의 4가지다.

㉮ 신수의 게송과 혜능의 게송
㉯ 인종 앞에서 견성을 말함
㉰ 지성의 질문에 답함
㉱ 설간의 질문에 답함

㉮ 신수의 게송과 혜능의 게송
오조가 문인들에게 각자 자신의 공부를 내보이라고 하였을 때에 신수가 쓴 게송은 다음과 같다.

"몸은 깨달음의 나무요,
마음은 밝은 거울[457]과 같다.
늘[458] 부지런히 털고 닦아서

---

457) 경대(鏡臺) : 거울이 붙은 대(臺)라는 뜻이지만, 곧 거울을 가리킨다.
458) 시시(時時) : 언제나. 늘.

먼지[459]가 붙지 않도록 하라."[460]

신수의 이 게송에 대하여 혜능이 쓴 게송은 다음과 같다.

"깨달음에는 본래 나무가 없고
밝은 거울도 대(臺)가 아니다.
본래 한 물건도 없는데
어느 곳에 먼지가 붙겠는가?"[461]

이 두 게송의 차이는 앞 2구와 뒤 2구로 나누어 살펴볼 수 있다. 앞 2구에서 신수는 깨달음의 열매가 열리는 나무로써 몸의 존재를 말하고, 밝은 거울과 같은 마음의 존재를 말했다. 반면에 혜능은 몸과 마음이라는 두 존재를 인정하지 않는다. 뒤 2구에서 신수는 늘 부지런히 닦아서 먼지가 붙지 않도록 하라고 하여 끊임없는 수행을 말했다. 반면에 혜능은 "본래 한 물건도 없는데 어느 곳에 먼지가 붙겠는가?"라고 하여 수행을 부정하고 있다.

---

459) 진애(塵埃) : 티끌. 먼지. 티끌먼지. 티끌먼지는 곧 망상번뇌(妄想煩惱)를 가리킨다.
460) 身是菩提樹, /心如明鏡臺./ 時時勤拂拭, /勿使惹塵埃.(『육조대사법보단경』) 身是菩提樹, /心如明鏡臺. /時時勤拂拭, /莫使有塵埃.(『단경』 돈황본) 身是菩提樹, /心如明鏡台, /時時勤拂拭, /莫遣有塵埃.(『경덕전등록』)
461) 菩提本無樹, /明鏡亦非臺. /本來無一物, /何處惹塵埃?(『육조대사법보단경』) 菩提本無樹, /明鏡亦無臺. /佛性常淸淨, /何處有塵埃.(『단경』 돈황본) 菩提本非樹, /心鏡亦非臺. /本來無一物, /何假拂塵埃.(『경덕전등록』)

마음이라는 존재를 인정함도 분별이요, 마음을 더럽히지 않고 깨끗이 하기 위하여 닦아야 한다는 것도 분별이다. 그러므로 신수는 분별 속에 있는 사람이다. 반면에 애초에 마음의 존재를 인정하지 않으니 분별이 없고, 마음이 없으니 더럽거나 깨끗하다는 분별도 없다. 그러므로 혜능은 분별을 벗어나 있다. 분별 속에서 깨끗함과 더러움을 나누어 하나하나 닦아 가는 것이 신수의 점수(漸修)요, 애초에 분별이 없어서 곧장 아무 일도 없는 것이 혜능의 돈오(頓悟)이다.

㉭ 인종(仁宗) 앞에서 견성을 말함

육조혜능이 오조홍인(五祖弘忍)에게 법을 전해 받고서 15년간 사냥꾼을 따라 숨어 살다가 비로소 법을 펼치려고 광주(廣州) 법성사(法性寺)에 모습을 드러내었을 때, 법성사 주지인 인종(仁宗) 법사가 혜능을 알아보고서 물었다.

"황매산의 오조(五祖)께서는 법을 부촉하실 때에 어떻게 가르쳐 주십니까?"

혜능이 말했다.

"가르쳐 주시는 것은 없습니다. 다만 견성(見性)을 말할 뿐이고, 선정(禪定)과 해탈(解脫)은 말하지 않습니다."

인종이 물었다.

"왜 선정과 해탈을 말하지 않습니까?"

혜능이 말했다.

"이법(二法)이기 때문에 불법(佛法)이 아닙니다. 불법은 불이법(不二法)입니다."

인종 법사가 또 물었다.

"어떤 것이 불법(佛法)이 불이법이라는 것입니까?"

혜능이 말했다.

"법사께서 『열반경』을 강설하시면서 밝게 불성(佛性)을 보시는 것이 곧 불법이 불이법인 것입니다. …… 불성은 선하지도 않고 선하지 않지도 않으니, 이것을 일컬어 불이(不二)라고 합니다. 오온(五蘊)과 십팔계(十八界)를 범부는 둘로 보지만, 지혜로운 자는 그 자성(自性)에 둘이 없음을 밝게 압니다. 둘이 없는 자성(自性)이 곧 불성(佛性)입니다."[462]

---

462) 宗復問曰: "黃梅付囑, 如何指授?" 能曰: "指授卽無. 唯論見性, 不論禪定解脫." 宗曰: "何不論禪定解脫?" 謂曰: "爲是二法, 不是佛法. 佛法是不二之法." 宗又問: "如何是佛法不二之法?" 能曰: "法師講涅槃經, 明見佛性, 是佛法不二之法. …… 佛性非善非不善, 是名不二. 蘊之與界, 凡夫見二, 智者了達其性無二. 無二之性 卽是佛性."(『육조대사법보단경』) 혜능과 인종의 이 대화는 『조계대사별전(曹溪大師別傳)』(781년경 간행)에도 등장하는데, 여기에서는 오조에게서 전해 받은 법이 무엇이냐는 인종의 질문에 혜능은 "오직 견성을 말할 뿐이고, 선정·해탈·무위(無爲)·무루(無漏)는 말하지 않는다."(唯論見性不論禪定解脫無爲無漏.)라고 하고, 그 까닭에 대하여 "이러한 여러 가지 법은 불성(佛性)이 아니다. 불성은 둘 아닌 법이다. 열반경이 불성이 둘 아닌 법임을 밝혔다면 곧 이 선(禪)이다."(爲此多法不是佛性. 佛性是不二之法. 涅槃經明其佛性不二之法, 卽此禪也.)라고 하였다.

혜능은 "다만 견성(見性)을 말할 뿐이고, 선정(禪定)과 해탈(解脫)은 말하지 않는다."라 하고, 그 까닭을 묻는 질문에 "선정과 해탈은 이법(二法)이기 때문에 불법(佛法)이 아니다. 불법은 불이법(不二法)이다."라 하고, 또 "밝게 불성(佛性)을 보는 것이 곧 불법이 불이법인 것이다."라 하고, 또 "둘이 없는 자성(自性)이 곧 불성(佛性)이다."라고 하였다. 혜능의 이 말은 곧 혜능이 확립한 남종선(南宗禪)의 성격을 선명하게 드러내고 있다. 혜능이 말하는 요점은 다음 두 가지다.

첫째, 다만 견성(見性), 즉 불이법(不二法)인 불성(佛性)을 보는 깨달음을 말할 뿐이다.
둘째, 불법(佛法)은 불이법이고, 이법(二法)은 불법이 아니다.

『육조단경』 전체의 내용이 단지 이 두 가지 주제를 말하고 있다고 할 수 있다. 혜능은 오직 견성(見性)을 말하고 있을 뿐이다. 불성(佛性), 자성(自性), 본성(本性)은 불이중도(不二中道)의 다른 이름이고, 선(禪)은 불이중도를 깨달아 언제나 불이중도의 눈을 가지고 삼라만상을 바라보는 것이다. 선정(禪定), 해탈(解脫), 열반(涅槃), 반야(般若), 보리(菩提) 등 불교의 모든 용어들은 단지 불이중도인 견성을 다양한 측면에서 말하는 것일 뿐, 제각각 차별되는 이름의 법이 따로 있는 것은 아니다. 오직 불이중도인 견성이 있을 뿐이다.

어떤 이름이나 어떤 일이라고 하더라도 분별되는 상(相)을 따라 다르게 본다면 이법(二法)으로서 견성이 아니고 불법이 아니다. 선(禪)은 언제나 어디서나 단지 불이법인 불성을 보는 견성을 말할 뿐이다. 견성성불(見性成佛)이라고 하듯이 견성은 곧 깨달음이다. 선은 단지 깨달음을 말할 뿐인 것이다. 이것은 선의 단적인 특징을 말하고 있다. 선은 모든 차별을 당장 적멸해 버리고 다만 불이법인 깨달음을 말할 뿐이다. 언제나 어느 곳에서나 단지 불이법인 법성(法性)을 볼 뿐이다. 선정 수행과 해탈을 말하지 않고, 유위(有爲)니 무위(無爲)니 유루(有漏)니 무루(無漏)니 하는 여러 가지 차별을 말하지 않고 곧장 둘 아닌 불성을 말할 뿐이다.

이처럼 혜능의 선은 깨달은 자의 입장에서 깨달은 자의 눈으로 바라보는 세계를 말할 뿐이다. 깨달은 자에게는 자신과 세계가 둘이 아니고, 안과 밖이 차별되지 않고 하나이다. 세계가 곧 자기 자신이고, 마음이 곧 세계이다. 온갖 차별되는 모습들이 그대로 차별 없는 하나이고, 차별 없는 하나가 그대로 삼라만상의 세계이다. 한 물건도 법이라거나 마음이라고 할 것이 없으니, 차별되는 모습에서 벗어나 불이중도를 실현했기 때문이다.『육조단경』에 실린 혜능의 말에는 다양한 불교의 일들에서 오로지 불이중도에서 벗어나지 않는 혜능의 깨달음이 일관되게 드러나 있다. 남종돈교에서는 단지 견성을 말할 뿐이다.

㉣ 지성(志誠)의 질문에 답함

『단경』에는 북종 신수가 파견한 지성(志誠)과 혜능의 대화가 나온다. 여기에서 혜능은 북종과는 다른 남종의 돈교법문을 자세히 말하고 있다.

육조(六祖)가 북종(北宗) 신수(神秀)의 제자인 지성(志誠)에게 물었다.
"너의 스승은 어떻게 대중에게 법을 보여 주느냐?"
지성이 말했다.
"늘 대중에게 가르치시길, '마음을 쉬어[463] 깨끗함을 보고, 오래 앉아서 눕지 말라.'고 하십니다."
육조가 말했다.
"마음을 쉬어 깨끗함을 보는 것은 병(病)이지 선(禪)이 아니다. 늘 앉아서 몸을 구속하면 도리(道理)에 무슨 이익이 있겠느냐? 나의 게송을 들어라."

"살아 있을 때는 앉아서 눕지 못하고
죽어서는 누워서 앉지를 못하네.
더러운 냄새 나는 육신[464]을 한결같이 붙잡고서

---

463) 주(住) : 멈추다. 쉬다. 주심(住心)이란 마음의 활동을 멈추고 쉬는 것.
464) 취골두(臭骨頭) : ① 몹쓸 놈. 망나니. ② 육신(肉身). 더러운 뼛조각. 더러운 냄새 나는 육체.

어떻게 공부[465]가 되겠는가?"[466]

지성은 북종의 가르침을 '마음을 쉬어 깨끗함을 보고, 오래 앉아서 눕지 말라.'는 말로써 요약하고 있다. 오래 앉아서 눕지 않는 장좌불와란 곧 좌선(坐禪)이고, 좌선 속에서 행하는 마음 공부는 마음의 잡념을 쉬어 텅 비고 깨끗한 마음을 보는 것이다. 이에 대하여 혜능은 말하기를, "마음을 쉬어 깨끗함을 보는 것은 병(病)이지 선(禪)이 아니다. 늘 앉아서 몸을 구속하면 도리(道理)에 무슨 이익이 있겠느냐?"라면서, 육체를 붙잡고 앉아서 눕지 않는 것을 공부로 삼는 것을 통렬하게 비난하고 있다. 좌선(坐禪)하여 관심(觀心)하는 것을 선(禪)으로 인정하지 않는 것이다. 다시 육조는 신수대사가 계정혜(戒定慧) 삼학(三學)을 어떻게 가르치는가 하고 물었다.

지성(志誠)이 말했다.

"신수대사께서는 모든 악한 행동을 하지 않는 것을 계(戒)라 하시고, 모든 선한 일을 받들어 행하는 것을 혜(慧)라 하시고, 스스로 그 뜻을 깨끗하게 하는 것을 정(定)이라고 말씀하십니다. 그분

---

465) 공과(功課) : 일상에서 경전을 외우고 예불하는 행위. 일상생활에서 노동하는 것. 일상 속에서 공부하는 것.
466) 師曰:"汝師若爲示衆?" 對曰:"常指誨大衆, 住心觀淨, 長坐不臥." 師曰:"住心觀淨, 是病非禪. 長坐拘身, 於理何益? 聽吾偈." 曰:"生來坐不臥, 死去臥不坐. / 一具臭骨頭, 何爲立功課?"(『육조대사법보단경』)

부록 2   **311**

의 말씀은 이와 같습니다만, 스님께서는 어떠한 법을 가지고 사람을 깨우쳐 주십니까?"

육조가 말했다.

"내가 만약 사람에게 줄 법이 있다고 말한다면, 그것은 너를 속이는 것이다. 다만 경우에 따라서 얽매인 것을 알맞게[467] 풀어 주는 것을 거짓 이름하여 삼매(三昧)라고 한다. 너의 스승이 말하는 바와 같은 그런 계·정·혜는 진실로 알 수 없는 것이다. 내가 보는 바의 계·정·혜는 그와는 다르다."[468]

신수는 계정혜를 과거칠불(過去七佛)이 불교의 요점을 공통으로 말했다고 하는 칠불통계게(七佛通戒偈)[469]를 빌려서 말했다. 그런데 악한 행동을 하지 않고, 선한 행동을 하고, 생각을 깨끗하게 한다는 것은 모두 이분법 속에서 취하고 버리는 유위의 행위이고,

---

467) 수방(隨方) : 수방취원(隨方就圓)의 준말. 모난 데는 모난 대로, 둥근 데는 둥근 대로 대응하다. 사정의 변화에 잘 맞추다. 자유자재하게 변화하다. 환경에 잘 적응하다.

468) 誠曰: "秀大師說, 諸惡莫作名爲戒, 諸善奉行名爲慧, 自淨其意名爲定. 彼說如此, 未審和尙, 以何法誨人?" 師曰: "吾若言有法與人, 卽爲誑汝. 但且隨方解縛, 假名三昧, 如汝師所說戒定慧, 實不可思議. 吾所見戒定慧, 又別."(『육조대사법보단경』)

469) 칠불통계게(七佛通戒偈) : 과거칠불이 공통으로 금계(禁戒)의 근본으로 삼는 게문(偈文). "제악막작(諸惡莫作), 제선봉행(諸善奉行), 자정기의(自淨其意), 시제불교(是諸佛敎)."(나쁜 짓은 하지 말고, 착한 일만 행하여서, 내 마음을 깨끗이 하면, 이것이 바로 불교라네.)의 4구.

조작하여 무엇을 이루려는 행위이다.

이에 대하여 혜능은 매우 다른 말을 하고 있다. 사람에게 줄 만한 법이 있다고 말한다면, 그것은 그 사람을 속이는 짓이다. 혜능은 주고 받을 것이 없고, 얻고 잃을 것이 없는 불이법(不二法)을 말하고 있다. 혜능은 다시 말하기를, "경우에 따라서 얽매인 것을 알맞게 풀어 주는 것을 거짓 이름하여 삼매(三昧)라고 한다."라고 하는데, 이것은 모든 불교의 가르침이 어리석은 분별과 집착에서 풀어 주는 방편임을 말한 것이다.

신수에게는 불교라는 이름의 견해를 가지고 불교다운 행위를 하는 유위의 행동이 불교이지만, 혜능에게는 불교의 말과 행위가 모두 우리의 어리석음을 치유하는 약으로서 임시로 거짓 만들어 놓은 방편일 뿐인 것이다. 다들 불교를 방편이라고 하지만, 불교를 방편으로 보는 눈이 전혀 다르다고 할 수 있다. 신수에게 불교라는 방편은 무언가를 세우고 만드는 방편이라면, 혜능에게 불교라는 방편은 다만 우리로 하여금 망상(妄相)의 꿈에서 깨어나게 하는 수단일 뿐이다. 얽매인 것을 풀어 주는 일이 중요하지, 거짓으로 만든 이름인 삼매(三昧)가 중요한 것은 아니다. 병을 치유하는 효험이 중요하지 약의 이름은 중요하지 않다. 그러므로 선에서는 사람을 일깨워 줌에 전통적인 불교의 말과 방식을 고집하지 않는다. 선(禪)을 격외선(格外禪)이라고 하듯이, 분별망상에서 풀어 주는 방편을 상대에 알맞게 어떤 격식에도 구애됨이 없이 자유자재하게 사용하는 것이 불교와는 다른 선의 특징이다.

지성이 말했다.

"계·정·혜는 다만 한 종류가 있을 뿐인데, 어떻게 또 다른 종류가 있겠습니까?"

육조가 말했다.

"너의 스승이 말하는 계·정·혜는 대승(大乘)의 사람들을 교화하는 것이고, 내가 말하는 계·정·혜는 최상승(最上乘)의 사람들을 교화하는 것이다. 깨달음[470]이 같지 않고, 자성을 보는 것에도 빠르고 늦음이 있다. 너는 내 말을 들어라. 같고 다름을 말해 주겠다. 내가 말하는 법은 자성에서 벗어나지 않는다. 본바탕에서 벗어나 법을 말하는 것을 일러 모습을 말한다고 하니, 자성에는 늘 어둡다. 모름지기 온갖 법들이 전부 자성에서 일어나 활동함을 아는 것이 바로 참된 계·정·혜의 법이다."[471]

신수가 말하는 계정혜는 대승의 사람들을 향한 것이고, 혜능이 말하는 계정혜는 최상승의 사람들을 향한 것이다. 대승의 사람과 최상승의 사람은 깨달음이 다르고 견성함에 늦고 빠름이 있다.

---

470) 오해(悟解): 깨닫다. 대오(大悟)와 같음.
471) 志誠曰: "戒定慧只合一種, 如何更別?" 師曰: "汝師戒定慧, 接大乘人, 吾戒定慧, 接最上乘人. 悟解不同, 見有遲疾. 汝聽吾說, 與彼同否. 吾所說法, 不離自性. 離體說法, 名爲相說, 自性常迷. 須知一切萬法, 皆從自性起用, 是眞戒定慧法."(『육조대사법보단경』)

즉, 최상승 사람의 깨달음이 대승 사람보다 더 뛰어나고, 최상승 사람의 견성이 대승 사람보다 더 빠르다. 왜 이런 말을 할까? 신수가 말하는 깨달음과 견성은 점차적인 수행의 과정을 겪은 뒤에 얻을 목표이고, 혜능이 말하는 깨달음과 견성은 지금 바로 여기에서 즉각 분별심에서 벗어나기만 하면 되는 것이기 때문이다. 이것은 점수(漸修)와 돈오(頓悟)의 차이를 말하고 있는 것이다.

혜능은 다시 "내가 말하는 법은 자성에서 벗어나지 않는다."라고 하여, 스스로 언제나 불이법인 자성에서 벗어나지 않음을 분명히 하였다. 그리고 법의 모습을 말하면 자성에는 늘 어둡다고 하였는데, 법의 모습을 말하는 것이 곧 분별이요, 망상이다. 결국 혜능의 말은 계정혜라는 어떤 정해진 불법(佛法)이 있는 것이 아니라, 언제나 불이법인 자성에서 벗어나지 않는 것이 곧 모든 불법이라는 말이다. 이처럼 언제 어디서나 단지 불이중도인 견성이 선이다. 선에서는 언제 어디서나 불이중도인 깨달음뿐이어서, 분별에 치우쳐 머물러 있는 사람을 언제나 분별에서 풀어내어 중도로 이끌어 주는 것이 곧 선의 가르침이다.

다시 지성에게 말했다.

"네 스승이 말하는 계·정·혜는 작은 근기의 지혜를 자진 사람에게 권할 만한 것이고, 내가 말하는 계·정·혜는 큰 근기의 지혜를 가진 사람에게 권하는 것이다. 만약 자성을 깨닫는다면, 보리열반(菩提涅槃)도 세우지 않고 해탈지견(解脫知見)도 세우지 않는다. 얻을 만한 하나의 법도 없어야, 바야흐로 만법을 건립할 수 있다. 만약 이 뜻을 이해한다면, 불신(佛身)이라고도 말하고, 보리열반이라고도 말하고, 해탈지견이라고도 말한다. 견성한 사람은 세울 수도 있고 세우지 않을 수도 있으니, 가고 옴에 자유로워 머묾이 없고 장애가 없다. 인연에 응하여 행동하고, 말에 따라서 답을 하며, 온갖 조화를 두루 보면서도 자성을 떠나지 않는다면, 이 것이 바로 자재신통유희삼매(自在神通遊戱三昧)를 얻은 것이니, 이름하여 견성(見性)이라 한다."[472]

자성을 깨달으면 어떤 법에도 얽매이지 않는다. 어떤 법이든 자유자재하게 세울 수도 있고 부술 수도 있지만, 본래 하나의 법도 없다. 하나의 법도 없으면서, 온갖 법을 세우기도 하고 부수기도 한다. 이러한 자유자재가 자성을 떠나지 않는 견성이요, 불이중도이다. 온갖 경계 속에서 어디에도 얽매이지 않고 자유자재한 것이 바로 선이다. 선은 경계에 얽매인 사람을 풀어 주어 자유롭게 하는 것이지, 경계를 세워 사람을 구속하는 것이 아니다.

---

472) 復語誠曰: "汝師戒定慧, 勸小根智人, 吾戒定慧, 勸大根智人. 若悟自性, 亦不立菩提涅槃, 亦不立解脫知見. 無一法可得, 方能建立萬法. 若解此意, 亦名佛身, 亦名菩提涅槃, 亦名解脫知見. 見性之人, 立亦得, 不立亦得, 去來自由, 無滯無碍. 應用隨作, 應語隨答, 普見化身, 不離自性, 即得自在神通遊戱三昧, 是名見性."(『육조대사법보단경』)

지성이 거듭 육조에게 여쭈었다.

"어떤 것이 뜻을 세우지 않는 것입니까?"

육조가 말했다.

"자성에는 잘못됨도 없고 어리석음도 없고 어지러움도 없다. 순간순간 반야로써 비추어 보아 늘 법의 모습에서 벗어나 자유자재하게 마음대로 할 수 있는데, 세울 무엇이 있겠는가? 자성을 스스로 깨달으면, 문득 깨닫고 문득 수행하니, 점차(漸次)는 없다. 그러므로 어떤 법도 세우지 않는 것이다. 모든 법이 적멸(寂滅)한데 어찌 점차 닦을 일이 있겠는가?"[473]

우리의 자성은 본래 아무런 문제가 없다. 그러므로 자성을 스스로 깨닫기만 하면 그뿐, 다시 점차 수행할 것은 없다. 문득 깨닫고 문득 수행하여 한 순간 본래면목을 보면 그뿐이다. 본래 자성에는 얻을 수 있는 한 개의 법도 없다. 자성은 불이중도이니 모든 분별에서 벗어나 있는 것이다. 모든 분별에서 벗어난 적멸(寂滅)에서 어찌 점차 닦아 나가는 단계가 있겠는가? 이처럼 혜능의 돈교법문(頓敎法門)은 돈오돈수(頓悟頓修)이다. 한 순간 문득 깨달으면 바로 완전한 자성인 것이다.

---

473) 志誠再啓師曰: "如何是不立義?" 師曰: "自性無非無癡無亂. 念念般若觀照, 常離法相, 自由自在, 縱橫盡得, 有何可立? 自性自悟, 頓悟頓修, 亦無漸次. 所以不立一切法. 諸法寂滅, 有何次第?"(『육조대사법보단경』)

㉔ **설간(薛簡)의 질문에 답함**

설간(薛簡)이 말했다.

"서울에 있는 선승(禪僧)들은 모두 말하기를 '도를 알려고 한다면 반드시 좌선(坐禪)하여 선정(禪定)을 익혀야 한다. 선정으로 말미암지 않고 해탈을 얻은 자는 아직 없었다.'라고 하는데, 스님께서 말씀하시는 법은 어떻습니까?"

혜능이 말했다.

"도는 마음으로부터 깨닫는 것인데, 어찌 앉는 것에 있겠습니까? 경전에서 말했습니다. '만약 여래가 앉거나 눕는다고 말한다면, 이것은 삿된 도(道)를 행하는 것이다. 무슨 까닭인가? (여래는) 오지도 않고 가지도 않기 때문이다.'474) 생겨나지도 않고 없어지지도 않는 것이 여래의 깨끗한 선(禪)이요, 모든 법이 텅 비어 고요한 것이 여래의 깨끗한 좌(坐)입니다. 결국 깨달음도 없는데, 하물며 앉겠습니까?"475)

---

474) 『금강경』 제29 위의적정분(威儀寂靜分)에 나오는 다음 내용을 문구를 변형시켜서 말하고 있다 : "수보리야, 만약 누가 여래는 오기도 하고 가기도 하고 앉기도 하고 눕기도 한다고 말한다면, 이 사람은 내가 말하는 뜻을 이해하지 못한 것이다. 무슨 까닭인가? 여래는 어디에서 오지도 않고 어디로 가지도 않는다. 그 까닭에 여래라 부른다."(須菩提, 若有人言 如來若來若去 若坐若臥 是人不解我所說義. 何以故? 如來者 無所從來 亦無所去 故名如來.)

475) 簡曰:"京城禪德皆云: '欲得會道, 必須坐禪習定. 若不因禪定, 而得解脫者, 未之有也.' 未審師所說法如何?" 師曰:"道由心悟, 豈在坐也? 經云: '若言如來, 若坐若臥, 是行邪道. 何故? 無所從來, 亦無所去.' 無生無滅, 是如來淸淨禪. 諸法空寂, 是如來淸淨坐. 究竟無證, 豈況坐耶?"(『육조대사법보단경』)

설간은 당나라의 서울인 장안(長安)에서 황제의 명을 받고 혜능을 찾아와 법을 물었다. 북쪽 장안의 선사들은 국사(國師)인 대통신수(大通神秀)의 제자들일 것이다. 설간은 장안에 있는 선사들의 주장을 "깨달으려면 반드시 좌선하여 선정을 익혀야 하니, 선정으로 말미암아 해탈을 얻는다."라고 요약하여 말했다. 이 말은 북종의 선을 나타낸다. 이에 대하여 혜능은 "도는 마음에서 깨달으니 몸이 앉는 것과는 상관이 없다."라고 말하여 좌선선정을 부정하고는, 생겨나지도 않고 사라지지도 않는 것이 선이고 텅 비고 고요하여 한 물건도 없는 것이 좌라고 하는데, 이것은 곧 불이법문(不二法門)이 좌선이요, 선정이라는 말이다.

설간이 말했다.

"제가 서울로 돌아가면 임금께서 반드시 물으실 것입니다. 원컨대 스님께서는 자비를 베풀어 마음의 요체를 가르쳐 주십시오. 두 황궁과 서울에서 도를 배우는 사람들에게 전하겠습니다. 비유하면 하나의 등불이 수만 개의 등에 불을 붙이면, 모두 밝아져서 밝음이 끝이 없는 것과 같습니다."

육조가 말했다.

"도에는 밝고 어두움이 없습니다. 밝고 어두움은 서로 상대(相對)하는 뜻입니다. 밝고 밝아 끝이 없다는 것 역시 끝이 있습니다. 상대하여 세운 이름이기 때문입니다. 『유마경(淨名經)』에 이르기를 '법은 비교할 것이 없으니, 상대가 없기 때문이다.'라고 하였습니다."[476]

설간이 혜능의 도를 묻자, 혜능은 말하기를 도(道)란 다만 서로 상대가 없는 불이법(不二法)일 뿐이라고 했다.

설간이 말했다.
"밝음은 지혜를 비유하고, 어둠은 번뇌를 비유하는 것입니다. 도 닦는 사람이 만약 지혜로써 번뇌를 비추어 부수지 않는다면, 끝없는 생사윤회에서 무엇에 의지하여 벗어나겠습니까?"
혜능이 말했다.
"번뇌가 곧 깨달음이며, 둘이 없고 다름이 없습니다. 만약 지혜로써 번뇌를 비추어 부순다고 한다면, 이것은 이승(二乘)의 견해로서 양이나 염소 등의 근기입니다. 지혜가 뛰어난 대근기라면, 전혀 이와 같지 않습니다."
설간이 말했다.
"어떤 것이 대승의 견해입니까?"
혜능이 말했다.

---

476) 簡曰: "弟子回京, 主上必問. 願師慈悲, 指示心要. 傳奏兩宮, 及京城學道者. 譬如一燈然百千燈, 冥者皆明, 明明無盡." 師云: "道無明暗. 明暗是代謝之義. 明明無盡, 亦是有盡. 相待立名故. 『淨名經』云: '法無有比, 無相待故.'"(『육조대사법보단경』)

"밝음과 밝지 않음을 범부는 둘로 보지만, 지혜로운 자는 그 자성에 둘이 없음을 깨닫습니다.[477] 둘 없는 자성이 바로 진실한 자성입니다. 진실한 자성은 어리석은 범부라고 줄어들지도 않고 현명한 성인이라고 불어나지도 않으며, 번뇌 속에서도 어지럽지 않고 선정 속에서도 고요하지 않습니다. 끊어지지도 않고 이어지지도 않으며, 오지도 않고 가지도 않으며, 중간에 있지도 않고 안팎에 있지도 않으며, 생겨나지도 않고 없어지지도 않습니다. 자성과 모습이 한결같아 늘 머물러 변하지 않음을 이름하여 도(道)라고 합니다."[478]

밝은 지혜로써 어두운 번뇌를 부순다고 한다면, 이것은 분별 속의 말이지 불이중도의 말이 아니다. 범부와 소승(小乘)은 분별 속에 있지만, 대승(大乘)은 불이중도에 있다. 대승의 법은 언제나 불이법이다. 불이법이 참된 자성이다. 자성은 불이법이므로, 자성에는 번뇌와 해탈의 다름이 없고, 범부와 부처의 다름이 없고, 선정이 따로 없고, 안팎이 없고, 오고 감이 없고, 생기고 사라짐이 없이 늘 한결같다.

---

477) 요달(了達) : 철저히 깨닫다. 통달하다.
478) 簡曰: "明喻智慧, 暗喻煩惱. 修道之人, 倘不以智慧照破煩惱, 無始生死, 憑何出離?" 師曰: "煩惱卽是菩提, 無二無別. 若以智慧照破煩惱者, 此是二乘見解, 羊鹿等機. 上智大根, 悉不如是." 簡曰: "如何是大乘見解?" 師曰: "明與無明, 凡夫見二, 智者了達其性無二. 無二之性, 卽是實性. 實性者, 處凡愚而不減, 在賢聖而不增, 住煩惱而不亂, 居禪定而不寂. 不斷不常, 不來不去,

수행에 대한 혜능의 언급

『육조단경』에서 수행에 대한 혜능의 언급을 살펴보면, 혜능은 모든 수행에 대하여 언제나 불이법문인 견성의 입장에서 말하고 있음을 알 수 있다. 즉, 단계적인 수행은 없고, 언제나 불이법문인 견성(見性)이 있을 뿐이다.

㉮ 좌선선정이 아니라 견성이다

"무엇을 일러 좌선(坐禪)이라 할까요? 이 법문(法門) 속에서 장애가 없어, 밖으로 모든 좋고 나쁜 경계에서 마음에 생각이 일어나지 않는 것을 일러 좌(坐)라고 하고, 안으로 자성(自性)을 보아 움직임이 없는 것을 일러 선(禪)이라고 합니다. 여러분, 무엇을 일러 선정(禪定)이라 할까요? 밖으로 분별된 모습을 벗어나는 것이 선(禪)이고, 안으로 어지럽지 않은 것이 정(定)입니다."[479]

"밖으로 모습에 집착하면 안의 마음이 어지럽고, 밖으로 만약 모습을 벗어나면 마음이 어지럽지 않습니다. 본성(本性)은 스스로 깨끗하고 스스로 안정되어 있으나, 단지 경계를 보고 경계를 생각하기 때문에 어지럽습니다. 만약 온갖 경계를 보고서도 마음이 어

---

[479] 何名坐禪? 此法門中, 無障無礙, 外於一切, 善惡境界, 心念不起, 名爲坐, 內見自性不動, 名爲禪. 善知識, 何名禪定? 外離相爲禪, 內不亂爲定.(『육조대사법보단경』)

지럽지 않다면, 바로 참된 정(定)입니다. 여러분, 밖으로 모습을 벗어나는 것이 선(禪)이고, 안으로 어지럽지 않은 것이 정(定)이니, 밖으로 선(禪)하고 안으로 정(定)하면 곧 선정(禪定)이 됩니다. 『유마경(維摩經)』에서는 '곧장 활짝 열려서 본심을 되찾는다.'고 하였고, 『보살계경(菩薩戒經)』에 이르기를 '내가 본래 타고난 자성은 깨끗하다.'고 하였습니다. 여러분, 매 순간 저절로 본성이 깨끗함을 보면, 저절로 닦고 저절로 행하여 저절로 불도(佛道)가 이루어집니다."480)

• 요약 •

좌선(坐禪)에서 좌(坐)는 밖으로 온갖 경계를 만나 분별이 일어나지 않는 것이고, 선(禪)은 안으로 불이의 자성을 보아 흔들림이 없는 것이다. 선정(禪定)에서 선(禪)은 밖으로 분별된 모습에서 벗어나는 것이고, 정(定)은 안으로 어지럽지 않은 것이다. 그러므로 선(禪)이 좌(坐)이고 선이 정(定)이다. 온갖 분별된 경계에서 끄달림이 없는 것은 곧 늘 불이의 중도에 있는 것이다. 그러므로 좌선이든 선정이든 다만 견성(見性)일 뿐이다.

---

480) 外若着相, 內心卽亂, 外若離相, 心卽不亂. 本性自淨自定, 只爲見境思境卽亂. 若見諸境, 心不亂者, 是眞定也. 善知識, 外離相卽禪, 內不亂卽定, 外禪內定, 是爲禪定. 『淨名經』云: '卽時豁然, 還得本心.'『菩薩戒經』云: '我本性元自淸淨.' 善知識, 於念念中, 自見本性淸淨, 自修自行, 自成佛道.(『육조대사법보단경』)

"우리 선문(禪門)의 좌선(坐禪)은 원래 마음에 집착하지도 않고, 깨끗함에 집착하지도 않고, 움직이지 않는 것을 옳다고 여기지도 않습니다. 만약 마음에 집착한다고 하면, 마음은 원래 허망한 것입니다. 마음이 환상과 같음을 알기 때문에 집착할 것이 없습니다. 만약 깨끗함에 집착한다고 하면, 사람의 본성은 본래 깨끗합니다. 허망한 생각 때문에 진여(眞如)를 뒤덮은 것이니, 단지 허망한 생각만 없으면 본성은 원래 깨끗합니다. 일부러 마음을 일으켜 깨끗함에 집착하여 도리어 깨끗하다는 망상(妄想)을 내지만, 망상은 있는 것이 아니므로 집착 역시 허망합니다. 깨끗함에는 모습이 없는데 도리어 깨끗하다는 모습을 세워 그것을 공부라고 말하지만, 이러한 견해를 낸다면 자기의 본성을 가로막고 도리어 깨끗함에 얽매이게 됩니다. 도반들이여! 만약 움직이지 않음을 닦는 자가 다만 모든 사람을 만날 때에 그 사람의 옳음·그름·좋음·나쁨·허물·어려움을 보지 않는다면, 이것이 바로 자성이 움직이지 않는 것입니다. 도반들이여! 어리석은 사람은 몸은 비록 움직이지 않으나, 입만 열면 곧 다른 사람의 옳음·그름·장점·단점·좋음·싫음을 말하니 도(道)와는 어긋나는 것입니다. 만약에 마음에 집착하고 깨끗함에 집착한다면, 도리어 도를 가로막는 것입니다."[481]

---

481) 此門坐禪, 元不着心, 亦不着淨, 亦不是不動. 若言着心, 心元是妄. 知心如幻, 故無所着也. 若言着淨, 人性本淨. 由妄念故 盖覆眞如, 但無妄想 性自淸淨. 起心着淨, 却生淨妄. 妄無處所, 着者是妄. 淨無形相, 却立淨相, 言是工夫, 作此見

• 요약 •

선문(禪門)의 좌선(坐禪)은 마음에 집착하지도 않고, 깨끗함에 집착하지도 않고, 움직이지 않는 것을 옳다고 여기지도 않는다. 마음은 환상과 같아서 집착할 것이 없다. 본성은 본래 깨끗하니, 마음을 일으켜 깨끗함에 집착하면 도리어 깨끗하다는 망상(妄相)을 만드는 것이다. 움직이지 않는다는 것은 몸을 움직이지 않는다는 것이 아니라, 경계를 만나서 분별에 떨어지지 않는 것이다.

선을 공부하는 지황(智隍)이라는 사람은 처음에 오조(五祖)를 찾아뵙고 공부하였는데, 스스로 이미 삼매(三昧)[482]를 얻었다고 여기고서 암자에 머물며 앉아서 눕지 않고 20년을 지냈다. 혜능의 제자인 현책(玄策)이 돌아다니다가 하삭(河朔)에 이르러 지황의 이름을 듣고서 암자로 찾아가서 물었다.

"당신은 여기에서 무엇을 합니까?"

지황이 말했다.

"선정(禪定)에 들어갑니다."

현책이 말했다.

"당신이 선정에 들어간다고 말하니, 마음이 있어서 들어가는 것

者, 障自本性, 却被淨縛. 善知識, 若修不動者, 但見一切人時, 不見人之是非善惡過患, 卽是自性不動. 善知識, 迷人身雖不動, 開口便說, 他人是非長短好惡, 與道違背. 若着心着淨, 却障道也.(『육조대사법보단경』)

482) 정수(正受) : 삼매(三昧)

입니까? 마음이 없어서 들어가는 것입니까? 만약에 마음이 없어서 들어간다면, 모든 정식(情識) 없는 풀·나무·기와·돌들도 마땅히 선정을 얻어야 할 것입니다. 만약 마음이 있어서 들어간다면, 모든 정식을 가진 존재들 역시 마땅히 선정을 얻어야 할 것입니다."

지황이 말했다.

"내가 선정에 들어갈 때는 있느니 없느니 하는 그런 마음을 보지 않습니다."

현책이 말했다

"있느니 없느니 하는 그런 마음이 있음을 보지 않는다면 곧 늘 선정인데, 어떻게 들어가고 나옴이 있겠습니까? 만약 들어가고 나옴이 있다면, 선정이 아닙니다."[483]

• 요약 •

선정(禪定)에는 들어가거나 나오거나 하는 일이 없다. 선정으로 들어가거나 선정에서 나온다면 참된 선정이 아니다. 참된 선정은 곧 불이중도(不二中道)이니 들어가거나 나오는 일이 없다.

---

483) 禪者智隍, 初參五祖, 自謂已得正受, 庵居長坐, 積二十年. 師弟子玄策, 遊方至河朔, 聞隍之名, 造庵問云:"汝在此, 作什麽?"隍云:"入定."策云:"汝云入定, 爲有心入耶? 無心入耶? 若無心入者, 一切無情草木瓦石, 應合得定. 若有心入者, 一切有情含識之流, 亦應得定."隍曰:"我正入定時, 不見有有無之心."策云:"不見有有無之心, 卽是常定, 何有出入? 若有出入, 卽非大定."(『육조대사법보단경』)

㈃ 삼매(三昧)는 좌선이 아니다

"도반들이여, 일행삼매(一行三昧)라는 것은 모든 곳에서 가거나 머물거나 앉거나 눕거나 항상 하나의 직심(直心)을 행하는 것입니다. 『유마경』에 말하기를 '직심(直心)이 도량이고, 직심(直心)이 정토이다.'[484]라고 한 것과 같습니다. …… 다만 직심(直心)만 행할 뿐, 어떤 법에도 집착하지 마십시오. 어리석은 사람은 법의 모습에 집착하여 일행삼매를 가지고 말하기를, '앉아서 움직이지 않고 망령되이 마음을 일으키지 않는 것이 곧 일행삼매이다.'라고 곧장 말합니다. 이와 같이 이해한다면, 무정물과 같게 되어서 도리어 도를 가로막는 원인이 됩니다. 도반들이여, 도는 모름지기 통하여 흘러야 하는데, 어찌하여 도리어 막히겠습니까? 마음이 법에 머물지 않으면 도는 통하여 흐르고, 마음이 만약 법에 머물면 이름하여 스스로를 얽어맨다고 합니다. 만약 늘 앉아서 움직이지 않는 것을 옳다고 한다면, 마치 사리불(舍利弗)이 숲 속에 편안히 앉아 있다가 도리어 유마힐(維摩詰)에게 꾸중을 들은 것[485]과 같을 뿐입

---

484) 『유마힐소설경(維摩詰所說經)』「제4 보살품(菩薩品)」에 "直心是道場."이라는 구절이 나오고, 「제1 불국품(佛國品)」에 "直心是菩薩淨土."라는 구절이 나온다.

485) 『설무구칭경(說無垢稱經)』 제2권 「제3 성문품(聲聞品)」에 보면, 사리불은 큰 나무 아래에서 좌선을 하고 있다가 유마힐에게 다음과 같은 꾸중을 듣는다 : "이 보세요, 사리불님! 앉는 것을 좌선이라 여기지는 마십시오. 무릇 좌선이라는 것은, 삼계(三界)에 있으면서도 몸과 마음을 나타내지 않는 것이 곧 좌선입니다. 멸정(滅定)에서 나오지 않으면서도 모든 행동거지(行動擧止)를 나타내는 것이 곧 좌선입니다. 모든 깨달은 모습을 버리지 않으면서도 중생의 온갖 모습을 나타내는 것이 곧 좌선입니다. 마음이 안에 머물지도 않고 밖으로 나가지도 않는

니다."[486)]

• 요약 •

삼매(三昧)는 앉아서 움직이지 않고 망령되이 마음을 일으키지 않는 것이 아니라, 다만 늘 하나의 직심(直心)을 행하는 것이다. 앉아서 움직이지 않고 마음을 일으키지 않으면, 무정물(無情物)과 같게 되어서 도리어 도(道)를 가로막는다.[487)]

것이 곧 좌선입니다. 삼십칠보리분법(三十七菩提分法)에 머물면서도 모든 견취(見趣)에서 벗어나지 않는 것이 곧 좌선입니다. 생사(生死)에서 벗어나지 않으면서도 번뇌(煩惱)가 없고, 열반(涅槃)을 얻고도 머뭄이 없는 것이 곧 좌선입니다. 만약 이와 같이 좌선할 수 있다면, 부처님께서 인가(印可)하실 것입니다."

486) 善知識, 一行三昧者, 於一切處, 行住坐臥, 常行一直心, 是也. 如『淨名經』云: '直心是道場, 直心是淨土.' 莫心行諂曲, 口但說直, 口說一行三昧, 不行直心. 但行直心, 於一切法, 勿有執著. 迷人著法相, 執一行三昧, 直言坐不動妄不起心, 卽是一行三昧. 作此解者, 卽同無情, 却是障道因緣. 善知識, 道須通流, 何以却滯? 心不住法, 道卽通流, 心若住法, 名爲自縛. 若言常坐不動是, 只如舍利弗, 宴坐林中, 却被維摩詰訶.(『육조대사법보단경』)

487) 일행삼매란 본래 사조도신(四祖道信)의 선법이다. 『능가사자기(楞伽師資記)』에 보면 일행삼매(一行三昧)란, 조용한 곳에 정좌(正坐)하여 마음을 한 부처님에게 집중하여 오로지 한 마음으로 명호(名號)를 염송(念誦)하며 부처님을 향하는 생각[念佛]이 계속하여 이어지도록 하면, 그 생각 속에서 과거·현재·미래의 모든 부처님을 잘 볼 수 있게 되고, 마침내 불(佛)과 법(法)을 생각으로 분별하지 않는 곳까지 나아가면, 모두는 오직 하나의 진리로서 궁극의 정각을 이룬다는 것이다. 혜능은 도신의 일행삼매를 잘못이라고 지적한다. 여기에 관해서는 졸저 『조사선의 실천과 사상』(장경각. 2001년.) 제1장, 제5장에 자세히 구명해 놓았다.

㉰ 공심정좌(空心靜坐)는 잘못이다

"도반들이여, 내가 공(空)을 말하는 것을 듣고서 곧장 공(空)에 집착해서는 안 됩니다. 무엇보다도 공에 집착해서는 안 됩니다. 만약 마음을 비우고 고요히 앉아 있다면, 이것은 곧 무기공(無記空)[488]에 집착하는 것입니다."[489]

"어떤 어리석은 사람은 마음을 비우고 고요히 앉아서 아무것도 생각하지 않는 것을 스스로 일러 크다고 말하지만, 이러한 무리는 더불어 말할 만하지 못하니 삿된 견해를 가지고 있기 때문입니다."[490]

"법에는 둘이 없고, 마음 역시 그러합니다. 도는 깨끗하여 여러 모습이 없습니다. 그대들은 삼가 고요함을 보지도 말고, 그 마음을 비우지도 마십시오. 이 마음은 본래 깨끗하여 취하거나 버릴 수 없습니다."[491]

---

488) 무기공(無記空) : 무기(無記)란 '이해(理解)가 없다', '알 수 없어서 깜깜하다'는 뜻. 무기공(無記空)이란 분별의식이 비워져 나무토막이나 돌멩이처럼 깜깜한 마음의 상태.
489) 善知識, 莫聞吾說空, 便卽著空. 第一莫著空. 若空心靜坐, 卽著無記空.(『육조대사법보단경』)
490) 有迷人, 空心靜坐, 百無所思, 自稱爲大, 此一輩人, 不可與語, 爲邪見故.(『육조대사법보단경』)
491) 其法無二, 其心亦然. 其道淸淨, 亦無諸相. 汝等愼勿觀靜, 及空其心. 此心本淨, 無可取捨.(『육조대사법보단경』)

"너는 다만 마음이 허공과 같되 허공이라는 견해에 집착하지 않아야 응용(應用)에 장애가 없다. 움직일 때에나 고요히 있을 때에나 마음이 없어서 범인이니 성인이니 하는 생각을 잊고, 주관과 객관이 함께 사라져서 자성과 모습이 한결같으면, 선정이 아닌 때가 없다."[492]

• 요약 •

마음을 비우고 고요히 앉아서 아무것도 생각하지 않는다면, 무기공(無記空)에 떨어진 것이다. 마음은 본래 모습이 없으므로 취하거나 버릴 수 없고, 채우거나 비울 수 없고, 시끄럽거나 고요할 수 없다.

㉔ 좌선간심(坐禪看心)은 잘못이다

"도반들이여, 또 어떤 사람은 앉아서 마음을 보고 고요함을 관찰하면서 움직이지도 말고 일어나지도 말지니 이로 말미암아 공부가 이루어진다고 가르칩니다. 어리석은 사람은 이해하지 못하고 곧바로 집착하여 거꾸로 뒤집어집니다. 이와 같은 자가 많아서 이와 같이 서로 가르칩니다. 그러므로 큰 잘못임을 알아야 합니다."[493]

---

492) 汝但心如虛空, 不著空見, 應用無碍. 動靜無心, 凡聖情忘, 能所俱泯, 性相如如, 無不定時也.(『육조대사법보단경』)
493) 善知識, 又有人, 教坐看心觀靜, 不動不起, 從此置功. 迷人不會, 便執成顛. 如此者衆, 如是相敎. 故知大錯.(『육조대사법보단경』)

• 요약 •

앉아서 마음을 보고 고요함을 관찰하면서 움직이지도 않고 일어나지도 않는 것은 올바른 공부가 아니라 큰 잘못이다.

㉮ 점차 수행함은 없다

"깨달음인 자성은 본래 깨끗하니, 단지 이 마음을 쓰기만 하면 곧장 깨달음을 이룹니다."[494]

"어찌 자성이 본래[495] 깨끗함을 기대했겠습니까? 어찌 자성이 본래 생멸(生滅)하지 않음을 기대했겠습니까? 어찌 자성이 본래 완전히 갖추어져 있음을 기대했겠습니까? 어찌 자성이 본래 흔들리지 않음을 기대했겠습니까? 어찌 자성이 만법(萬法)을 만들어 낼 수 있음을 기대했겠습니까?"[496]

"자성에는 잘못도 없고 어리석음도 없고 혼란도 없다. 순간순간 반야로써 비추어 보아 늘 법의 모습에서 벗어나 자유자재하고 종횡무진할 수 있다면, 세울 무엇이 있겠는가? 자성이 스스로 깨달으면, 문득 깨닫고 문득 수행하고, 또한 점차(漸次)가 없다. 그러므로 어떤 법도 세우지 않는 것이다. 모든 법이 적멸(寂滅)한데,

---

494) 菩提自性, 本來淸淨, 但用此心, 直了成佛.(『육조대사법보단경』)
495) 본자(本自) : 본래. 원래. 자(自)는 어조사.
496) 何期自性, 本自淸淨? 何期自性, 本不生滅? 何期自性, 本自具足? 何期自性, 本無動搖? 何期自性, 能生萬法?(『육조대사법보단경』)

무슨 차례가 있겠는가?"[497]

"반야의 지혜 역시 크고 작음이 없지만, 모든 중생 스스로의 마음이 어리석음과 깨달음으로 같지 않기 때문에, 어리석은 마음은 밖을 보고 수행하여 깨달음을 찾으나, 자성(自性)을 깨닫지 못한다면 근기가 작은 것입니다. 만약 돈교(頓敎)를 깨닫고 바깥으로 수행하는 것에 집착하지 않으며, 다만 자기 마음에서 늘 바른 견해를 일으키고 피곤한 번뇌에 늘 물들지 않을 수 있다면, 곧 견성(見性)입니다."[498]

• 요약 •

자성은 본래 완전하여 아무런 모자람이 없으니 문득 자성을 깨달으면 그뿐, 점차로 차례차례 수행하여 나아갈 일은 없다.

---

497) 自性無非無癡無亂. 念念般若觀照, 常離法相, 自由自在, 縱橫盡得, 有何可立? 自性自悟, 頓悟頓修, 亦無漸次. 所以不立一切法. 諸法寂滅, 有何次第?(『육조대사법보단경』)
498) 般若之智, 亦無大小, 爲一切衆生自心, 迷悟不同, 迷心外見, 修行覓佛, 未悟自性, 卽是小根. 若開悟頓敎, 不執外修, 但於自心, 常起正見, 煩惱塵勞, 常不能染, 卽是見性.(『육조대사법보단경』)